# 多层次资本市场研究

2020 年第 4 辑  总第 6 辑

谢 庚  徐 明  主编

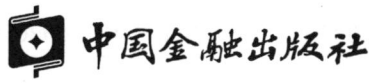

责任编辑：石　坚
责任校对：孙　蕊
责任印制：丁淮宾

## 图书在版编目（CIP）数据

多层次资本市场研究.2020年.第4辑：总第6辑／谢庚，徐明主编.—北京：中国金融出版社，2021.2
ISBN 978-7-5220-1032-8

Ⅰ.①多…　Ⅱ.①谢…②徐…　Ⅲ.①资本市场—研究—中国　Ⅳ.①F832.51

中国版本图书馆CIP数据核字（2021）第032951号

多层次资本市场研究.2020年第4辑
DUOCENGCI ZIBEN SHICHANG YANJIU.2020 NIAN DI-SI JI

出版
发行　中国金融出版社
社址　北京市丰台区益泽路2号
市场开发部　（010）66024766，63805472，63439533（传真）
网上书店　http：//www.chinafph.com
　　　　　（010）66024766，63372837（传真）
读者服务部　（010）66070833，62568380
邮编　100071
经销　新华书店
印刷　北京市松源印刷有限公司
尺寸　185毫米×260毫米
印张　14.25
字数　229千
版次　2021年3月第1版
印次　2021年3月第1次印刷
定价　48.00元
ISBN 978-7-5220-1032-8
如出现印装错误本社负责调换　联系电话(010)63263947

## 学术指导委员会（按拼音排序）

**联席主任：** 李剑阁　李　扬

**委　　员：** 顾功耘　郭　锋　廖　理　马　骏　王国刚　王利明
　　　　　　　王　娴　翟立新

## 编辑委员会

**主　　任：** 谢　庚　徐　明

**副 主 任：** 隋　强

**编　　委：**（按拼音排序）
　　　　　　陈　洁　范保群　付　彦　高善文　郭　雳　贾广岩
　　　　　　李迅雷　刘　忠　卢文道　罗培新　吕红兵　彭　冰
　　　　　　汤　欣　姚余栋　叶　林　袁　季　张跃文　张子学
　　　　　　郑建明　诸海滨

**主　　编：** 谢　庚　徐　明

**副 主 编：** 隋　强

**法律顾问：** 牛文婕

**执行主编：** 李　萌

**编　　辑：** 田李蓓　时　晋　李　征　李志华　佟　萌　杨微波
　　　　　　陈建波　周青颖　张付标　崔晓杨　谢幽篁

# 编者按

2020金融街论坛年会围绕"全球变局下的金融合作与变革"这一主题，与会嘉宾共话金融高质量发展。全国中小企业股份转让系统有限责任公司作为特邀承办单位，负责"中小企业发展与高效直接融资""深化新三板改革，服务实体经济发展"两个议题。本辑"论坛集萃"栏目收录了论坛嘉宾的精彩发言，包括中国证监会公众公司部主任周贵华、中证金融研究院院长张望军、全国股转公司董事长谢庚三位嘉宾的主旨演讲，以及圆桌讨论环节与会嘉宾的主要观点。

本辑"法制建设"栏目共收录6篇文章。全国股转公司总经理徐明撰写的《评析〈证券法〉修改及新法关于新三板市场的规定》，以《证券法》的修订历程为切入点，梳理了《证券法》中有关新三板市场规定的变化，提出了在新《证券法》框架下新三板法制建设的方向。中国人民大学叶林教授领衔撰写的《权益披露违法下"不得行使表决权"的理解与适用——以新〈证券法〉第六十三条为切入点》一文，就新《证券法》权益披露规则中关于"不得行使表决权"的适用条件、范围等方面问题进行了详细阐释和评述。会计审计机构的执业生态，对于提升财务信息质量、充分发挥市场定价功能至关重要，《新〈证券法〉背景下优化证券市场审计执业生态的对策分析》一文基于吉林证监局的调研结果，就新《证券法》对会计师事务所以及监管带来的影响和挑战进行了分析，并提出相关建议。《证券期货行政和解：要素解构与制度重塑——兼评〈证券期货行政和解实施办法（征求意见稿）〉》一文就行政和解在证券期货领域应用的前提、区间等进行了分析研究。《民法典背景下部分证券监管法律问题评析》从民法角度探讨了证券市场监管的相关问题。《注册制改革与我国〈证券法〉的"私法化"》研究了注册制改革大背景下我国《证券法》从公法向私法转换的一些特征，并分析了其影响。

本辑"金融科技"栏目共收录2篇文章。由证监会市场监管一部副主任皮六一领衔撰写的《数字证券的发行与信息披露制度》研究了数字证券发行的特征、风险，探索了数字证券发行的监管方法，并就构建数字证券信息披露制度提出可行方案。《文本信息在中小企业财务困境预测的应用研究——基于挂牌公司年报"管理层讨论与分析"语调的分析》尝试引入文本的重要特征"语调"，以此探索文本信息在中小企业财务困境预测中的运用。

  本辑"市场实践"栏目收录了来自监管机构和市场机构对于市场制度、市场结构等方面的4篇研究文章。《民营上市公司大股东股票质押风险分析与化解对策研究》一文对深圳辖区上市公司大股东股票质押相关风险及纾困对策进行系统梳理和总结，提出了相关政策建议。《投资者结构、异质预期和新股首日表现——基于新三板精选层公司的经验数据》以新三板精选层首批32只股票为样本，对投资者结构、异质预期和晋层首日股票收益率的关系进行了实证研究。《董事会秘书对公众公司的价值——基于多层次市场的经验分析》和《绿鞋机制在新三板精选层的应用及建议》分别探讨了董事会秘书以及绿鞋机制的市场作用，为市场制度建设提供了启发性思路。

# 目 录

**【论坛集萃】**

◇ 中小企业发展与深化新三板改革
　　——2020金融街论坛相关会议综述　　　　　　　　　　　　　　　　003
◇ 坚守初心　深化改革　促进新三板更好服务中小企业发展　　周贵华　018
◇ 加快完善直接融资支持机制　更好服务中小企业融资需求　　张望军　021
◇ 新三板服务中小企业的使命与探索　　　　　　　　　　　　谢　庚　025

**【法制建设】**

◇ 评析《证券法》修改及新法关于新三板市场的规定　　　　　徐　明　031
◇ 权益披露违法下"不得行使表决权"的理解与适用
　　——以新《证券法》第六十三条为切入点　　　　　叶　林　陈容宾　046
◇ 新《证券法》背景下优化证券市场审计执业生态的对策分析
　　　　　　　　　　　　　　　　　　　　　　　　赵凤霞　尹晓燕　063
◇ 证券期货行政和解：要素解构与制度重塑
　　——兼评《证券期货行政和解实施办法（征求意见稿）》　　陈建伟　072
◇ 民法典背景下部分证券监管法律问题评析　　　　　　　　　汪　哲　089
◇ 注册制改革与我国《证券法》的"私法化"　　　　　　　　　何　侯　101

**【金融科技】**

◇ 数字证券的发行与信息披露制度　　　　　　　　　皮六一　薛中文　121
◇ 文本信息在中小企业财务困境预测的应用研究
　　——基于挂牌公司年报"管理层讨论与分析"语调的分析
　　　　　　　　　　　　　　　　　　　　郭曼仪　吕　蒙　张梦舒　147

## 【市场实践】

◇ 民营上市公司大股东股票质押风险分析与化解对策研究

　　　　　　　　　　　　　　　　陈　剑　赵江平　王龙龙　161

◇ 投资者结构、异质预期和新股首日表现

　　——基于新三板精选层公司的经验数据　　　　袁　野　张付标　170

◇ 董事会秘书对公众公司的价值

　　——基于多层次市场的经验分析　　　　　　　　　　诸海滨　185

◇ 绿鞋机制在新三板精选层的应用及建议　　　　　　　　周运南　204

◇ 稿　约　　　　　　　　　　　　　　　　　　　　　　　　213
◇ 编辑体例　　　　　　　　　　　　　　　　　　　　　　　214

# 论坛集萃

# 中小企业发展与深化新三板改革

## ——2020金融街论坛相关会议综述

2020年10月21日至23日，金融街论坛年会在京盛大召开。全国中小企业股份转让系统有限责任公司（以下简称全国股转公司）是论坛年会的特邀承办单位，负责"金融开放与市场"平行论坛中的"中小企业发展与高效直接融资""深化新三板改革，服务实体经济发展"两个议题。

本场论坛上，中国证监会公众公司部主任周贵华、中证金融研究院院长张望军、全国股转公司董事长谢庚发表主旨演讲，知名学者、国务院发展研究中心金融所原所长张承惠，中信建投证券董事长王常青，厚朴投资董事长、高华证券董事长方风雷，真格基金联合创始人、新东方联合创始人王强，颖泰生物董事长王榕作为"中小企业发展与高效直接融资"议题嘉宾展开精彩对话，中国证监会北京监管局局长贾文勤、中关村科技园区管委会主任翟立新、全国股转公司总经理徐明、北京国有资本经营管理中心总经理赵及锋、华夏基金总经理李一梅、国源科技董事长董利成参与"深化新三板改革，服务实体经济发展"议题讨论并发表精彩讲话。清华大学国家金融研究院副院长王娴及清华五道口金融学院副院长田轩分别担任两个议题主持。会议通过全网直播，在线观看人数达22万人，线上线下均反响热烈。现将论坛中的精彩观点整理提炼，供读者参考。

# 议题一：中小企业发展与高效直接融资

## 一、张承惠（国务院发展研究中心金融所原所长）

中小微企业融资难的情况近些年在一定程度上得到了缓解，造成缓解的原因有三个方面：一是金融科技的快速发展，特别是在普惠金融中的应用；二是金融机构的转型加速；三是监管部门的政策引导。

虽然中小微企业融资难的程度有所缓解，但是仍然存在着一些突出的问题，这些问题集中在两个方面：第一个方面是中长期资金的问题。中小微企业可以获得的中长期债务性的资金非常缺乏，因为银行信贷基本上都是一年以内的流动资金贷款，而像美国、日本、德国这样的一些国家，其政策性金融机构配合商业性的金融机构可以为中小微企业机构提供5~7年的流动资金贷款。也就是说，在我国，中小微企业要得到长期的信贷资金面临困难。此外，中小企业发债也存在难度。第二个方面是缺少能够和中小企业共担风险的股权投资基金。

造成这两个问题重要的原因是中国资本市场发展的程度仍然不够。从规模上看，在8月社会融资的结构中，股权和债券的融资占比只有12%，也就是说，间接融资比重仍然达到80%多。此外，中国大陆的资本市场的规模是台湾的7倍左右，但是中国大陆的GDP是台湾的26倍，相比之下，我国的资本市场发育也是不够的。从结构上看，2019年统计局统计的规模以上的中小微企业有36.4万家，而上市公司和新三板挂牌公司合计大概有1万家，也就是说，如果仅靠这样的公开市场不能满足大量中小微企业的融资需求，我国需要发展多层次的资本市场，既要有主板也要有新三板，更要有区域性的股权市场，更要有PE、VC这样的私募市场。

解决中小企业融资难的问题关键在于发展中国资本市场，而发展中国资本市场需要继续深化改革，需要调整制度，需要优化监管和政策。注册制的发展关键在于打造一个规范、透明、开放、有活力、有韧性的资本市场。有活力表现在几个方面：第一，要让各种类型的融资者和投资者都能够参与到市场中。这就需要一个真正的多层次的资本市场，满足不同投融资需求和风险偏好。第二，资本市场的规模要足够大。不仅表现在参与者数量众多，还要求产品足够丰富，不仅要有现货，还要有期权、期货，金融衍生品需要加快发展，还需要通过金融科技加快产品创新，加快对资本市场一些业务的创新。韧性则表现为资本市场对价格波动的反应上。具体来看，资本市场对价格波动应该能够很快地恢复到一个正常的水平，而且这种波动不能对资本市场带来比较大的冲击，甚至使资本市场崩溃。提高资本市场的韧性需要以下几点：第一，定价要合理。定价必须要市场化，必须真正能够体现股票的内在价值，而不能用行政力量决定它到底应该卖多少钱。定价如果不合理的话，市场肯定会剧烈地波动，因为本身就不能够反映真实的价值。第二，监管要有温度和弹性，监管要区别对待，分层施策，科学监管。第三，多层次资本市场的连通至关重要。中小企业进入资本市场的过程就像上学。有的企业直接登陆主板市场，就好像一个人一开始就进大学，没有进过小学，没有上过初中，所以缺乏对资本市场的基本了解和基本的训练。台湾地区的有关规定指出，要在主板市场上市的企业必须先在柜买中心挂牌，这好比"强制进行9年义务教育"。内地市场也需要尽快打造一个升降有序，进退灵活的升降板制度。

## 二、王强（真格基金联合创始人、新东方联合创始人）

真格基金已经发展了近10年，其规模从2011年的两亿元人民币到如今的90亿元人民币，已成为早期投资机构中规模较大的机构之一。在整个风险投资链条中，早期投资有以下两个特点。

一是退出的时间长。真格基金运营之初投资的公司，到2020年才开始陆续进行公开发行，这个时长基本接近基金的创设时长。早期投资需要像企业家一样秉持长期投资的心态，秉持与企业同步成长的投资哲学，才能真正帮助企业从零开始成长壮大。

二是容错率较高。早期投资、天使投资相较于其他阶段的投资，重要区别在于对失败的容忍率要足够大。这并不意味着主动追求失败率，而是因为早期投资的投资依据来源于对企业商业规划的判断。企业发展早期不仅商业规划缺乏清晰的思路，其商业的模式、技术的应用场景等都是未知数，到后期才能有数据支撑。也就是说，早期投资基本上是没有可以参照的标的，如果没有一种强大的包容失败的心态，早期的基金很难坚持下去，更遑论做强做大。而我们基金十年守正，一直坚持长久的耐力、容错的胸怀，积极发现未来走向，成为真正意义上的小基金，真正落实早期投资这个"早期"的概念。

基于早期投资以上特点，要想发展早期投资，其一是需要引导投资人预期，让投资人的获利退出期待逐渐从两三年到五六年，到接受十年，甚至十年之后开始展望了。其二是提高容错率，专注于早期投资哲学。真格基金正是一直坚持投早期，秉持高容错的指导思想，才获得了不错的成绩。从接盘的基金可知一二，真格基金创设以来投了将近700家公司，其中红杉资本接了50家，张雷下面的产品接了10家，IDG接了45家，腾讯接了25家，总计近100家。此外，经过十年投资，真格基金也筛选出将近30家独角兽公司。也就是说，早期投资帮助后续接盘机构完成了初步的筛选，为企业茁壮成长提供了保障。

早期投资对于风险的控制，绝不意味着将风险减到最小，而是容许一定的失败率。如果天使投资是无风险的，那就与其他类型投资同质化了，也失去了意义。

资本市场注册制改革对中国创业版图有以下三方面的影响。

第一，改变创业者思路，加大变现数量。调研数据显示，欧美成熟的创业者和中国的创业者存在一个心态差异。87%的欧美创业者认为，从企业初创开始，无论什么时候，只要这个企业能以更高的价格卖出，创业就算成功，也就是说，阶段性退出或者被并购都被视为成功。而87%的中国创业者则认为，如果不能够敲钟，不能够公开发行，那么创业就是失败的，这给资本带来了极大的压力。现阶段注册制的深化，带来的第一个冲击就是加大了创业者变现的可能，以及不断卖掉重新再做其他项目的可能性。

第二，注册制改变了投资者心态。如果国外的证券机构、基金等，能够获得全牌照在中国资本市场运营，这对于中国市场的LP将会有一个促进作用。因为国外的投资理念基本上都是长期的，80%的基金认为，只有长期持有才能分享到企业最后几何式的增长。例如，纳斯达克、纽交所在2019年出现了4个将近万亿美元市值的股票，苹果首当其冲。但是苹果从1万亿美元到2万亿美元只花了一年，这是以前难以想象的。如果没有长期的眼光，投资机构就会错过苹果高速的增长。

第三，注册制带动了一些新的制度变化。例如，近两年出现的直接上市。在直接上市制度下，企业可能绕开投行等承销商，只需要选择一个成本较低的律所完成注册申请，进而省出来大量的开销投入市场的运营中。这种新的退出方式，在Spotify公司之后已经不再是个案，需要引起资本市场的关注。

### 三、方风雷（厚朴投资董事长、高华证券董事长）

中小企业的发展是一个重要的社会性问题，关于我国经济未来的成败，尤其在人工智能（AI）、5G条件下，在社会组织、社会结构、创业文化普及情况下，未来的企业结构可能都会以中小企业为主。中小企业发展是一个世界性难题，但这个难题很有可能在中国得到解决，因为我国的政治体制可以突破现有的很多条条框框。对未来制度性改革优化有以下五条建议和发展思路。

第一，坚定不移地发展股权投资。股权投资被境外实践证明是中小企业发展的主要支撑，我国并不缺乏管理能力优秀的有限合伙人（LP），建议从每年财税收入，或从商业银行的利润中，划拨一部分用作人民币股权基金，或许可以产生带动引领效应，带动很多地方、社会的股权基金来做投资。

第二，学习台湾发展商业本票。我国内地的票据法只讲银行本票，银行本票只是真实交易发生，而且限于金融机构来买，台湾的商业本票谁都可以买，而且带有融资性质，这将有利于中小企业融资。

第三，应该对商业银行打开两个口子。一是应该允许商业银行分类计提风险准备金，对中小企业的准备金和对其他大企业、对国企地方政府的准备金计提应该分开，对中小企业的准备金应该给予一定优惠待遇。二是丰富商业银行对中小企业的贷款形式，旧金山、硅谷等地区都允许做风险债，商业银行对中小企业贷款，同时可以转股，也有期权，这样可以获得比通常的贷款利息更安全、更好的回报，因为一般来讲，中小企业利息收入覆盖不了商业银行的坏账。

第四，参考台湾经验设立预备板块。考虑在证监会出台统一标准的情况下，在全国设立类似于兴柜市场的预备市场。允许小企业公开信息，对其辅导六个月一年以后再转往其他市场。这会提高中小企业的风险管理能力，公司治理结构等。

第五，政府购买商业银行贷款资产。香港特区政府会从财政储备盈余当中，拿出一部分购买商业银行的中小企业贷款，如果政府能买30%，商业银行对中小企业的放贷意愿会大大增强。

### 四、王常青（中信建投证券董事长）

从科创板推出，到新三板精选层的改革，再到创业板注册制的改革，这一系列资本市场的改革已经拉开了中国股权时代的序幕。IPO上市规则的变化，使更多企业愿意通过建立股份制并上市变成公众公司。另外，大量投资者开始注意到股权投资是一种重要的财富管理工具。他们会通过直接投资或者是通过基金，甚至保险，加入股权的大市场中。

在这个资本市场发展的新时期，中介机构需要顺应形势，作出积极的转型和改变，在变局中谋新局，可以从以下三点着手。

一是积极改变业务模式。过去30年，资本市场的发展经历了从最早的限额制，到通道制再到后来核准制，现在终于进入注册制环节。作为保荐机构、证券公司，必须与时俱进改变自己已经习以为常的通道式的、标准式的服务模式，才能真正提供全产品、全方位，甚至是全生命周期的业务。

二是全面提高服务能力。面对大量涌现的企业和新兴行业，投资银行必须因时而变，需要对这些行业有充分的了解，对这些企业的价值有深入的挖掘。最终透过投行的综合能力，帮助客户实现融资的目标。

三是提高使命感和情怀。投资银行服务中小企业，除了政策引导和带动，也需要投行自发自愿地参与。这还需要经历一个文化建设的过程，换言之，需要有点情怀。另外，监管机构考核投资银行、证券公司的时候，建议可以通过指标的设立来鼓励投资银行更多地投入服务中小企业的过程中。

关于资本市场发展，提出两个观点。

一是解决企业积极性的问题。让新三板真正成为中国创新企业、中小企业发展的平台，宣传效应、网络效应、引导效应非常重要，建议适时更名。

二是针对注册制改革的深化，提出退市制度亟须进一步完善优化。据统计，2015—2019年，美国纳斯达克和纽交所退市的公司有1900家，而沪深两市过去5年退市的公司仅为35家。要想让源源不断的优质企业进入资本市场，必须发挥出资本市场优胜劣汰的功能。

## 五、王榕（颖泰生物董事长）

颖泰生物是以研发为基础、以市场需求为先导的农化产品供应商，主要从事农药中间体、原药及制剂产品的研发、合规生产和GLP技术服务，通过将高品质产品销售给优质客户，服务于全球植物保护市场。

公司初创于2003年，公司在成立初期抓住了国际产业转移的时机，向国际农化巨头如科迪华（原陶氏、杜邦合并）、安道麦提供小批量产品。基于创始团队的较强的研发实力和丰富的贸易经验,经过深入的沟通及持续的产品优化,公司精确地将客户的需求融入整个研发和设计过程,获得了客户的认可,并与其形成长期稳固的合作关系。在不断的发展过程中,随着公司发展规模和生产投入的逐步扩大,融资的迫切性逐步显现,颖泰生物也开启了在资本市场的探索之路。

公司在2007年的第一笔直接融资来自深市中小板华邦健康(证券代码:002004)。然后在2009年9月至2011年底,颖泰生物与战略投资股东华邦健康重组,以吸收合并的方式进入上市公司主体,并在上市公司监管体系下持续规范运作,该重组也成为深交所第一例吸收合并案例。

2015年,为了进一步实现独立发展和直接融资,在新三板推出的浪潮下,颖泰生物在新三板正式挂牌(证券代码:833819,证券简称:颖泰生物)。作为一家非上市公众公司,公司挂牌同年便启动了第一次股票定向发行,向做市商、合伙人等22名投资对象发行新股2.22亿股,募集资金10.21亿元作为补充流动资金,为颖泰生物后续加强研发能力、布局海外渠道、进行供应端建设提供了有力的资金支持。

2016年公司进入创新层,同年4月,为进一步扩展和完善业务布局,丰富和延伸产业链,公司以发行股份购买资产的方式完成对山东福尔100%股权的收购。本次收购完成后,公司进一步整合了产业上下游资源,实现规模成本效益,并有效丰富了现有产品线,为未来发展和业绩增长奠定了良好的基础。

2017年,为进一步加强供应端话语权,提升产品竞争力,公司收购控股原新三板农药制剂公司江西禾益,并间接控股江苏常隆,逐步完成了规划生产基地的布局。同年底,公司在上海交易所成功发行公司债券12亿元,募集资金用于补充流动资金及偿还银行贷款,大大缓解了公司经营压力。

2019年,公司在不断加强产业链整合的同时,也更加注重对供应商及客户等战略合作伙伴的关系建设,2019年6月公司向6名合作伙伴定向发行1980万股,融资1.09亿元。

2020年乘着新三板精选层改革的春风,公司成为首批在精选层挂牌的企业之一,向不特定合格投资者公开发行股票1亿股,募集资金5.45亿元,募集资金主要用于公司核心生产基地的项目建设,为公司往后3~5年的业内发展奠定了坚实基础。

挂牌新三板几年来,也是公司快速发展的几年,公司从原有的研发贸易两端发展的轻资产贸易公司逐步转型为集研发、生产、销售为一体的重资产制造业公司，资产规模达百亿元级，主要生产基地覆盖浙江、江苏、江西、山东等多个省份，员工人数接近5000人。

公司借助资本市场的平台，先后完成了形式多元、规模不等的多项投融资事宜，合计融资近30亿元，不仅为公司经营发展提供了及时的资金支持，也为公司进一步布局上下游产业链，提升规模化经营，不断做大做强创造了条件；与此同时，在监管机构的指引下，公司治理结构不断完善，内部控制得到有效加强，这也成为公司健康发展，平稳运行的基本保障；公司通过公开的信息披露和不断的投资者往来沟通，有机会向资本市场展现自己的风采，也让更多的资本关注、青睐稳扎稳打的颖泰。

作为中小企业的代表，颖泰生物对新三板这块沃土的变化深有体会，从近万家的基础层公司，到过千家的创新层公司，再到目前32家精选层公司，各级主管机关、各方机构为构建多层次资本市场，推进资本市场深化改革，发挥资本市场资源配置枢纽作用，助力中小企业融资发展，给予了巨大的支持。

## 议题二：深化新三板改革，服务实体经济发展

### 一、贾文勤（中国证监会北京监管局局长）

北京既是新三板的发源地，也是最大的"货源地"。截至2020年9月底，北京辖区共有挂牌公司1099家，其中创新层挂牌公司157家、精选层挂牌公司6家。2015年以来，辖区累计有1000余家公司通过新三板市场融资1100余亿元。辖区挂牌公司数量、股本、市值等均居证监会各派出机构辖区第一位。

北京证监局高度重视新三板改革措施在辖区落地工作，将其作为落实金融供给侧改革和"六稳""六保"工作的重要抓手，始终以全情投入、全力支持、全面推进的态度做好这项工作。在证监会的统一领导和北京市委、市政府的关心关怀下，北京辖区的新三板改革，特别是精选层申报工作取得了积极进展。截至目前，辖区共有32家公司申报辅导备案，14家公司通过辅导验收，6家公司首批晋层均居全国第一位。

北京证监局的措施简单可以概括为四步：一是提前一步，做好充分准备。北京证监局密切跟踪改革进程，精选层标准公布后，证监局立刻对辖区企业进

行报表分析，并由局领导带队进行走访调研，了解申报意愿和实际问题（国源科技就是我们当初走访的对象）。同时，提前做好各项准备，精选层申报"发令枪"响后，第一时间启动辅导备案。通过监管部门提前一步，让企业在申报中从容一步、领先一步，全国第一家通过辅导验收、第一家申报发行、第一家通过证监会核准的公司均来自北京。

二是做细一步，创新方式方法。疫情给改革推进工作施加了最大变量。北京证监局因时制宜，结合疫情防控要求做细、做实监管和服务，推出了电子备案、视频验收、热线电话、线上培训等七项便民措施，在坚持原则的基础上，寓服务于监管，体现监管的温度和弹性。

三是稳步向前，坚守监管底线。北京证监局始终坚持监管姓"监"，一方面以高标准、严要求做好辅导验收工作，把好"入口关"。另一方面加强对严重违法违规行为的打击力度，发现一起，严查一起，维护市场良好秩序。

四是齐步并进，凝聚各方合力。在改革推进过程中，北京证监局、市金融局、全国股转公司会同市政府27家相关委办局及16区政府共同组成"新三板工作专班"，建立快速响应机制，协调解决企业精选层申报中的"难点""堵点"，形成工作合力。

在改革推进过程中，有三点体会：一是要从大局着眼，深刻领会党中央、国务院开展新三板改革重大部署的意义，自觉将工作放在"疫情防控"和"六稳""六保"大局中去，不折不扣落实各项改革政策；二是要从小处着手，结合辖区和企业实际，做细做实各项监管服务工作；三是要从本职出发，坚持"建制度、不干预、零容忍"方针，坚持"四个敬畏、一个合力"的监管理念，不断增强监管能力，以监管稳改革，以监管促发展。

新三板挂牌公司基数大、类型多、发展快、模式新、生命周期早，监管方式与上市公司有一定差异。近年来，按照习近平总书记关于金融监管的指示精神和"放、管、服"的整体要求，中国证监会形成了一套符合实际、具有特色、行之有效的新三板市场监管体系。这套监管体系以市场化、法治化为原则，更加注重市场主体的自我约束，更加注重中介机构专业把关，更加注重自律监管与行政监管的协同互补，较好地实现了市场培育、规范发展和防控风险的有机统一。做好新三板市场的监管需要抓住"两个群体"，把握"三个关系"，做好"四个监管"。

抓住两个群体。一是抓住主办券商。主办券商制度是新三板市场的特色制度，主办券商既是资本市场的"看门人"，又是挂牌公司的"专业课老师"，更是监管部门的"有力助手"，要通过提升主办券商执业质量带动新三板市场高质量发展。二是要抓住挂牌公司董监高人员、控股股东、实际控制人等为代表的"关键少数"，通过提升"关键少数"的合规意识，提高挂牌公司的治理水平。

把握三个关系。一是把握"共性"与"特性"之间的关系。既要把握挂牌公司中公众公司的共性特征，又要把握挂牌公司多是中小企业这个最大实际，结合中小企业发展规律做好监管工作。二是把握"点"与"面"之间的关系，挂牌公司数量众多，监管无法面面俱到，要突出重点，以点带面。同时，挂牌公司良莠不齐，要充分发挥精选层公司的引领带动作用，提升市场的吸引力、辐射力、覆盖面。三是把握"进一步"与"退一步"之间的关系。监管部门要在市场能够自我调节和约束的问题上退一步，给企业留足发展空间。同时又要在财务造假等恶性违法违规上进一步，严肃市场纪律，净化市场环境。

做好四个监管。一是做好科学监管，辩证把握监管的原则性与灵活性；二是做好持续监管，构建长效机制，持续优化市场环境；三是做好分类监管，坚持管精管少才能管好，加强对精选层公司和重点创新层、基础层公司的监管，提升监管质量；四是做好科技监管，用好用足"一张网、一片云、一个库"，提升问题、风险的发现和处理能力。

## 二、翟立新（中关村科技园区管委会主任）

新三板是我国资本市场的一个重要组成部分，其发端于2006年中关村股权代办的转让系统的试点，和中关村科技园区有着密切的关系。可以说，新三板的改革和发展是中关村科技体制改革和科技金融结合的一个产物。现在在新三板挂牌企业中，中关村企业是一个非常重要的板块，共计1109家，占整个挂牌企业总量的13%左右。而且这些企业质量相对较好，单个企业的平均规模是1.9亿元，营业收入是1.9亿元，研发投入是4.7%，无论从成长性还是从创新能力来说都可圈可点。此外，新三板挂牌的中关村企业2019年融资78亿元，占去年新三板整个融资额的17%，这在一定程度上解决了这些企业融资的问题。

为了支持新三板的深化改革，中关村在以下几个方面积极发力。一是积极推荐、精准推送相关企业，市区两级联动，把符合新三板这个市场特点的相关企业推荐给新三板入库做好企业的储备工作。二是新三板和四板要联动，把四板逐步打造成新三板企业的培育基地。三是加大政策的宣传培训，中关村和新三板合作开展了很多政策的宣讲，让企业了解相关的政策以及改革的举措，从而更加认可新三板，积极地投入新三板。四是中关村对挂牌的企业也有一定的支持，帮助它们研发创新，在人才引进以及市场拓展等方面积极对接相关资源，帮助这些挂牌企业尽快成长，做大做强。翟立新强调只有更多优质的企业在新三板发展，市场才有活力，才有吸引力和竞争力。

中关村园区内有 2.5 万家高新技术企业，上市公司到目前为止为 404 家，精选层为 6 个，资本市场融资比例还是非常低。由于科技型企业新的发展模式以及其轻资产的特点，科技型企业依然面临融资难、融资贵的问题，因此市场对新三板未来发展空间寄予了极大的期望。提出以下两点建议。

一是明确定位。应该进一步明确新三板的特色和定位，明确新三板如何跟创业板、科创板实现错位发展，真正打造一个专注服务于科技型中小企业的一个交易场所，而不仅仅是将新三板作为转板通道。

二是要深化改革，提高三个度。第一个度是对企业的包容度。科技型企业的基本特点是轻资产、规模小，既有高成长性、高回报率，也同时伴随着高风险。应该在挂牌标准上更具包容性，考虑将那些新经济、新业态、新模式的企业吸纳到新三板市场上，包括现在有 VIE 架构的，或者是红筹股的，或者是 AB 同股不同权的，还有未盈利的企业，都有可能成为一个新领域的领军企业。同时，还应该协调好包容性和规范性，创新监管手段，多应用大数据、云计算、人工智能等科技手段，来实现有效监管。第二个度是提高投资的参与度。要进一步加快落实境外合格投资人、公募基金等参与，同时也可以考虑吸纳像社保、险资等长期资本的投入，处理好投资的专业性和参与的广泛性之间的关系。第三个度是提高交易的活跃度。新三板应该处理好共性制度的普惠性和独特性的关系，其他市场的一些共性制度，如注册制，要充分借鉴到新三板中。同时，基于新三板的定位，依托新三板的特点，应当创新机制，如设置特别的交易制度和税收制度来增加市场的活跃度，让更多更优质的企业能够到新三板，实现融资目标。只有这样，新三板在我国资本市场的地位将会不断地提升，对实体经济、对科技企业、对创新驱动的支持作用也会越来越大。

### 三、徐明（全国股转公司总经理）

新三板起源于中关村，成长于北京市，开花结果于全国各地。如果从中关村试点算起，新三板已经走过了14年的历程，在服务创新型、创业型、成长型中小企业方面取得了很大的成绩。在发展过程中，新三板也遇到了一些问题。在党中央、国务院的领导部署下，2019年10月25日，中国证监会启动全面深化新三板改革。全国股转公司是此次全面深化改革蓝图的"施工者"。经过近一年的努力，目前主要改革措施已落地实施，改革也取得了预期的成效。

本次全面深化新三板改革，坚持按照市场规律办事、坚持依法依规推进、坚持增量改革和存量改革并行、坚持防控风险。改革的主要目标是要恢复新三板市场的基本功能，进一步提升服务中小企业和民营经济的能力，补齐资本市场服务实体经济短板。具体而言，本次改革聚焦以下四个方面。

一是错位发展，形成特色。错位发展，就是要找准新三板发展的定位，即立足于服务中小企业和民营经济。错位和特色体现在两个方面：一方面是对外的错位和特色。新三板从发行制度、交易制度、监管制度上，要与沪深市场、区域股权市场形成差异化。例如，科创板定位于服务硬科技行业，主要是行业的龙头企业；新三板服务的主要是细分行业的龙头。另一方面是内部的差异化。本次改革在基础层、创新层的基础上新设了精选层，市场内部各层次在融资交易制度、投资者适当性、监管和风险防范要求方面都有不同的安排。

二是搞活两端，丰富功能。资本市场最重要的参与主体就是企业和投资者，一端是融资，另一端是投资。本次改革针对融资端，推出了向不特定合格投资者公开发行制度，满足企业大额高效融资需求；完善了定向发行制度，推出挂牌同时发行，允许自办发行，定向发行放开35人限制，让企业能够通过多种手段便捷高效地获得融资。针对投资端，大幅调整了投资者适当性安排，从500万元分别调整为精选层100万元、创新层150万元、基础层200万元；引入包括公募基金在内的机构投资者，为市场引入更多"活水"。同时，在投融两端的"中间"，即市场交易组织等方面做了很多安排，包括精选层实施连续竞价交易、提高基础层和创新层的撮合频次，提高市场定价效率，促进投融资对接。

三是能上能下、能进能出。建立多层次资本市场之间的有机联系，通过建立转板上市机制实现和沪深交易所的对接，畅通市场内部各层级挂牌公司的流动,实现新三板挂牌公司的"能上能下";优化准入制度,健全退出机制,实现市场的"能进能出"。

四是防控风险,稳步推进。新三板挂牌企业众多,在发展阶段、行业特征、企业规模等方面差异巨大,市场需求多元,情形较为复杂。在改革推进中,始终将风险防控与改革落地同部署、同安排,牢牢守住风险防控底线。

经过近一年的改革,本次改革取得了阶段性的成果。一是服务实体经济的功能得到增强,首批精选层企业公开发行融资94.52亿元。二是市场生态得到一定程度的修复。三是企业的融资规模企稳,同时融资成本降低、效率提高。2020年前三季度,全市场发行融资247.32亿元,同比上升11.64%。四是市场风险防控能力和整体运行质量有所提高。改革并非一蹴而就的,改革举措基本落地还不到三个月,还需要市场各方能用包容、长远的眼光看待和评价新三板改革。

新三板改革只有起点,没有终点。下一步,新三板将围绕如何进一步增强对中小企业、民营经济的服务能力这一核心,在中国证监会的领导和部署下,在北京市和有关各方的支持和参与下,持续推进改革创新,积极推动构建支持新三板服务中小企业的政策体系,持续优化新三板市场制度体系,完善新三板市场监管和服务体系。新三板持续深化改革任重道远,还有大量工作需要推进和落实。例如,积极推进新三板注册制改革,进一步完善发行制度,探索创新企业在精选层挂牌的准入制度;加紧与沪深交易所、中国证券登记结算有限责任公司的对接,推动转板制度尽快落地,同时密切与区域股权市场的对接;稳步推进混合交易、融资融券等业务落地,推动存量公募基金、社保基金、境外合格投资者等长期资金入市,研究优化投资者适当性管理等,提升市场流动性;进一步提高挂牌公司质量,包括公司经营质量、治理质量和信息披露质量;加大投资者保护力度,强化风险防控,为新三板市场长期健康发展筑牢根基。

## 四、赵及锋(北京国有资本经营管理中心总经理)

新三板的全面改革是一个大的跨越,特别是精选层,比照上市公司进行管理、进行交易,确实起到了资本市场价值发现的功能作用。与此同时,国资国企改革也进入深水区,深化国企改革越来越成为共识。对国资的管理,首先必须证券化,只有证券化以后才能有效率地进行管理,所以国企改革离不开新三板市场。

这次新三板在深化改革过程中还是没有解决国有股在三板精选层里的交易问题，这或许也是进一步深化三板改革的方向之一。在进一步深化过程中，新三板需要完善制度设计，因为国有股还需要先去产权交易所交易完以后再到三板交易，这导致交易的效率和交易的价值发现还没有在这个市场完全实现。在国有企业中，中小企业占比较高，尤其在产业供应链里，有很多中小国有企业非常优质，也有进入资本市场的要求。在混合所有制改革的大背景下，这些企业其实非常适合混改，而且混改的最佳实现方式就是通过挂牌上市。所以，期待在进一步深化改革过程中能够满足这些企业进入新三板的需求。

从区域市场的角度，四板市场被认为是资本市场的最底层，也被称为资本市场的第一课。北京中小企业数量众多，大概有150万家，三板挂牌企业有8000多家，服务家数仍不能满足中小企业的需求。所以，四板市场就是针对三板市场覆盖不到的这些企业，通过培育让中小企业在四板市场里能够融资，也能够享受政府的政策。更重要的是，通过教育、规范以及培训，让这些企业更容易进入三板市场。从北京四板的实践来看，每年既有通过孵化、培育后从四板进入三板的企业，同时也存在有些企业因为多种原因摘牌以后从三板退回四板市场的情况。希望未来能够让四板和新三板全面对接，做好企业早期发展的预备工作。

## 五、李一梅（华夏基金总经理）

公募基金旨在通过专业化多元投资组合为投资者提供良好的回报。原来因为多种原因，公募基金一直没有参与到新三板市场中，而本轮新三板深化改革使公募基金开始投资最具创新性的中小企业，进而让投资人享受到这些创新企业带来的红利。华夏基金在2020年6月12日成立了国内首只专门投资新三板的基金——华夏成长精选基金，经过4个月的运作取得了12%的收益。任何投资都需要具备把握方向的能力。中小企业的发展和上市公司相比存在很大差异，表现为其发展路径曲折、失败率高。因此，新三板设立了一个合格投资人的门槛，就是希望投资人对可能的风险有更高的承受能力。作为公募基金和专业投资人，华夏基金最大的价值就是能够通过深入的研究为投资人把握确定性的投资机会，这也是公募基金最大的价值。自2015年起，华夏基金就已经通过华夏资本的平台参与到新三板投资中，积累了很多关于中小企业的调研，包括对创业团队深入的了解，对生态和供应链上下游的扩张能力的判断，以及对商业模式的把握。

公募基金可以成为散户投资新三板的良好渠道。新三板投资的门槛相对较高，而华夏基金本身就有1.5亿的客户，这些客户可以通过公募基金投资新三板挂牌企业。

此外，公募基金会参与到精选层的公司治理中，进而发挥机构投资者的力量，真正做到和中小企业一起成长。希望通过华夏基金在其他板块包括科创板的一些深入调研，把华夏基金对产业发展的一些经验引入挂牌的中小企业，为它们后续的成长提供助力。

## 六、董利成（国源科技董事长）

国源科技是2015年在新三板挂牌，2020年7月第一批完成公开发行并进入精选层的，从基础层到创新层再到精选层，国源科技见证和参与了新三板的发展和改革的全过程，有四方面的体会。

一是准入标准公平。精选层市值条件和财务条件共设定了四套标准，公司符合其一即可，体现了公平合理性。

二是申报程序高效。从申报到发行成功用了不到3个月的时间。在这期间，公司的运营基本没有受到影响，体验了新三板是服务于实体经济的，是为企业服务的。

三是信息披露规范。国源科技已在创新层规范运作了3年，在股转公司的监管和帮助下，已形成规范的信息披露体系。此次发行中，信息披露最大的难点是要把近3年的技术和商业模式的创新用通俗易懂的语言说清楚，让投资者看得明白，如应用卫星遥感、卫星定位、地理信息系统、云计算、大数据、人工智能、移动互联网等技术，公司在这方面下了一些功夫。

四是承销发行合理。与核准制下IPO相比，此次精选层发行股票，由众多投资机构独立报价，去掉最高和最低的不合理报价，取其平均值为网上发行价。众多有识别能力的投资机构，给出的价格应是合理的。作为此次精选层改革的最大受益者，企业在整个进入精选层发行股票的过程中，在3个多月的时间里就走完了在以往审核制下IPO最快也要1年以上的全部流程，切实体会到公平、合理、高效、透明。

# 坚守初心　深化改革
# 促进新三板更好服务中小企业发展

周贵华*

服务实体经济，支持中小企业发展，是我们从事金融工作的重要使命。2019年以来，证监会按照党中央、国务院部署，统筹推进全面深化资本市场改革各项工作，资本市场治理体系不断完善，服务中小企业的能力显著提升。随着国家创新发展战略的实施，涌现出一大批创新型的中小企业，股权融资需求旺盛，迫切需要进一步发挥资本市场在促进创新资本形成和有效激发企业家精神等方面的独特优势，推动中小企业更好利用资本市场融资发展。本次分论坛以"中小企业发展与高效直接融资"为主题，具有很强的现实意义。

新三板是资本市场服务中小企业的重要探索。近年来，证监会坚持新三板服务创新型、创业型和成长型中小企业的市场定位，坚持市场化、法治化方向，坚持改革创新，新三板形成了有别于沪深交易所的制度安排，扩大了直接融资的覆盖面，初步成为资本市场服务中小企业和民营经济的重要平台。截至2020年9月底，累计有13354家企业与新三板挂牌，其中中小企业占比94%，民营企业占比93%；6679家挂牌公司发行股票11165次，融资5202亿元。通过挂牌新三板，中小企业不仅获得了扩大生产经营所需的资本，同时公司接受资本市场文化熏陶，公司治理与规范运作水平也得到显著提升，奠定了持续健康发展的良好基础，不少挂牌公司成长壮大后实现交易所上市。据统计，已有180余家挂牌公司在沪深交易所上市，首批18家创业板注册制公司有7家来自

---

* 周贵华，中国证监会非上市公众公司监管部主任。

新三板，目前沪深交易所IPO在审企业中还有三成左右来自新三板。

2019年以来，针对新三板市场出现的一些新情况和新问题，根据党中央、国务院决策部署，证监会启动了深化新三板改革工作。此次改革着眼于促进中小企业投融资对接，以建立转板上市制度为牵引，采取了设立精选层、向不特定合格投资者公开发行、连续竞价交易、降低投资者门槛等一系列改革措施，是一次全面、系统的改革。目前，主要的改革措施均已落地，精选层于2020年7月27日开市交易。从实施情况看，市场运行总体平稳，基础制度得到完善，市场化水平进一步提高，融资、交易功能更加有效发挥，各方反响积极，改革取得了预期成效。

一是市场结构更加优化，精准服务中小企业的能力进一步增强。通过本次改革，新三板形成了"基础层、创新层、精选层"层层递进的市场结构，三个层次分别有挂牌公司7185家、1167家、32家；建立了不同市场层次差异化的制度安排，精选层有效发挥示范引领作用，创新层、基础层进一步夯实规范和培育功能，可以为处于不同发展阶段的中小企业提供更加精准的服务。

二是融资方式更加丰富，不同类型企业的融资需求得到进一步满足。通过引入公开发行制度，为优质中小企业提供了高效融资方式，精选层首批32家企业通过公开发行募集资金合计达到94.52亿元。通过完善定向发行机制、引入自办发行方式，进一步提高了发行融资效率，降低了企业融资成本，2020年以来，有187家企业采取自办发行方式，平均每家企业节省中介费用20余万元。

三是交易机制更加多元，市场交易效率进一步提升。一方面，在精选层，通过引入连续竞价、放宽涨跌幅限制等市场化的交易制度，促进了市场定价和成交效率的提升。首批32只股票以发行价格为锚，走势平稳，没有出现大起大落的异常情况。另一方面，在创新层、基础层，通过提高集合竞价撮合频次、优化做市商制度等安排，市场活跃度明显提升，主要指数较改革前均实现大幅上涨。

四是多层次资本市场有机联系更加紧密，中小企业持续发展的路径进一步明确。证监会发布了转板上市指导意见，沪深交易所正在抓紧制定配套规则。通过建立转板上市制度，打通了新三板挂牌公司持续发展壮大的上升通道，互联互通的多层次资本市场体系初步形成，使中小企业在资本市场发展的路径更加清晰、明确和多元。

五是市场生态更加完善,市场活力和品牌效应进一步强化。改革后,新三板市场关注度大幅提高,各方参与度明显提升。合格投资者超过163万户,较改革前增长将近6倍,公募基金也积极参与,改善了投资者结构,促进了投融资两端的平衡。精选层32只股票较改革前交易价格平均上涨150%,一些受投资者认可的企业股价实现大幅上涨,财富效应初步显现。改革以来,共有606家基础层公司经主动申请调入创新层,228家创新层公司发布筹备进入精选层的公告,形成了中小企业积极向上的市场环境。

我们也注意到,市场上有部分意见认为,改革后新三板流动性水平与沪深交易所仍然有差距,市场吸引力仍显不足。这体现了社会各界对于提升新三板市场功能的关切与期待,我们将深入研究改进,同时,我们也认为,对新三板市场功能的认识需要结合其自身特点给予客观的分析。新三板的"初心"和"使命"是服务中小企业,这决定了市场呈现与沪深交易所不同的特征。从融资端看,进入市场的中小企业大多属于发展初期,一方面,这些企业公众化程度不高,股本小,可交易股份少,部分优质企业对稀释股份较为审慎,另一方面,这些企业的商业模式和盈利模式有待确认,存在业绩波动大、经营风险高的特点,在融资、交易等方面获得投资者的认可难度较大。从投资端看,市场参与者主要是合格投资者,绝对数量少,交易行为相对低频、理性、成熟,对投资中小企业也显得较为慎重。因此,对新三板流动性水平要从功能发挥的角度,更加理性看待,不宜简单对标沪深交易所的市盈率、成交量和融资水平。

党中央、国务院作出加快形成新发展格局的重大战略部署,这对资本市场提升服务民营、科创中小企业发展的能力,促进实体经济高质量发展提出了更高要求。面对新形势新任务,我们将认真贯彻党中央、国务院决策部署,在国务院金融稳定发展委员会的统一指挥协调下,按照"建制度、不干预、零容忍"的方针,坚持"四个敬畏、一个合力"监管理念,持续深化新三板改革,不断完善基础制度、丰富融资品种、优化市场动态、加强市场监管、提升服务质量,逐步把新三板建设为以成熟投资者为主体、基础制度完备、功能充分发挥、市场监管有效,具有吸引力、竞争力和辐射力的市场,更好发挥培育"小特精专"中小企业的市场功能。

需要指出的是,市场建设不是一蹴而就的,沪深交易所经过30年建设才取得现在的品牌效应和市场影响力,新三板市场才发展了7年时间,我们期待社会各方给予新三板更多包容和支持,久久为功,共同建设好、发展好新三板市场。

# 加快完善直接融资支持机制
# 更好服务中小企业融资需求

张望军[*]

习近平总书记高度重视中小企业发展，强调"中小企业能办大事，在我们国内经济发展中，起着不可替代的重要作用"[①]，指出"要优先解决民营企业特别是中小企业融资难甚至融不到资问题，同时逐步降低融资成本"[②]。当前，我国经济恢复性增长态势进一步巩固，稳定经济和对冲疫情的政策效果逐步显现。同时，行业分化和结构失衡问题仍较为突出，相比大型企业，处于产业链末端的中小企业受疫情冲击更为严重，经营压力大，融资方面还存在薄弱环节。需要完善体制机制安排，形成支持服务中小企业发展的合力。下面，我谈三点思考。

## 一、从中小企业自身特点看其融资难问题

中小企业融资难、融资贵是长期存在的老问题，也是一个世界性难题。早在20世纪30年代，凯恩斯等经济学家就提出，中小企业融资存在"麦克米伦缺口"[③]，即金融体系愿意为中小企业提供的融资额小于其资金需求。据世界银

---

[*] 张望军，中证金融研究院院长。
[①] 2018年10月，习近平在广州考察调研时的讲话。
[②] 2018年11月1日，习近平在民营企业座谈会上的讲话。
[③] 1929年大萧条后，英国政府委任苏格兰大法官麦克米伦成立了金融产业委员会，寻找英国经济萧条的根本原因。1931年9月，经过对英国金融体系和大量中小企业长达两年的调查，麦克米伦委员会向英国政府提交了《麦克米伦报告》(*The Macmillan Report*)。该报告认为，由于融资体制缺陷，中小企业在发展过程中存在资金缺口，其资金需求大于金融体系愿意提供的资金数额。

行等国际组织测算，在全球发展中国家中，中小企业融资缺口达4.5万亿美元，占其潜在融资需求的56%。

根据我们的观察，中小企业融资难，主要有三方面原因。

一是经营具有高度不确定性。中小企业多处于发展早期，经营稳定性差，抗风险能力弱，金融机构难以准确评估风险。特别是科技创新型中小企业大多为非线性增长，在真正盈利前会经历一个"发现利润区"的"烧钱"和"试错"过程，很难从获取固定收益、信奉审慎原则的传统金融机构融资。

二是资产难以准确定价。多数中小企业固定资产少，缺乏足够的资产抵押物。不少企业核心资产就是创始人团队、企业家才能以及专利技术，传统金融机构往往无法对上述无形资产准确定价和估值，并承担相应的投融资风险。

三是融资需求差异大。制造业中小企业资金周转较慢，平均融资期限较长。服务业企业资金使用周期较短，但融资的随机性特点更明显。创新型企业研发投入大，融资频率高。这种差异性、个性化的融资需求，对传统金融而言，可能单笔业务收益不低，但规模效应较弱，总体收益成本不匹配。

## 二、资本市场在服务中小企业和创新经济融资方面具有独特作用

（一）资本市场可以有效识别风险并准确估值。资本市场是公开市场，通过公开的信息披露以及连续、可靠、高效的价格信号，可以明显缓解投融资双方的信息不对称。资本市场更加多元包容的估值方法，可以对中小企业进行更加合理的定价。近两年来，设立科创板并试点注册制、创业板改革等重大改革举措相继推出，有效增强了资本市场的包容性，完善了支持创新的资本形成机制。截至2020年9月末，科创板已有183家上市企业，累计融资2621亿元，有力推动了集成电路、高端制造等产业链完善和发展壮大。

（二）多层次资本市场可以为不同生命周期企业提供全方位融资服务。在企业初创期，天使投资、创业投资（VC）、私募股权投资（PE）等风险资本先行进入，与企业共担风险和收益。在成长期，区域性股权市场、新三板以及A股市场各板块能为企业经营扩张提供差异化的挂牌、上市服务。在成熟期，通过再融资、并购重组、债券发行等渠道可以为企业提供多元化的资本服务。2020年前9个月，新三板挂牌企业累计筹资243亿元，A股市场IPO、再融资合计筹资1.05万亿元，并购重组交易金额1.14万亿元。

（三）资本市场特有的风险代偿机制，可以推动资本要素向更多中小企业聚集。一家成功投资，其收益足以补偿其他投资损失，这是资本市场独特的风险分散功能。从成熟市场经验看，科技型中小企业融资主要依靠资本市场。截至2019年底，私募基金累计投资境内未上市未挂牌企业股权、新三板企业股权和再融资项目11.71万个，为实体经济形成股权资本6.89万亿元，成为中小企业重要的孵化器、助推器。

此外，通过股份制改造、完善法人治理结构、建立规范透明的信息披露、财务管理和股权激励等制度，中小企业逐步规范化、阳光化、科学化，竞争力不断增强，发展成为真正意义上的现代企业。这些多元化的增值服务，也是资本市场内在特点和制度安排所形成的"溢出效应"。

## 三、加快完善中小企业直接融资机制的几点思考

当前，随着资本市场全面深化改革政策逐步落地，我国资本市场正在发生深刻的结构性变化。下一步，要主动适应构建双循环新发展格局的要求，进一步聚焦中小企业特点和融资需求，完善资本市场的结构、产品和中介服务体系，强化科技赋能，更好地促进中小企业持续健康发展。

（一）不断拓展多层次资本市场对中小企业的包容性和适应性

坚持突出特色、错位发展，推进科创板关键制度创新，强化创业板服务成长型创新创业企业能力。持续深化新三板改革，优化提升新三板服务中小企业的平台作用。推动进一步完善私募股权基金和创业投资基金税收政策，鼓励和引导资金投早投小投科技，促进资本形成和积累。支持符合条件的区域性股权市场开展制度和业务创新试点，提升对中小企业融资服务的主动性和创造性。

（二）打造一批能够为中小企业提供专业化服务的中介机构，增强金融服务的普惠性

引导证券期货行业机构深耕细作、下沉重心，支持中小证券公司向特色化、精品化发展，为中小企业提供有针对性的投融资、风险管理等资本市场专业服务。在业务创新、分类评价等方面，给予服务中小企业的市场机构一定的政策倾斜。

（三）加大产品和服务创新，丰富创新融资工具和便利化措施

鼓励市场机构针对中小企业融资需求，在风险可控的前提下研究开发创新

产品。推进中小企业发行融资制度创新。进一步发挥债券融资工具对中小企业融资的支持作用，扩大创新创业公司债券试点。鼓励各类财富管理机构进一步拓宽投资新三板、科创板基金等资产配置渠道，撬动更多社会资本和长期资本支持中小企业发展。

（四）推动金融科技与资本市场深度融合，更好服务中小企业发展

鼓励引导行业机构运用好大数据、人工智能、区块链等金融科技手段，改进业务流程，创新服务模式和服务场景，进一步降低信息不对称，降低融资成本，提高投融资对接效率，为中小企业提供更多精准、高效的金融服务。

# 新三板服务中小企业的使命与探索

谢 庚[*]

## 一、新形势下资本市场服务中小企业创新发展的使命

今后一个时期，中国经济社会发展面临复杂的国内外环境，不确定性将成为我们谋篇布局的基本约束条件；创新驱动下的结构调整将成为应对机遇和挑战的关键。习近平总书记在 2020 年 9 月 11 日的科学家座谈会讲话中指出，"我国经济社会发展和民生改善比过去任何时候都更加需要科学技术解决方案，都更加需要增强创新这个第一动力。"中小企业作为最活跃的市场创新主体，贡献了我国 70%以上的技术创新；特别是疫情以来，中小企业在细分产业链中的技术创新战略意义越发凸显。截至 2019 年底，全国高新技术企业超过 22.5 万家，科技型中小企业超过 15.1 万家[①]，中小企业未来在促进我国经济创新发展中的作用将越发重要。

考察中小企业创新发展的生命周期不难看出，创新成果的转换和影响充满不确定性，这与资本市场的本质特征高度契合。资本市场的本质是交易，通过存量交易实现价格发现和风险管理等基础性功能，引导市场化资源配置；通过增量交易促进资本形成，解决中小企业资本性融资需求。自 20 世纪 90 年代初我国资本市场正式建立以来，资本市场服务中小企业创新发展的实践不断深化，2013 年 12 月《国务院关于全国中小企业股份转让系统有关问题的决定》

---

[*] 谢庚，全国中小企业股份转让系统有限责任公司董事长。
[①] 参见国家发展和改革委员会《关于 2019 年国民经济和社会发展计划执行情况与 2020 年国民经济和社会发展计划草案的报告》。

正式发布,明确了新三板服务中小企业发展的地位,开辟了通过公开、独立、场内市场解决中小企业资本市场需求的创新道路。

## 二、新三板服务中小企业发展的历史成绩与改革成效

2013年至今,新三板为破解中小企业资本市场服务难题进行了持续探索。针对中小企业特征设置了包容性较强的准入条件,以存量股份挂牌公开转让机制,促进治理规范和信息公开,降低投融资对接的信息收集成本;以小额快速按需融资机制,满足中小企业融资需求;依托主办券商推荐挂牌和持续督导,形成市场化的风险约束机制;通过市场分层,配套差异化的融资、交易、监管和服务,探索风险的分层管理。近8年来,新三板累计服务了1.34万家挂牌公司,民营企业占比93%,中小企业占比94%;6679家公司实现融资,融资总额超5200亿元,并购重组1588次,涉及金额2155.90亿元,已成为资本市场服务中小企业的重要平台。

面对中小企业高质量发展的新形势和新需求,证监会于2019年10月启动了全面深化新三板改革,聚焦提升市场流动性、强化融资功能、优化市场生态、构建多层次市场互联互通机制四条主线,推出了一系列契合市场需求和重要关切的改革举措。目前,这些改革措施已经全部落地实施,改革成效正得到逐步释放。面对新冠肺炎疫情的影响,2020年前三季度,全市场发行融资247.32亿元,同比上升11.64%;二级市场成交974.39亿元,同比上升61.71%;三板做市、创新成指分别较年初上涨17%、26%。从整体看,改革对稳定和恢复市场信心发挥了重要作用。

## 三、新三板持续改革服务中小企业的工作思路

我们深知,本次改革只是在新《证券法》框架下,构建了新三板作为场内、公开市场的基本制度框架,面对资本市场服务中小企业创新发展的机遇和挑战,新三板改革创新将是一个持续深化的过程。在本次改革的完善优化方面,我们将引入混合交易和融资融券制度,进一步优化投资者数量和结构,完善市场风险管理工具,为市场流动性的持续改善创造条件;我们将持续优化融资并购制度,丰富融资并购工具,着力提高融资并购效率和降低成本,增强监管透明度;我们将持续完善纵向分层次、横向分行业的信息披露监管制度,着力提升挂牌公司治理水平,优化市场退出机制,夯实市场持续稳定发展的公司

质量基础；我们将按照错位分工、具有特色的要求，持续打造新三板的制度特色，加快实施转板制度，构建起多层次资本市场的有机联系，降低市场的选择成本；我们将以科技应用引领服务效率提升，持续增强市场主体的获得感。在增量改革方面，我们将积极推进新三板注册制改革，并以注册制改革为主线，按照"建制度、不干预、零容忍"的原则，系统优化市场基础制度体系，使新三板服务中小企业的制度更加定型、更具特色。

"四个敬畏、一个合力"是推进并落实好上述改革举措的重要理念，我们将坚持开门办市场的一贯作风，深刻理解和把握中小企业的资本市场需求，深入了解投资人和市场中介的核心关切，集市场各方智慧完善服务中小企业的政策体系、制度体系、监管体系和服务体系，努力创造更加有利于包容风险、分散风险、化解风险的资本市场环境，孵化培育一大批小特精专企业，为中国经济的自主创新和转型升级贡献力量。

# 法制建设

# 评析《证券法》修改及新法关于新三板市场的规定

徐 明[*]

**摘 要**：2020年3月1日起施行的《证券法》，对我国资本市场发展具有里程碑意义。《证券法》的制定和历次修改都与其社会经济背景密切相关，此次修改的新《证券法》基于现阶段证券市场改革发展的实践，实现了从行政管制向市场化、从义务本位向权利本位、从单一市场向多层次市场、从重事前管理向重事后追责的"四个转变"。同时，首次将新三板市场全面纳入规范，明确了新三板市场的法律定位，公开发行、交易、信息披露、投资者保护等制度也适用于新三板市场。但是，新《证券法》也存在着重交易所、轻交易场所，重入口、轻出口，重股票现货、轻债券衍生品，重行政处罚、轻民事刑事追责等不平衡的局限，对新三板自律管理权限、公开发行注册制以及再融资、交易等基础制度也存在规定不足的遗憾，有待进一步探索完善。

**关键词**：《证券法》修订 新三板 监管

## 一、《证券法》的修改历程

我国首部《证券法》自1998年12月29日颁布至今，先后经历5次修改完善。其中，2004年、2013年和2014年分别对部分条款进行了小幅修改，2005年、2019年则进行了两次全面系统地修订。《证券法》的修改历程充分反映了法律是对实践的总结，《证券法》作为资本市场的基础性法律，其制定和

---

[*] 徐明，全国股转公司总经理。

每一次修改都有着深刻的社会经济背景,并随着资本市场的探索实践而不断进步和完善。比如,1998年《证券法》受亚洲金融危机影响,规定"严字当头";2005年修订,顺应了我国加入世界贸易组织后的资本市场改革开放趋势,确立了股权分置改革后的基础制度安排;2019年修订,更是体现了市场化、法治化方向,实现股票发行核准制向注册制的转变。下文将对《证券法》的制定和两次主要修订的背景进行简要阐述。

（一）1998年：亚洲金融危机背景下的首部《证券法》

1998年12月,首部《证券法》颁布。这是一部破冰的法律,自1992年开始起草,经历6年、数易其稿。由于诞生于资本市场发展初期,并且起草中经历了亚洲金融危机,立法者对于防范系统性金融风险有了更多关注,同时受到1995年"327"国债期货风险事件等的影响,这部法律整体较为"保守",强调防范系统性金融风险,规定了较多限制性内容。比如：实行"分业管理、分业经营"、禁止期货交易和融资融券交易、禁止银行资金进入证券市场、规定证券只能在证券交易所上市交易,等等。此外,这个时期立法较为原则、规定简单,对把握不清的问题,如国有股和法人股流通等进行了回避处理。这一相对保守的立法安排和对现实问题的留白,难以满足我国证券市场快速发展的要求,随着股权分置等问题日渐突出,修法逐渐被提上日程。

（二）2005年：股份全流通背景下更加开放的《证券法》

1998年《证券法》起草时,为了保证国家的控股地位,作出股权分置安排,即国家股、国有法人股和一般法人股不上市流通。这一特殊安排,为当时在争议中摸索建立证券市场提供了宝贵的机遇期和相对宽松的尝试空间,大批国有企业发行上市,证券市场迅速发展壮大。但股权分置导致了不同股东在权利义务和风险收益上的不平衡、不对等,也使企业产权关系无法理顺、公司治理难以进行、市场割裂严重。股权分置问题成为制约我国证券市场健康发展的达摩克利斯之剑。所以,证监会在前期试点的基础上,于2005年9月发布《上市公司股权分置改革管理办法》,股权分置改革全面铺开。这一改革不仅实现了股份的全流通,更是资本市场基础制度安排的划时代变革。

在前述背景下,十届全国人大常委会于2005年10月27日审议通过了修订后的《证券法》。此次修订基于股份全流通的市场特点进一步完善基础制度安排,也顺应加入世界贸易组织后进一步放松管制的要求,积极稳妥推进资本市场改革创新。例如,首次为多层次资本市场留出法律空间,为证券衍生品种的发行和交易创造条件，允许开展融资融券业务；加大投资者权益保护，规定证券投资者保护基金，强化证券违法行为的法律责任；另外，该法在完善发行上市制度、加强上市公司治理等方面都有很多的实质改进，为我国证券市场进一步改革发展提供了坚实保障。我国股市也经历了一轮大牛市，从2005年底至2007年10月，上证指数从1000点左右上涨至6124点。

（三）2019年：注册制引领更加市场化的《证券法》

2008年美国的次贷危机对全球金融形势产生了重大影响，也引起金融监管、金融立法等领域的重大变革。我国资本市场的发展和监管也不断涌现新情况和新问题，《证券法》修订工作随之启动。这轮修订历时漫长，2010年开始进行《证券法》的评估工作，2015年4月，修订稿进行"一读"，到2019年底发布，共经过四读、历时四年半，每一稿都与当时的资本市场发展情况密切相关。

2015年的一读稿在资本市场鼓励和加强创新背景下，秉承市场化理念，按照"大改"思路，对股票发行注册制进行了大篇幅细致规定，同时在健全多层次资本市场体系、加强投资者保护、推动证券行业创新发展等方面都有着墨。

2017年的二读稿。2015年《证券法》修改一读后很快就发生了证券市场异常波动，千股涨停、千股跌停、千股停牌，市场风险凸显，暴露出基础制度不完善的问题，给立法者带来新的思考。所以，在"稳中求进"总基调和"有限目标、问题导向、简洁务实"的指导思想下，二读稿整体思路转向保守，删除了注册制的内容，仅保留一条特别授权安排；收缩了《证券法》的适用范围，恢复原证券的定义，并且全面加强证券市场监管，等等。

2019年4月的三读稿在设立科创板并试点注册制顺利实施的背景下，最大的特点就是为科创板注册制设置专节，增加相关衔接性的原则规定，希望经过实践，总结可复制、可推广的经验后，再对证券公开发行法律制度作出全面修改，但是仅规定科创板注册制的思路也受到理论和实务界的较多质疑。

2019年12月的四读稿按照全面推行注册制的基本定位，对证券发行制度进行了系统修改完善，充分体现了注册制改革的决心与方向。同时，显著提高证券违法成本、完善投资者保护制度、强化信息披露义务、压实中介机构责任等，为打造一个规范、透明、开放、有活力、有韧性的资本市场提供了有力的法制保障。

介绍《证券法》制定的背景，是希望说明法律的制定离不开社会现实。学习贯彻法律时一定要了解法律制定的背景,只有这样才能更好地理解法律,以便更好地执行法律。实际上,任何法律的制定都离不开制定法律的社会环境。《证券法》的制定也是如此。《证券法》制定和修改的三次大的背景,导致《证券法》在指导思想上有所差异。如果离开当时的立法背景去审视当时的法律,就会以不尽科学的态度苛求甚至指责法律。

法律虽然具有一定的超前性,但法律更具现实性。法律的制定不可能离开当时的社会背景和现实,一味地考虑法律的超前性。过分的超前会使法律变成空中楼阁,无法落地,在现实中无法遵照制定。因此,在资本市场的改革发展中,法律就是要将改革的成果用法律的形式固化下来,并形成人们普遍遵守的准则。正是基于这样的原因,《证券法》的制定和每次的修改都与社会发展大的背景、资本市场的现实和发展阶段紧密相连,并未脱离当时的情况来制定《证券法》。从新《证券法》修订的四读稿过程就充分地反映了这一点。

## 二、新《证券法》的特点

新《证券法》系统总结了我国证券市场在改革发展、监管执法和风险防控等方面的实践经验,进一步增强了法律制度的科学性、合理性和有效性,特点可以总结为"四个转变"。

### (一)从行政管制向市场化转变

亚当·斯密在《国富论》里,提到了"看得见的手"和"看不见的手",人为的行政干预是"看得见的手",市场力量则是"看不见的手"。由于我国证券市场发展时间较短,且散户投资者较多,监管的父爱主义浓厚,干预较多。这次《证券法》修改充分体现了市场化方向,落实"放管服"要求,"看得见的手"让位给"看不见的手",还权于市场,主要体现在三个方面。

1. 推行股票发行注册制

股票发行制度是证券市场的起点,也是我国证券市场三十年发展史上变动最多的制度。从1993年证券市场建立全国统一的股票发行制度起,先后经历了审批制、核准制和注册制三个大的阶段。

第一阶段为1998年《证券法》制定前,从"额度"到"指标"的审批制。证券监管部门先确定年度股票发行计划,省级政府或行业管理部门在计划内推荐预选企业,证券监管部门进行审批。其中,1995年以前实行"额度制",之后是"指标制",以解决额度制下每家企业发行股份过小的问题,但无论是额度制还是指标制，都带着浓厚的计划经济色彩，行政力量对股票的发行干预过多。

第二阶段为1998年《证券法》制定后，从"通道"到"保荐"的核准制。法律规定证券发行的条件，证监会对发行人是否符合发行条件，是否具备投资价值进行实质判断。核准制也分为两个阶段：初期的通道制和后期的保荐制。总体来看，核准制下虽然仍由证监会行政主导，但行政干预的力度在减小，体现在两个方面：一是证监会设立股票发行审核委员会，依靠专业力量进行审核；二是强化了信息披露和中介机构责任，强调市场参与主体的作用。

第三阶段为2019年《证券法》的注册制。发行制度进一步市场化，包括发行审核以信息披露为中心，重心下移到证券交易场所负责具体审核工作，证监会负责股票发行注册，尽量减少行政干预。目前，科创板注册制试点已经成功，创业板注册制也已全面落地，下一步将在全市场推广实施注册制，发行制度市场化改革也将进入新的阶段。

2. 简化上市要求，放权证券交易所

新《证券法》关于上市制度的规定也体现了市场化导向。长期以来，我国发行与上市制度之间的界限并不清晰，发行行为基本上吸收上市行为，证监会核准发行后，证券交易所进行流程性的上市审核。但从原理上看，发行和上市是性质不同、互相独立的制度安排。早期没有梧桐树协议、没有伦敦的咖啡厅时也是有股票公开发行的。因为发行的股票需要流通，才有了交易、交易所，才有了上市的概念。所以，上市本质上是交易场所的制度安排，是否允许股票上市是交易场所与发行人之间的民事法律关系，本不应在法律层面过多规定，但2005年《证券法》对证券上市管制较多，明确规定了上市条件，包括必须经公开发行、公开发行比例达到25%等。

此次《证券法》修改，对证券上市章节做了大幅删除、合并，条文从15条变成4条。从内容看，新法删除了上市条件、退市条件和报送材料等属于交易所自律监管范围的要求；明确由证券交易所对证券上市条件和终止上市情形等作出具体规定，使证券交易所具有更大的自主权，也为证券交易所不同板块灵活设置上市条件，形成错位发展、适度竞争的上市环境奠定了基础。

3. 落实"放管服"要求，取消多项行政许可

本次《证券法》修改，按照"放松管制、加强监管"的思路，进一步深化行政审批制度改革，取消和调整了12项行政许可，包括取消证券公司董事、

监事、高级管理人员任职资格核准,取消证券公司设立、收购分支机构的核准;调整会计师事务所等证券服务机构从事证券业务的监管方式,将资格审批改为备案,等等。

过去,我国的市场监管存在一定程度的"路径依赖",认为行政审批式管理见效快,简单易行。但行政干预在规范市场和行业发展的过程中,也在一定程度上抑制了市场活力和行业竞争。新《证券法》减少事前审批,拆掉市场的"篱笆墙",可以更好地发挥"看不见的手"在配置资源上的作用,也有利于激发市场活力和机构的创造力,值得肯定。

(二)从义务本位向权利本位转变

之前的《证券法》,更多地强调监管本位,重点规定各方参与主体的义务和责任安排,有较多的禁止性条款和负面清单,还在证券发行、上市、证券公司管理等方面设置了许多资格限制和准入门槛要求,而对投资者权利等内容着墨较少,导致法律中权利和义务配置相对失衡。新《证券法》的一大亮点,就是对投资者保护进行了专章规定,体现了对投资者权利的高度重视。

新《证券法》增加了许多投资者权利保护的内容。我国证券市场是一个以散户为主的市场,截至2020年7月底,我国投资者数量已超过1.7亿户,持股市值不到50万元的自然人占比近87%。个人投资者投资的专业性和风险承受能力较低,对投资者保护提出了更高要求。新《证券法》增加了许多投资者权利保护的内容,对投资者的知情权、表决权、收益权、求偿权等进行了全面规定。例如,允许投资者保护机构等主体征集股东权利,代为行使提案权、表决权等,帮助中小投资者提高话语权、积极表达利益诉求;强调上市公司应当依照章程分配现金股利,保障股东的资产收益权;投资者保护机构可以自己名义提起股东代表诉讼,持股比例和期限不受《公司法》限制,也有利于中小股东权利的保障。

此外,新法还通过相关制度创新,为权利的行使提供了更多保障。如将投资者保护机构纳入《证券法》,规定投资者保护机构的多项职能,将投服中心等机构的有益实践法律化,赋予投服中心法律地位和法定权利;规定代表人诉讼,形成中国特色的集体诉讼机制,允许投资者保护机构作为诉讼代表人按照"默示加入、明示退出"原则,代表投资者进行损害赔偿诉讼,实现保护投资者和避免滥诉的统一;规定先行赔付制度,将投资者受偿的可能性变成现实,使投资者权利保护真正落到实处。这些安排都体现了对投资者权利的重视和保障,体现了从义务本位到投资者权利本位的理念转变。

(三) 从单一市场向多层次市场转变

新《证券法》将多层次资本市场纳入规定,也是本次修法的一大亮点。我国多层次资本市场的发展经历了较为曲折的过程,《证券法》的有关规定也在逐步完善。1998年《证券法》制定时,由于地方柜台市场出现了无序竞争状态,加之亚洲金融危机的影响,化解金融风险成为当务之急,因此采用了单一层次的证券交易市场原则,禁止分散的证券交易柜台的存在。2000年前后,随着我国经济战略性调整,特别是国有经济的转型发展以及高新科技产业的快速增长,场外交易市场需求逐渐增强。因此,2005年《证券法》有所放松,规定依法公开发行的证券应当在依法设立的证券交易所上市交易,或者在国务院批准的其他证券交易场所转让,为多层次资本市场发展留出了空间,也为新三板的设立提供了法律依据。

本次新《证券法》按照多层次市场理念,将"证券交易所"一章改为"证券交易场所",并将证券交易场所划分为证券交易所、国务院批准的其他全国性证券交易场所、按照国务院规定设立的区域性股权市场三个层次。其中,证券交易所可以组织公开发行证券的"上市交易"、国务院批准的其他全国性证券交易场所可以组织证券的"交易",区域性股权市场则只能组织非公开发行证券的"转让"。新法在全面规定证券交易所市场、部分规定新三板市场的同时,授权国务院制定有关全国性证券交易场所、区域性股权市场的管理办法等,形成了分梯度的多层次资本市场体系,进一步夯实了多层次资本市场建设的法律基础。

(四) 从重事前管理向重事后追责转变

如前所述,新《证券法》取消行政许可、尽量减少行政干预,体现了市场化方向,但是减少事前管理必须辅之以加强事后追责,"建制度、不干预"的同时,一定要对违法违规行为"零容忍",才能维护市场的公开、公平和公正。2005年《证券法》在事后追责方面,存在处罚过轻、威慑不够的突出问题,比如对违法机构或者个人的罚款,均不超过60万元。前段时间的康美药业案,由于违法行为发生在旧《证券法》生效期间,300多亿元的财务造假,顶格处罚也只有60万元,行政违法的低成本、高收益导致上市公司财务造假屡禁不止。为了解决违法违规处罚力度不够的问题,新《证券法》从三方面加大法律责任追究。

第一，加大违法处罚力度。新《证券法》全面大幅提高违法违规成本，无论是倍数罚还是数额罚，无论是对机构还是个人等均如此。例如，对于欺诈发行行为，从原来最高可处募集资金5%的罚款，提高到募集资金的1倍；对于信息披露违法行为，从最高60万元罚款提高到1000万元等。同时，加大对责任人的处罚力度，如对欺诈发行的责任人最高可处1000万元罚款，对信息披露违法的责任人最高可处500万元罚款。

第二，完善证券违法民事赔偿责任。证券违法行为的行政处罚要与其他领域处罚规定相协调，难以规定过高，所以通过完善民事赔偿安排，可以进一步追究违法者的法律责任。新《证券法》规定了17项涉及民事赔偿责任的内容，如发行人等不履行公开承诺的民事赔偿责任，发行人的控股股东、实际控制人、董监高，保荐人及其直接责任人员在欺诈发行、信息披露违法中的过错推定和连带赔偿责任等，大大拓展了对投资者进行民事保护的法律空间，增加了法律的威慑力。

第三，完善证券执法保障。如规定对不配合监管的行为，证券监管部门可以直接处以50万元以下罚款；将证券违法行为纳入诚信档案，发挥综合治理效果；延长证监会在执法中对违法资金和证券的冻结、查封期限等，相关规定有利于相关执法工作的开展和法律责任的追究。

## 三、新《证券法》中的新三板

新三板运行6年多来，一直面临上位法律依据不足的问题。新《证券法》首次把新三板市场全面纳入规范，秉承"共性一体适用、个性留出空间"的精神，通过"证券交易场所""国务院批准的其他全国性证券交易场所"等概念，明确了新三板市场的法律地位，并将市场相关参与主体及行为纳入法律规范，为新三板健康发展和有效监管提供依据的同时，也为市场探索创新预留了法律空间。新法关于新三板的规定主要体现在以下几个方面。

（一）明确新三板场内、公开、集中的市场性质

新三板发展初期，各方对新三板是场内还是场外市场等认识还不够统一，但随着实践的发展，新三板已将交易方式由协议转让改为竞价交易，深化改革又引入向不特定对象发行等制度，场内、集中、公开市场性质逐步明确，也在此次修法中得到确认。根据新《证券法》，新三板与证券交易所具有实质相同的功能和性质，主要体现在以下几个方面：一是二者都为证券集中交易提供场

所和设施，组织和监督证券交易，实行自律管理；二是设立、变更、解散均由国务院决定；三是证券均应全部存管在证券登记结算机构，且登记结算应当采取全国集中统一运营方式；四是都可以组织公开发行证券的交易和非公开发行证券的转让；五是都可以依法设立不同市场层次。

（二）新三板市场公开发行适用新《证券法》，并按国务院规定落实注册制

全面实施公开发行注册制是新《证券法》修改的最大亮点。新法第九条规定，公开发行应当依法报经证监会或者国务院授权的部门注册。但为了与实践相衔接、分步有序实施，新法规定证券发行注册制的具体范围、实施步骤，由国务院规定。《国务院办公厅关于贯彻实施修订后的〈证券法〉有关工作的通知》也明确，证监会要适时提出在证券交易所其他板块和新三板实行股票公开发行注册制的方案。目前，创业板注册制已经落地，相信新三板注册制落地也为时不远。同时，新三板过去7年的挂牌审查都是按照实质注册制的理念运行，深化改革涉及行政许可的事项，也都是由新三板先自律审查、证监会再行核准，审核内容也按照注册制理念进行，这为新三板顺畅对接注册制打下了良好基础。

（三）新三板适用新《证券法》关于禁止交易行为等的规定

新三板作为证券市场，同样存在内幕交易、操纵市场等行为，而新《证券法》关于禁止内幕交易、操纵市场等规定，针对的是证券市场，内幕信息知情人中的"公司"等表述，也可以涵盖新三板有关主体，为新三板市场交易违法行为的处罚提供了明确法律依据。此外，新《证券法》第四十四条关于短线交易归入权的规定，将适用对象从上市公司拓展到新三板挂牌公司，也给新三板市场监管提出了新的要求。

（四）新三板挂牌公司信息披露监管要求得到明确

修订前《证券法》关于信息披露的规定均针对上市公司，造成证监会和新三板对信息披露监管的法律依据缺失，实践中按照《国务院关于全国中小企业股份转让系统有关问题的决定》进行比照处罚，法律依据不足。所以此次修法引入"信息披露义务人"概念，第七十八条规定发行人及法律、行政法规和国务院证券监督管理机构规定的其他信息披露义务人均应及时依法履行信息披露义务，全面涵盖新三板市场。同时，新《证券法》第七十九条、第八十条关于定期报告和临时报告的披露规定，将上市公司和"股票在国务院批准的其他全

国性证券交易场所交易的公司"同等对待，意味着新三板挂牌公司信息披露义务在法律层面和上市公司看齐，也可依法追究其法律责任。

（五）新三板可适用新《证券法》关于投资者保护的主要内容

深化改革之后，新三板投资者门槛大幅下降，投资者数量和类型也在增加，精选层公司股权分散度提高，市场的发行和交易比现在更加活跃，投资者保护问题也会更加突出。新《证券法》"投资者保护专章"中，除征集股东权利和现金分红安排仅针对上市公司外，其余创新规定，包括强制调解、先行赔付、集体诉讼等，适用对象均为证券公司、发行人、投资者等，可以直接应用于新三板市场，为新三板投资者保护提供了有力的法律依据。

（六）新三板适用新《证券法》的其他有关规定

例如，新《证券法》专门规定了证券公司做市业务，新三板市场的做市行为有了法律依据；新法关于证券服务机构的要求，同样适用于新三板市场的相关主体；新法新增禁止利用未公开信息交易的规定，适用对象包括证券交易场所的工作人员，所以新三板的工作人员也被纳入其中，等等。

在前述规定之外，新《证券法》考虑新三板市场探索实践尚未完全成熟，且服务中小企业有其自身特色，因此对于市场的挂牌、再融资、交易等基本制度，以及市场自律监管权限均未规定，而是授权国务院规定。这种立法方式可以为市场发展创新预留法律空间，但同时也与《证券法》立法中固有的"重交易所，轻交易场所"理念有关，后面将进一步阐述。

## 四、关于新《证券法》的反思

立法是遗憾的艺术。本次《证券法》修订，虽然在发行、投资者保护、法律责任追究等方面有了很大改善，但也存在着一些不尽如人意的地方，可以总结为"四个不平衡"。

（一）市场结构不平衡：重交易所、轻交易场所

本次《证券法》修改体现了多层次资本市场的发展实践，将证券交易场所划分为证券交易所、国务院批准的其他全国性证券交易场所、按照国务院规定设立的区域性股权市场三个层次，并将多处原为"证券交易所"的表述改为"证券交易场所"，试图把证券交易场所与证券交易所一体规定。

但整体上，本次《证券法》仍然是以证券交易所为核心，第七章"证券交易场所"专章中，规定的内容基本就是证券交易所。除此之外，证券发行、上

市交易、收购、信息披露、证券公司、证券登记结算机构、证券服务机构等大部分章节均是围绕着证券交易所和证券交易所市场展开的，涉及的市场主体也都围绕着上市公司进行规定，涉及国务院批准的其他全国性证券交易场所规定并不多，对区域性股权市场的规定几乎没有。经统计，新法关于"证券交易所"出现的频次达到 70 次，"证券交易场所"出现 23 次；"国务院批准的其他全国性证券交易场所"出现 11 次；"区域性股权市场"的表述仅出现 2 次。

国务院批准的其他全国性证券交易场所与证券交易所许多具有共性的内容，如自律管理权限等，应该在新《证券法》中加以规定，却没有得到体现。立法采取了较为简单的授权方式，由国务院进行规定，存在着明显的对证券交易场所法律规制不足问题。

（二）监管机制不平衡：重入口、轻出口

上市制度与退市制度都是资本市场的基本制度，分别从入口和出口两端，对提高上市公司、挂牌公司质量、保障市场高效有序运转发挥着重要作用。本次《证券法》修改删去了具体的终止上市情形，改为由证券交易所上市规则作出规定，同时取消了证券暂停上市制度，对不符合上市条件的证券直接终止上市，在体现市场化精神的同时，也有利于市场的尽快出清。但是整体上新法重发行上市、轻退市的特点仍然很突出，如以专章 26 条规定了证券发行制度，同时整个《证券法》规定了上市后的交易、信息披露以及收购等内容，但对退市仅有第四十八条、第四十九条两条原则性规定，对于退市具体机制、退市公司性质以及退市后的交易机制、信息披露等监管要求、投资者保护安排等均未做规定，是资本市场基础制度建设的一大缺失。

退市制度的不完善在实践中已经带来了很多问题。

一是退市、摘牌困境。新《证券法》第三十七条规定：公开发行的证券，应当在证券交易所上市交易或者在国务院批准的其他全国性证券交易场所交易。因此，有观点认为公开发行的证券必须进场交易。这样就限制了退市、摘牌的可能性，导致这些公司无法退出公开市场。此外，新三板精选层公司摘牌是比照上市公司还是挂牌公司，也需要研究考虑。

二是退市公司定位不清。目前，上市公司退市后进入老三板单独板块进行交易，但由于老三板的市场定位和监管要求一直不清，且实践中不少老三板公司经营不善甚至进入破产程序，投资者仍然众多，风险事件频发，如何系统梳理应对还需研究。

三是投资者保护问题。退市过程中责任追究和投资者保护问题突出，尤其是对于因重大违法违规行为退市的，往往给投资者造成重大损失，如何追究相关主体的责任，保护投资者合法权益需要进一步明确。

（三）证券品种不平衡：重股票轻债券、重现货轻衍生品

我国资本市场是以股票市场为中心建立起来的，因此整个《证券法》一直遵循着以股票公开发行并在证券交易所上市为主线的立法逻辑。但资本市场经历多年发展，已经由早期的单一股票市场发展成为股票、债券、基金、衍生品等多品种并存的市场，而新《证券法》仍延续原有思路，对债券、衍生品等证券品种的规定不够科学或全面。

1. 债券立法的"股票化"和"分割化"

近年来，我国公司信用类债券市场已发展成亚洲第一、世界第二的庞大规模，截至2019年底，存量规模约22万亿元人民币。新《证券法》的修订努力使公司债券获得趋同于股票的立法待遇，从诸多方面缩小债券与股票法律制度供给的差距，在证券发行监管机制、保荐承销、证券上市交易等条文上，更多地采用"证券"表述，但这种股债一体的立法思路，忽略了债券的特点，缺乏对公司债券的针对性规定，如债券持有人会议、信用评级和以信用为中心的重大事件信息披露安排等，使债券立法依附于股票，针对债券发行、上市、交易、结算、投融资主体、债券的品种、风险控制等一系列有别于股票的制度难以自成体系，也难以为公司债券市场的发展提供有效的法律支持。

此外，《证券法》关于债券的调整范围仅限于证券交易场所范围内的公司债券的发行交易和政府债券的上市交易，未能在法律层面建立起统一的债券监管体系，交易所债券市场和银行间债券市场割裂的局面仍未改变，债券市场仍处于人民银行、发展改革委、证监会多头监管的格局下，这也是债券立法的一大遗憾。

2. 衍生品规定不足

近年来，我国衍生品市场得到了长足发展，沪深300ETF期权合约、黄金期权等各类期权产品也不断丰富。新《证券法》对衍生产品的规定非常少，仅规定了具有衍生产品性质的存托凭证，且内容非常简单，要求公开发行存托凭证应当遵守首次公开发行新股的条件和证监会规定的其他条件。对于实践中已经存在的证券衍生产品，包括证券期货产品、证券期权产品等均没有体现。

笔者理解，衍生品市场和股票现货市场本身具有密切的关联性，证券现货

是衍生品的基础产品，二者在投资者群体、监管功能、组织运行、风险控制等方面不可分割，具有组织和管理上的同质性，而套期保值、风险对冲工具等衍生品使期货市场和现货市场联动更加密切。但我国目前现货和衍生品的管理、组织、运行和结算彼此分离独立，证券期货由中国金融期货交易所组织、运行和结算；证券现货市场由上海交易所和深圳交易所组织和运行，登记结算则由中国证券登记结算公司负责，这种现货和期货的分离市场导致市场的监管效率、运行效率、风险控制等出现了一系列问题，如部分投机者利用市场分裂、制度差异、监管漏洞等进行制度套利，当市场出现风险时，也难以在法律框架下统一协调应对。

因此，《证券法》作为资本市场的基本法，调整范围应当包括股票、债券在内的所有证券及证券衍生品种，既规范其发行活动，又规范其交易活动及其他相关活动，对资本市场进行全方位、全过程管理。

（四）责任追究不平衡：重行政处罚，轻民事刑事追责

证券法律关系既带有行政法律关系色彩，又兼具民商事法律关系特点，所以健全的民事刑事责任规则体系对规范资本市场发展而言非常重要。《证券法》既要在监管法层面建立以信息披露为核心的证券市场监管规则，也要在行为法、组织法层面完善证券民商事基础性制度，建立民事损害赔偿机制填补投资者损失，以及刑事追责制度加大违法行为打击力度。

如前所述，新《证券法》加强了民事责任追究安排，但仍存在一定的重行政处罚、轻民刑责任追究问题。新法涉及法律责任的规定有65条，其中39条规定的是行政处罚，包括各种形式的资格罚和财产罚，处罚面广、手段丰富。涉及民事责任的规定有所增加，但也只有19条，涉及刑事责任的规定仅有第二百一十九条1条，整个《证券法》的法律责任主要都是行政处罚责任，显示出资本市场法律制度重行政处罚轻民刑追责的特点。

或许，民事责任所具有的特点及其复杂性，在《证券法》中不好规定，刑事责任似乎不应在资本市场法律制度体系中加以规定。即使这样，在我国资本市场实践中，针对投资者的民事责任承担的法律制度规定也不健全，最高人民法院关于资本市场民事责任的司法解释注重的是虚假陈述，对内幕交易、操纵市场以及其他形式的民事责任承担的司法解释并不完善。对于资本市场违法犯罪的刑事法律制度，尽管我国刑法不断通过修正案的形式增加资本市场犯罪的罪名，但从总体上看，力度还不够大，刑事犯罪的责任追究机制有待进一步加强。

## 五、对新《证券法》关于新三板规定的检视

新《证券法》对新三板的规定，实现了从无到有的突破，尤其是明确了新三板的市场定位和基本监管安排，对于新三板市场意义非凡。但新法在重交易所、轻交易场所的起草思路下，还是存在不少缺憾。

**（一）新三板的自律管理权限规定不足**

新三板与证券交易所同为场内、公开、集中市场，运营机构的自律监管权限相同。但新《证券法》第七章"证券交易场所"关于市场自律管理、行情权益、业务规则制定权，以及重大异常波动处置不承担民事赔偿责任等规定，都只针对证券交易所，而新三板在市场监管实践中同样需要明确市场的自律管理职能、规则制定权和纪律处分权等，且从立法技术看，交易场所行情权益及民事责任豁免等内容，都涉及基本法律安排，最好在法律层面予以体现，但都未能得到规定。

**（二）新三板公开发行注册制规定不够完善**

根据新《证券法》，公开发行实行注册制，具体范围、实施步骤由国务院规定。这一规定对新三板而言存在以下问题：一是未明确新三板审核公开发行申请的权限。新法仅规定证券交易所等可以作为注册审核机构，新三板只能被解释在"等"字范围内，较证券交易所在地位上有所弱化。二是新三板存在公开转让、定向发行超200人的特殊情形，何时构成《证券法》上的公开发行，还需进一步研究明确。三是新《证券法》规定债券信息披露仅限于上市公司，国务院《关于贯彻实施修订后的〈证券法〉有关工作的通知》也将债券注册制限缩在证券交易所市场，未能给新三板市场公开发行债券留下空间。

**（三）市场部分基础制度规定缺失**

新《证券法》关于新三板市场再融资、交易、收购等基础性制度的规定存在缺失。

在再融资方面，新《证券法》第十二条将公开发行分为首次公开发行和上市公司再融资，明确上市公司发行新股的具体管理办法由证监会规定，理顺了上市公司发行监管逻辑，但未能对挂牌公司的再融资进行规定，需要在条例层面进一步明确。

在交易制度方面，一是未能明确新三板挂牌"公开转让"的法律性质和挂牌、摘牌的原则性要求；二是缺少对新三板市场的证券交易方式和市场交易参

与人的安排;三是未明确挂牌公司收购人、重大资产交易方等是否属于法定的内幕信息知情人,给新三板市场打击收购中内幕交易带来不便。

在收购制度方面,新《证券法》仅规定了上市公司收购的有关要求,未提及新三板挂牌公司,导致挂牌公司收购行为缺乏法律规范,也难以依据《证券法》追究收购中有关主体和行为的法律责任。

上述问题在一定程度上可以通过制定新三板条例来解决,但条例作为行政法规,应当是在《证券法》规定的基础上进行细化,而上述内容在《证券法》层面未有体现,也给条例制定带来一定的技术性障碍。

总之,本次《证券法》修改是我国资本市场改革发展的一个重要里程碑,体现了资本市场法制建设的长足进步,但也存在一些缺憾,需要不断总结,进一步探索完善,为资本市场发展提供坚实的法律保障,也期待下一次《证券法》出台时,新三板将会以更加崭新的面貌得到法律层面更为清晰、全面的规定。

【法制建设】

# 权益披露违法下"不得行使表决权"的理解与适用

## ——以新《证券法》第六十三条为切入点

叶　林　陈容宾[*]

**摘　要**：新《证券法》第六十三条将违规权益披露的行为与结果相整合，使相应法律条文更为完整和集中。但其中"不得行使表决权"在《证券法》的视角下应有独特的属性，即更多地以投资者利益保护为面向，而非参加公司内部管理事项的角逐。在责任性质上，应将其定性为行政责任而非民事责任。"不得行使表决权"仅仅是对表决权行使的限制而非消灭表决权本身，且其他强调财产性利益的股东权利应不受影响。权益披露规则同时包含了以收购为目的的持股和单纯以投资为目的的持股两种情形，在规制方式上应有所区别。对上市公司收购中的其他违法行为不应进行行使表决权的限制，但并不等于放松了对上述违法行为的监管。证监会在作出"不得行使表决权"的决定上应成为主导力量，并可充分发挥证交所、新三板公司的作用，而法院可对证监会的决定进行司法审查。作出"不得行使表决权"的决定时应充分裁量，遵循比例原则，且该决定仅具有相对效力，并不影响对应股份的后续流通。

**关键词**：不得行使表决权　权益披露　权利限制　行政责任

在原《证券法》的框架下，"不得行使表决权"分别规定在第八十六条和第二百一十三条中。首先，第八十六条为"上市公司收购"一章中的一个条

---

[*] 叶林，中国人民大学法学院教授，中国法学会商法学研究会副会长；陈容宾，中国人民大学法学院2019级民商法学硕士。

款，主要规范收购过程中的信息披露行为，而第二百一十三条为"法律责任"一章中的一个条款，规定了违反信息披露义务的后果。新《证券法》通过将两个条文进行整合，一并规定于第六十三条中。其中，前两款规定的是信息披露行为，第三款规定的是法律后果。通过此种立法上的变化，新《证券法》在同一法条内，实现了"行为—后果"的较为完整的法条逻辑结构。与此同时，新《证券法》在"不得行使表决权"的适用条件和范围上较原《证券法》更为具体和明确。首先，将限权范围限缩在"超过规定比例部分的股份"，提升处罚措施的针对性和精确性；其次，在大股东慢走规则上，将持股比例达5%后不得买卖的期限增为三日，提高权益披露的时间成本；再次，将限权的处罚期限由"改正前"更改为"买入后三十六个月"，使处罚更为严苛；最后，由法律赋予了国务院证券监督管理机构作出特别规定予以豁免的权力。

综观《证券法》修订的背景，一方面，证券发行注册制的稳步推进使多重资本市场的活力进一步激发，无论是面向短期收益的财务投资还是面向长期经营的公司，并购都蕴藏着更旺盛的市场需求；另一方面，资本市场进入"强监管"时代，这意味着监管者具有进一步提升市场透明度、改善营商环境的勇气和决心。而享有表决权是作为股东参加公司治理的基本前提，对其进行限制的具体条件和操作方式有待明晰。实际上，"不得行使表决权"决定的运作也是如何平衡"尊重市场规律"与"保障监管适位"两大理念的微观展现。

实务层面，"西藏旅游案"① "上海新梅案"② "荃银高科案"③ 等公司控制

---

① 参见（2015）拉民二初字第36-2号。其中，拉萨市中级人民法院作出裁定：禁止被告胡波、胡彪于本案判决生效前行使：自行或通过第三方行使其持有西藏旅游股份有限公司公开发行股份的投票权、提案权、参加股东大会的权利、召集和主持股东大会的权利。具体内容可参见"西藏旅游股份有限公司关于诉讼的进展公告"，http：//www.cninfo.com.cn/new/disclosure/detail?stockCode = 600749&announcementId = 1201694444&orgId = gssh0600749&announcementTime = 2015-10-15，最后访问日期：2020-11-23。

② 一审判决可见"上海兴盛实业发展（集团）有限公司诉王斌忠证券欺诈责任纠纷一案一审民事判决书"，（2015）沪一中民六（商）初字第66号。其中上海市第一中级人民法院认为：原告作为新梅公司的投资股东，在其未能举证证明其自身任何合法权益遭受损失的情况下，要求限制被告行使股东权利并禁止其处分相应股票的诉讼请求，缺乏事实及法律依据，本院均不予支持。在二审中，双方撤回上诉，上海市高级人民法院据此作出"（2016）沪民终313号"裁定书。

③ 其中安徽省高院于2017年7月5日对本案进行了一审开庭审理，但由于目前对违法增持上市公司股份行为的效力及违法增持上市公司股份行为所应承担的民事责任尚无明确法律规定，荃银高科公司决定于2017年12月28日撤诉。具体内容可参见安徽荃银高科种业股份有限公司关于诉讼撤诉的公告，http：//www.cninfo.com.cn/new/disclosure/detail?orgId = 9900010589&announcementId = 1204288422&announcementTime=2017-12-30，最后访问日期：2020-11-23。

权争夺的案例层出不穷。其中，代表公司管理层一方多以外部投资者信息披露违法为由否认购股行为的效力，或主张其购入的股份不具有参与权；而代表外部股东一方则根据"交易结果恒定"原则认为交易有效，并认为公司无权于此种情形下剥夺其表决权。然而，司法裁判的态度却莫衷一是："西藏旅游案"中拉萨中院作出裁定，对被告股东的投票权、提案权等股权进行冻结；"康达尔案"中被告公司董事会因股东信息披露违法，作出限制其表决权的决议，而深圳中院则认定该决议无效，否认了董事会对股东表决权进行限制的权利。[①]一方面，法院在不得行使表决权类似案件中发挥的作用不可忽视，但另一方面，《上市公司收购管理办法》第七十五条、第七十六条在明示证监会据实采取对应监管措施的权力后，又指出"在披露违法行为改正前，对应股份不得行使表决权"，似在阐述作出"不得行使表决权"决定的权力应归证监会所有。因此，在新《证券法》给予"不得行使表决权"明确制度支撑的前提下，仍有必要探讨有权作出"不得行使表决权"决定的主体为何。作为公司治理探讨范畴的表决权，是否应由外部力量予以干预？在"不得行使表决权"的决定作出后，又应如何予以落实？

立法的调整和变化既为稳定证券市场、促进证券交易的规范化创造了良好契机，也对如何秉承该理念进行实操提出了挑战。本文将以新《证券法》第六十三条为切入点，对"不得行使表决权"制度应如何进行具体适用进行分析和审视。

## 一、《证券法》上"不得行使表决权"的独特属性

（一）《证券法》与《公司法》上"不得行使表决权"的区别

1.《证券法》与《公司法》的不同取向和功能

《公司法》与《证券法》相互配合，在构建流通性与稳定性并重的资本市场上存在紧密的联动关系。然而两者在取向上的差异也决定了彼此功能上的分别：在预设模型上，我国的《公司法》以更具封闭性和自决性的公司为主要模型，而《证券法》则基本以上市公司为规制对象。在规范性质上，《公司法》以意思自治为核心，多为任意性规范，为公司意思自治创造空间；而《证券

---

① 参见"深圳市康达尔（集团）股份有限公司与京基集团有限公司公司决议撤销纠纷二审民事判决书"，（2016）粤03民终13834号。

法》则以公开透明为核心，多为强制性规范，为解决市场信息不对称造成的效率低下和资源浪费奠定基础。在公开程度上，《公司法》更关注公司内部治理事项，具有一定的封闭性；而《证券法》为了发现公司的合理价值，则要求更高的公开化程度，并且引入更多外部主体与公司进行接触，因而"公开"原则也属《证券法》的基本原则之一。在利益权衡上，《公司法》更注重股权的静态价值，强调获益性，其基本矛盾的假设是内部股东与管理层间的制衡；而《证券法》则更注重股权的动态价值，强调流通性，因此基本矛盾的假设是股东彼此之间的博弈。

2. "不得行使表决权"在两套分析框架下的不同解读

基于两者定位的不同，"不得行使表决权"在《公司法》与《证券法》语境下的含义也不能一概而论。在《公司法》的框架下，公司的人合性程度相对更高，股东对于章程和决议形成的参与机会也更为充分。举例而言，"《公司法》司法解释三"第十六条允许公司通过章程或决议，对未履行出资义务股东的分红权、优先认购权等权利进行限制，而第十七条则允许公司对严重未履行出资义务的股东予以除名，其背后的基本理念是"权利与义务相对等"。进行表决是股东共益权的重要权能，而出资则是股东对公司的基本义务，是享有完整成员权的前提。因此，公司有权通过章程或决议不得行使表决权，该种限制属于团体法意义上"民主"的范畴，体现公司对团体成员的自主管理。然而，上市公司涉及股东范围更为广阔，股权结构相对于未上市公司而言更为分散，中小股东参与章程制定、决议形成的能力在客观上受到影响。在此情形下，《公司法》的预设前提发生变化。若将上述规范"照搬"至上市公司治理的框架下，则会导致控股股东与实际控制人、上市公司与中小股东间的权利义务关系失衡。因此，对于以上市公司为背景的表决权的行使与限制，则属《证券法》的用武之地。

在《证券法》的框架下，新《证券法》第六十三条将"不得行使表决权"作为违反权益披露规则的惩罚性后果。其背后的基本理念是"未履行义务应承担责任"。值得注意的是，此次《证券法》修订后，立法者仍将权益披露规则放在"上市公司的收购"一章下，体现了我国并未将权益披露视为一种单纯的信息披露规则，而是将其放在收购制度的框架下进行规制。① 收购人在对上市公司进行收购时，要求其进行信息披露，主要是为保证其他投资者的知情权，使股东能得到合理公平的收购溢价。同时，由收购者提供的信息还便于监管者对证券交易的有效监管，避免收购者利用资金或信息优势进行内幕交易或操纵市场。因此，在制度设计上，第六十三条权益披露规则主要以保护投资者利益、方便以监管为出发点，并非以公司内部管理层的利益为保护核心。

将权益披露规则定性为股东向管理层的"反向披露"则偏离了制度的本质。管理层在大额持股股东进行信息披露时，能够捕捉与收购相关的股权变动信息，并非是该制度的"初心"，而仅仅是附属的"反射效应"。当然，为削减突袭而来的收购计划对自身管理和公司经营的不利影响，提前做好应对恶意收购的准备，管理层应有权了解股权收购的相关信息。但在我国《证券法》的框架下，该任务应交给强制要约制度来完成。通过比较新《证券法》第六十四条权益披露的内容与第六十六条收购要约的内容，不难发现两者在具体内容及详略要求上均有所差异。因此，第六十三条的"不得行使表决权"并无意干涉公司治理事项，而是为了增强处罚效果，对企图暗中以不公平价格进行违法收购的股东进行目的阻断。换言之，与《公司法》分析框架下的结论不同，此处的"不得行使表决权"在性质上不属于公司自主管理的范畴，难以由公司自决。

以此推论，若进行权益披露并非股东对公司的义务，则公司并无权限对违法股东进行表决权上的限制。因此，公司章程或决议中"违法信息披露不得享有表决权"的规定不能自然地产生私法上的效力。

（二）"不得行使表决权"的责任性质

1. 表决权的限制与表决权行使的限制

对权利的限制，包括对权利本身的限制及对权利行使的限制。前者首先应对权利的内容加以界定，明确权利自身所包含的要素，从而确定对权利本身限制的控制范围，且对权利本身的限制将产生"失权"的效果。债权只能请求相对人为给付，并不能产生对所有人为请求的对世效力，对债权本身的限制则导致债权的消灭。在企业破产时，利息债权则因破产清算程序的启动而受到限

---

① 参见王湘淳. 违反权益披露规则的法律责任分析 [J]. 重庆大学学报（社会科学版），2019 (7)。

制，即债权人不能向该破产企业主张利息之给付。对权利行使的限制，则意指在权利实现和扩张的过程中，以他人权利、公共利益等因素做终点，进而为权利的行使划定边界。因而，对权利行使的限制并不是从根本上消灭该权利，只是将外部干预力量引入权利的运作机制中，对权利行使的效果产生阻碍。

具体到对表决权的限制上，对表决权自身的限制则意味着权利主体不享有表决权。如在发行优先股的上市公司中，为实现股东间利益的平衡，持有优先股的股东往往在参与公司经营的权利上受到限制，并不能对公司事务进行表决；而对表决权行使的限制，则意味着在特定情况下权利主体的表决行为并无法律上的效力。如关联董事在对决议事项有特别利害关系时，不得由自身行使或代理他人行使表决权。

针对新《证券法》第六十三条，从字面上出发，"不得行使"的表述相对明确，体现了此种限制并非剥夺违规股东的表决权，而是限制其在一定期限内通过自身行为控制公司决策的能力。此外，从理念上，公权力的介入并不能当然构成干预私权的充分理由。即使是"强度稍弱"的限制权利行使，仍需受到合法原则、合理原则等标准的审查，监管者应秉持审慎的态度作出决定。而穿透性地对私权进行实质性剥夺，则与私法尊崇意思自治的理念相抵牾，使市场活力的展现掣肘于行政监管。

2. 定性为民事责任的问题

有观点将"不得行使表决权"定性为一种民事责任，是对知情权受侵害的市场主体的民事救济。[①] 在私主体提起救济请求时，由于新《证券法》第六十三条并未确立完整的请求权基础，因此仍应回归侵权法上的构成要件予以判断。基于"不得行使表决权"的制度目的，管理层并不具有所谓的"反收购权"，则请求权主体应为投资者而非管理层。而投资者需举证证明违法权益披露方的行为给自己造成损害。问题在于，在认定"损害"这一构成要件时，难以论证为何同样作为股东，对其他股东的保护力度要大于对大额持股股东的保护力度。因此，即使承认其他股东对公司权益变动的知情权，在此种情况下，其知情权受到的影响远达不到侵权法意义上的"损害"，试图通过民事责任惩罚违法者的推论难以为继。

当然，对"不得行使表决权"民事责任性质的否定不等于否定了投资者寻

---

① 参见解正山. 大额持股披露义务规制 [J]. 现代法学，2018 (5)。

求民事赔偿的其他路径。出现上述问题的根源在于，立法者并不认为单纯的权益披露违法可构成加害行为。但当违法股东存在其他违法行为时，可通过制度之间的衔接要求赔偿，如通过"内幕交易"或"操纵市场"寻求私法救济，[①]进而与新《证券法》加强投资者保护的理念相呼应。但在"借路"其他制度寻求救济时，应满足相应的构成要件，而不能无条件地自动适用，否则将会极大地削弱权益披露规则自身的独立价值。

3. 定性为行政责任的适当性与可行性

将"不得行使表决权"定性为行政责任，既能充分发挥行政行为的优势，又能减少私力救济引发的治理僵局。首先，行政行为相较于司法行为，更强调效率性和统一性。一方面，在资本市场环境下，效率的提高意味着成本的降低，行政行为的及时性利于减少监管周期过长对市场竞争造成的外部性。另一方面，证券市场的繁荣发展需要以执法的稳定性和可预测性做支撑，监管的尺度不应成为市场运作中额外的"变量"。而证券监督管理机构在组织架构上更为集中，在保持监管的统一性上具有更强的内在驱动力。其次，由证监会统一领导的监管体系进行审核与执法是我国既有的制度选择，将"不得行使表决权"的权力交由行政机关符合我国监管导向的收购监管模式，[②]利于发挥监管人员和机构的专业性。最后，由公力进行执法可避免管理层以"不得行使表决权"之诉作为防御手段，从而在客观上使公司陷入治理僵局。由于我国并未如《美国特拉华州公司法》一样，对"毒药丸""金色降落伞""驱鲨剂"等反收购措施的合法性予以明晰和阐述，并通过诸如"双叉测试""露华浓规则"等裁判标准对相对抽象的忠慎义务进行演绎，则利用诉讼拖延收购进程作为商业谈判的筹码不失为管理层自我防御的一种选择。此时"不得行使表决权"便脱离了保护投资者的本质，成为管理层维护私益的工具。由行政监管部门进行统一执法，则可避免借此而生的"滥诉"。

在新《证券法》颁布前，《上市公司收购管理办法》第七十五条至第七十八条便赋予了证监会对违法主体实施相应监管措施的权力，而新《证券法》第六十三条无疑为上述规定提供了必要的合法性支撑。但是，原《证券法》第二百一十三条仅将权益披露主体限定在"收购人"上，而《上市公司收购管理办

---

① 参见梁上上．论违法增持的司法救济［J］．法商研究，2019（2）。
② 参见约翰·阿莫，杰克·雅各布，柯提斯·米尔霍．敌意收购机制在发达国家以及新兴市场中的演进［J］．金融法苑，2015（1）。

法》第七十五条则将义务主体扩大至"上市公司的收购及相关股份权益变动活动中的信息披露义务人",具有另设限定之嫌。[①] 而新《证券法》第六十三条除吸收原《证券法》第二百一十三条的精神,在法律层面肯定证监会作出限权决定的权力外,还利用"投资人"的表述扩大了义务主体的涵射范围,避免作为下位法的部门规章与上位法相抵触。然而,将两种不同类型的义务主体统合至"投资人"的概念下,不等于将二者同等视之,具体差异容后详述。

## 二、权益披露规则中"不得行使表决权"的法律解释

### (一)"不得行使表决权"的文义解释:何种权利应被限制?

1.《证券法》中"不得行使表决权"与"限制股东权利"的异同

新《证券法》中对股东进行权利限制的表述,除第六十三条规定的"不得行使表决权"外,在对证券公司的管理上,还采取了"限制股东权利"的表述。如根据第一百四十条的相关规定,在证券公司的治理结构、合规管理、风险控制指标不符合规定时,证监会可根据情况限制应负责任的股东行使权利;根据第一百四十一条的相关规定,在证券公司的股东虚假出资、抽逃出资时,证监会可对上述股东作出限权处理;根据第二百零五条的相关规定,证券公司违法为股东或其关联方提供融资或担保的,有过错的股东同样不得行使股东权利。实际上,除《证券法》外,"限制股东权利"也可见于其他法规中。如根据《期货交易管理条例》第五十五条、第五十七条的相关规定,在期货公司的严重违法行为危及公司稳健运行、损害客户利益,以及股东虚假出资、抽逃出资时,国务院期货监督管理机构可分别限制控股股东、瑕疵出资股东行使股东权利。《中国证券监督管理委员会证券期货市场监督管理措施实施办法(试行)》(证监发〔2008〕158号)第二十五条则指出,"限制股东权利"是"实施机构……限制证券公司、期货公司有关股东行使表决权、参与分红和法律规定的其他股东权利"的一种监管措施。

"限制股东权利"与"不得行使表决权"具有相似之处。首先,在性质上,两者均属于行政责任,均属监管机关为督促整改、惩罚违法行为采取的行政强制措施。其次,在实施上,两者均具有裁量性。对于前者,实施机构可根据违法情节以及是否及时改正施以不同的监管措施;而对于后者,新《证

---

[①] 参见陈洁. 违法大规模增减持股票行为的定性及惩处机制的完善[J]. 法学, 2016 (9)。

法》第六十三条给予了证监会作出例外规定加以豁免的权力。最后，在救济上，若被限权股东对两种决定有异议，均可通过行政复议或行政诉讼的方式提出主张。

然而，并不能基于相似性而将两者混淆。在具体差异上：第一，两者所针对的主体有所不同。"限制股东权利"为监管机构对证券公司、期货公司等具有特许经营性质的市场主体进行管理的必要工具，而"不得行使表决权"则在适用对象的范围上具有广泛性和一般性。第二，在限权范围上，股权作为一个权利束，包括参与、表决、收益、处分等多重权能，因此"限制股东权利"将使股东基于其身份享有的利益受到全方位的影响；而"不得行使表决权"仅仅控制股东将单方意志上升至团体意志的过程，并不影响分红权、新股优先认购权、剩余财产分配权等其他权利。第三，在限权期限上，"不得行使表决权"采取了"买入后三十六个月"的确定期限，从字面上看似将所有违反权益披露的行为进行一体化处理，较为严厉；而"限制股东权利"则具有更大的裁量空间，仅在"改正行为前"影响股东权利的行使。

2. "不得行使表决权"的内涵与外延

顾名思义，若违法股东被限制行使表决权，则其投票行为不产生效力。公司在计算表决权基数及确定最终投票结果时，应将该部分股份剔除。相反，从对决议行为的影响上看，若该股东投了票而未将其投票结果予以剔除，则应视情况加以讨论。如果该股东投票与否对决议是否成立及通过不产生实质性影响，则应视该决议在表决方式上具有"轻微瑕疵"，不影响决议效力。但如果该投票结果具有决定性影响，因其投票行为使决议得以成立并通过，则该情形属于"《公司法》司法解释四"第五条第（四）项规定的"会议的表决结果未达到《公司法》或者公司章程规定的通过比例"，可由公司的股东、董事、监事提起决议不成立之诉。

在外延上，除表决权的行使受限外，表决权本身并未消灭。且如上所述，分红权、剩余财产分配权等更强调财产性利益的股东权利不应受到影响。根据《证券法》确立的"交易结果恒定"原则，即使在股票交易中存在违法行为，股票买卖行为的效力也不受影响。如果股东的财产性权利一并受到"不得行使表决权"的牵连,则与事实上否定了股票买卖有效的前提并无二致。① 与此同时,股东仍有权行使"出席权",参加股东大会。一方面,股东了解与公司有关的经营信息,对管理层提出质询都需要出席股东大会,阻止其行使出席权则意味着该股东失去了对公司管理层进行监督的重要机会,使代理成本上升;另一方面,不妨碍股东行使"出席权"可避免因该股东不能出席股东会议而使有效的股东大会无法召开,从而使公司陷入治理僵局,最终不得不走向司法解散。另外,股东大会召集权(《公司法》第一百零一条)、临时提案权(《公司法》第一百零二条)等与持股数量有关的参与权之行使也不应受到限制。② 在此种情形下,表决权行使的限制可在形式上类比董事会对关联交易事项的表决(《公司法》第一百二十四条)。即关联方董事仍可提议召开董事会,并将与关联交易有关的提案提交董事会表决,只是其投票行为不产生相应后果。总而言之,在法律无明文规定时,监管者应最大限度尊重私主体的行权自由,不能任意对股东权利的行使"另设藩篱",否则有"越位"之嫌。

(二)"不得行使表决权"的体系与历史解释:何种情形应当适用?

1. "上市公司收购"与"相关权益变动"的区分与统合

新《证券法》第四章中,对持股主体采用了"投资者"与"收购人"的不同表述,而在第十三章"法律责任"中,也对"信息披露义务人"和"收购人"进行区分。遵循此思路,以收购为目的的持股和单纯以投资为目的的持股虽被安排在权益披露的同一框架下,在规制方式上也应有所区别。

首先,从现实情况出发,上市公司的收购以掌握控制权为核心。而财务投资者大额持股仅属客观层面的事实,是其整体投资战略的组成部分,并不具有主观上获得公司控制权的目的。财务投资者作为管理人时,可能对多只基金负有管理义务。当同一管理人下的多只基金被视为一致行动人,则该管理人在每个上市公司的持股都可能达到大额持股的标准。③ 若对其采取与"上市公司收购"同样严苛的标准,则无论是信息披露端还是监管端的成本均会大幅增长,而较大的披露压力也会在一定程度上抑制投资的热情与活力。其次,从域外经

---

① 参见姚瑶.公司收购中违反大额持股申报义务的法律责任——基于"上海新梅案"的分析例证[J].河北法学,2017(2)。

② 参见王湘淳.违反权益披露规则的法律责任分析[J].重庆大学学报(社会科学版),2019(7)。

③ 参见张巍.评《证券法(三审稿)》第四章"上市公司的收购"[J].中国法律评论,2019(4)。

验上,许多既有立法例均针对持股的不同目的设置差异化的披露要求。如韩国《资本市场与金融投资业法》第一百四十七条根据持股人"是否有影响发行人的经营权的目的",在要求披露的信息上进行区别处理。若持有股份的目的不是收购,其报告内容和报告时间等事项,可由总统令作出不同规定。① 我国台湾地区2015年修订"企业并购法"时,在第二十七条最后增设规定"为并购目的,依本法规定取得任一公开发行公司已发行股份总额超过百分之十之股份者,应于取得后十日内,向证券主管机关申报其并购目的及证券主管机关所规定应行申报之事项;申报事项如有变动时,应随时补正之。违反前项规定取得公开发行公司已发行有表决权之股份者,其超过部分无表决权",即利用"并购目的"的表述对更复杂披露程序的适用进行限缩。

然而,新《证券法》第六十三条包含的制度价值可能是多元的。除加强对公司控制权变动的监管外,增强上市公司持股信息的透明度、提高监管的效率、控制收购资金的杠杆比例以减小杠杆率过高引发的市场风险等,均可成为权益披露规则所追求的目标。因此,在以是否具有收购目的为标准,对大额持股行为进行类型划分时,也不能忽视一般规则对两种情形的统摄力。无论投资者是否具有收购目的,只要满足了第六十三条规定的大额持股的基准要求,都需要按照流程进行信息披露,只是在披露的具体内容以及处罚的强度上应有所差异。

具体而言,根据证监会发布的《公开发行证券的公司信息披露内容与格式准则第15号——权益变动报告书(2014年修订)》(证监会公告〔2014〕24号)和《公开发行证券的公司信息披露内容与格式准则第16号——上市公司收购报告书(2014年修订)》(证监会公告〔2014〕25号):投资者及其一致行动人在持股比例达到已发行股份的5%而不足20%时,需进行简式权益披露;持股比例达到20%而不足30%,或虽未达到20%但成为上市公司第一大股东或实际控制人时,需进行详式权益披露;而在持股比例达到30%后,则需编制和披露上市公司收购报告。根据上述指引的要求,三种报告书在内容详尽程度上具有明显区别。举例而言,简式权益披露并不需要按照《上市公司收购管理办法》第六条和第七十五条的要求进行资格审查和文件备查,但在详式权益披露报告和上市公司收购报告中却均需对上述内容进行说明和保证。此外,值得注

---

① 参见董新义译. 韩国资本市场法[M]. 北京:知识产权出版社,2011。

意的是，新《证券法》第六十四条列举的权益披露内容中，并未要求说明持股目的。但根据证监会发布的上述指引，即使是简式权益披露，仍需说明持股的目的。因此，在实践中可根据投资者对自身持股目的的陈述进行差异化监管。而违反信息披露义务对应的惩罚措施也应在适用上体现出层次感。具体到"不得行使表决权"上，可对是否作出"不得行使表决权"的决定，以及限制权利行使的具体期限进行裁量。

当然，在具体操作上，应防止通过表决权委托、借助各类通道等方式转移表决权以间接实现对上市公司控制权的掌控。根据上交所和深交所分别发布的《上市公司收购及股份权益变动信息披露业务指引》（征求意见稿），当投资者为合伙企业或者除公募产品以外的资管产品，其在信息披露时应穿透至最终出资人及资金来源，以便监管机构判断投资者的实际控制权。对于资管计划大额持股的情形，原则上，同一管理人通过多个资管产品持有同一家上市公司的股份应合并计算，但是具有公共性和公益性的基金除外，包括社保基金、养老保险基金、企业年金、公募基金。

2. 收购中的其他违法行为是否应"不得行使表决权"？

单纯违反披露规则并不必然导致表决权的行使受到限制。表决权行使受限的违法构成为"违反信息披露 + 继续买入股票"。若单纯在信息披露层面违法而未进行后续买入，在不具有收购目的时，应适用新《证券法》第一百九十七条，责令信息披露义务人改正并视情况缴纳罚款。若单纯在信息披露层面违法而未进行后续买入，具有收购目的，在违法者"未履行公告义务"而确定其法律责任时，单从字面上看，新《证券法》第一百九十六条与第一百九十七条似乎有所交叉。但第一百九十六条所针对的违法情形，除"未履行公告义务"外，还包括未履行第六十五条确定的强制要约义务（见图1）。

从体系解释的角度出发，同样是针对上市公司收购，新《证券法》第一百九十六条相较于第六十三条所包含的违法行为类型更丰富，但"不得行使表决权"的处罚措施仅适用于信息披露层面的违法。按照"限权必须有法律明确规定"的精神，上市公司收购中的其他违法行为不应进行行使表决权的限制。

【法制建设】

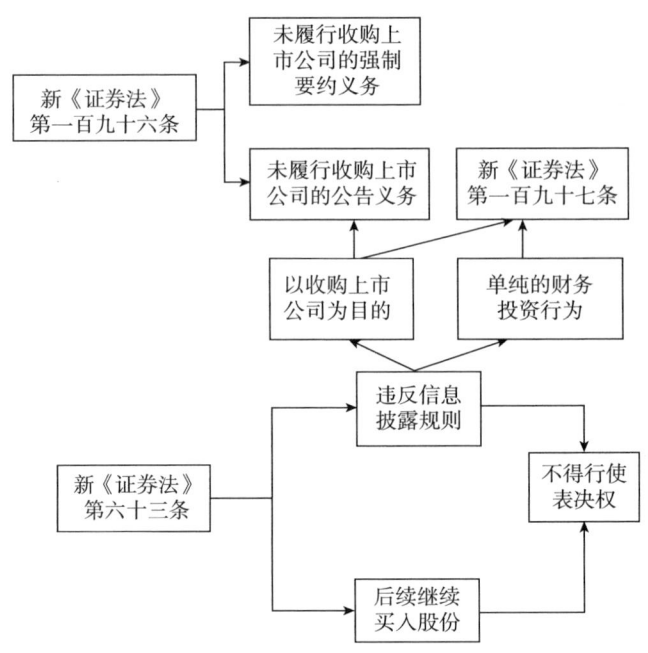

**图 1　未履行公告义务的法律责任体系**

然而，不进行行使表决权的限制并不意味着放松监管。如上所述，权益披露规则同时包括"上市公司收购"与"相关权益变动"两种情况，对于具有收购上市公司目的的投资者，在其持股比例达到5%时，即可通过监管将其企图打"突击战"——低价收购公司的行为予以控制。此外，积极履行信息披露义务，将会产生公司和收购者"双赢"的结果：一方面，在投资者履行披露义务后，公司可借此机会了解有哪些潜在收购者，进而为管理层履行忠慎义务、选择最佳收购方案提供信息资源；另一方面，在责任自负的基础上，参加收购的主体也可获得更多的自由空间。而对于信息披露以外的其他违法行为，如随意变更收购价格、随意缩短收购期限，既可由市场加以惩罚，在收购浪潮中将其淘汰；也可由法律加以惩罚，要求其承担赔偿责任。

因此，对于收购过程中的其他违法行为，立法者在"不得行使表决权"上进行松绑，体现出对收购参与者采取"严进宽出"的管控理念——进行合法的权益披露是收购者参加收购活动的"门票"，在履行信息披露义务之后，收购者便在博弈中获得了更大的舞台。与此同时，由第一百九十六条、第一百九十七条确立的缴纳罚款、处分主要责任人员等行政责任可作为红线，助力实现"监管"与"自治"的平衡。此外，《证券法》第一百九十六条还明确指出

"收购人及其控股股东、实际控制人利用上市公司收购，给被收购公司及其股东造成损失的"，应承担民事赔偿责任，也恰恰印证了收购中的其他违法行为并未淡出监管视野。相对于原《证券法》较为笼统和粗放的第二百一十三条，新《证券法》将上市公司收购过程中的违法行为类型化、具体化，并与不同的法律责任对接，使责任体系更为精细和完整。

### 三、权益披露规则中"不得行使表决权"的具体适用

（一）"不得行使表决权"处罚决定的实施

1. 作出"不得行使表决权"处罚的主体

首先，由行政机关作出处罚决定，是"不得行使表决权"行政责任属性的必然要求；其次，根据新《证券法》第一百七十九条，"依法监督检查证券发行、上市和交易的信息公开情况"，并"依法对违反证券市场监督管理法律、行政法规的行为进行查处"，也是证监会的法定职责；最后，证监会在及时监控违法行为、根据市场环境变化作出快速调整等方面具有主动性和专业性。因此，证监会在作出"不得行使表决权"的决定上应成为主导力量。

"不得行使表决权"的处罚决定不应由法院直接作出。如上所述，"不得行使表决权"的私力救济不但面临举证上的困难，也容易沦为管理层自我防御的手段而引发僵局。但法院在处理权益披露违法中发挥的作用仍不可忽视。一方面，行政行为具有较大的自由裁量空间，而来自司法方面的监督和审查将促使合理行政、合法行政的原则得到贯彻和执行；另一方面，法院在"不得行使表决权"上的谨慎和克制并未影响受损主体通过民事救济进行权益维护的可能性。根据新《证券法》的规定，投资者保护机构可作为证券集团诉讼的支撑力量，这样进步性的安排也将为解决投资者在寻求救济方面的"集体行动困境"创造契机。在实践中，证监会作出的处罚决定可作为法庭调查的证据之一，以促进违法事实的查明，推进整体诉讼进程。但法院不得将其作为裁判的依据直接加以使用，以保持法院在纠纷解决中的中立性和独立性。

与此同时，作为行业监管体系的重要组成部分，证券交易所的自律监管使其在事实上具备了一线监管者的地位。一方面，沪深交易所由政府主导和推动建立，其在成立时即被赋予一定公共职能；另一方面，电子化交易手段的引入

使"券商"的经纪功能减弱,证券交易所与投资者的联系更加紧密。① 证券交易所可利用其较为完备的交易系统,及时捕捉投资者持股比例变化的信息,对证监会的监管提供必要协助,并且可承担部分监管职能。对于新三板的挂牌公司,全国中小企业股份转让系统有限责任公司可扮演监管者的角色,审核和处理权益披露的相关事宜,对信息披露义务人的行为进行规范。

2. "不得行使表决权"的裁量

新《证券法》第六十三条在第 1 款、第 2 款中,均将"国务院有关部门另有规定的"作为除外条款,为证监会制定权益披露的实施细则提供了法律依据。实际上,与其他国家和地区的立法例相比较,"买入后三十六个月"的限权期限确属较为严厉的规定,也体现出立法者改变以往对信息披露违法惩罚力度不足的决心。

然而,符合比例原则是行政行为的基本要求。如果对所有违法行为采取一刀切的处罚规则会适得其反,抑制市场活力。因此,在证监会未来发布的实施细则中,有必要根据不同的违法情节进行裁量。具体裁量因素可包括:(1) 是否以公司收购为目的。在对"上市公司收购"与"相关权益变动"进行区分的前提下,对不具收购目的的违法披露者,相比"不得行使表决权"的处罚,通过直接令其承担经济责任以控制其从公司中获得利益的多少,似乎更具惩戒效果。当然,投资者的持股目的是流动的,因而有必要按照相关准则的类型和格式进行披露,以及时发现投资者持股目的的变化。(2) 轻微违法还是严重违法。(3) 积极改正违法行为还是始终未为改正。(4) 违法是否具有正当理由。对于违法情节轻微,及时进行补充披露并且具有正当理由的投资者,可豁免行使表决权的限制或适度缩短限制期限。对于重复违法的投资主体,可建立相应"黑名单",在后续对其进行处罚时应从重处理。因此,在理解上,"买入后三十六个月"是"不得行使表决权"期限的"上限",而非"下限"。

(二)"不得行使表决权"股份的后续流通

新《证券法》对于限制股份流通的规定主要包括第四十四条和第七十五条。前者禁止持有百分之五以上股份的股东进行短线交易,否则公司具有收益归入权。而后者则要求收购人于收购行为完成后 18 个月内,不得转让被收购公司的股票,以防止给控制权市场带来过大的波动。因此,在一定期限过后,

---

① 参见叶林.证券交易所在减持股份上的自律监管[J].证券法苑,2017 (3)。

除股份本身带有限售安排外，"不得行使表决权"的股份原则上均可流通。

值得注意的是，"不得行使表决权"的决定只对特定持股人与公司间的权利义务关系产生影响，与限制"禁售股"的转让并不相同。如上所述，前者是对权利行使的限制，而后者则是对权利本身的限制。换言之，"不得行使表决权"的决定仅具有相对效力。若被限权的股东转让该部分股份，受让人并不需承继表决权受限的结果。否则，行政权力的行使将构成市场流通性增强的巨大障碍，公司内部建立起的权义关系也会被彻底摧毁。因此，从维护市场秩序的角度出发，"不得行使表决权"的决定应该具有边界，即仅限于特定当事人权益披露违法后买入的股份，而不能自然延伸至之后的股份流转。在公开化的市场环境下，实际上并不用担心违法股东通过转售对应股份，再重新买回的方式绕开行使表决权的限制。当投资者因被限权不得不出售相应股份，即宣告其在公司经营管理权竞争中的失败。至于其后"卷土重来"重新购股的行为，则属投资者自身商业判断和决策的范畴，公权力并无必要予以干预。事实上，股东的表决权是指向公司的一种权利。由证监会作出的"不得行使表决权"决定除送达当事人本人外，还应通知上市公司。只要公司了解此种限制的存在，并在内部决议时排除了对应的表决权即可，并不需要某种公示手段使其具有"对世"的效力。

### 四、结论

新《证券法》第六十三条将"不得行使表决权"作为违法权益披露并持续买入股票的法律责任，加大了惩罚的力度。在《证券法》的框架下，"不得行使表决权"的制度目的是保护投资者利益，方便监管，而并非由公司对成员进行自主管理。因此，公司不应成为作出"不得行使表决权"决定的主体。"不得行使表决权"只控制行使表决权的行为，并不等同于完全剥夺对应股份的表决权。"不得行使表决权"作为一种行政责任，有利于避免私力救济的举证困难，避免公司因诉讼陷入僵局。从解释上，应注意"不得行使表决权"与"限制股东权利"的区别，避免任意扩大限权范围对私主体自由的不当限制。权益披露规则包含"上市公司收购"和"相关权益变动"两种类型，两者在披露的具体内容上存在差异，相应地，在违反权益披露规则的惩罚后果上也应有所区别。新《证券法》并未将"不得行使表决权"作为上市收购过程中其他违法行为的法律责任，但并不等于立法者放松了对其他违法行为的监管。在具体实施上,"不得行使表决权"的决定应由证监会作出,法院可对证监会的决定进行司法层面的监督。在作出"不得行使表决权"的决定时应充分裁量,遵循比例原则,且该决定仅具有相对效力,并不影响对应股份的后续流通。

　　新《证券法》对信息披露义务的要求进一步提高,以期加强对中小投资者利益的保护。然而"穿透式监管"应达到何种程度,才能实现公司自治与监管干预的平衡,则是法治运作的一门"艺术"。权益披露规则下的"不得行使表决权"作为一个窗口,无疑为现代公司治理中监管者应扮演何种角色的问题提供了思考契机。

# 新《证券法》背景下优化证券市场审计执业生态的对策分析

赵凤霞 尹晓燕[*]

**摘 要**：当前我国正面临经济由高速增长转向高质量发展的关键时期，经济增长更多的是依靠质量变革、效率变革与动力变革，而证券市场为上述变革提供着强大支撑和助力。证券市场中信息披露至关重要，可谓是市场的生命线，因此优化中介机构，尤其是会计审计机构的执业生态，对于提升财务信息质量、充分发挥市场定价功能、保护投资者权益，有效提升服务经济社会发展全局的能力具有重大意义。本文基于吉林证监局、财政厅、注册会计师协会共同组织的调研结果，调研范围覆盖辖内执业的部分审计机构，就新《证券法》对行业、事务所自身以及监管带来的影响和挑战进行了分析，并提出相关的应对措施和建议。

**关键词**：新《证券法》 信息披露 执业生态

## 一、引言

新《证券法》取消了对会计师事务所从事证券服务业务的行政许可，改为备案管理，为中介机构"松绑"的同时，通过大幅提高违法违规成本、加大民事赔偿责任等方式，进一步压实中介机构责任，对事务所本身、行业格局、监

---

[*] 赵凤霞，吉林证监局党委委员、副局长；尹晓燕，吉林证监局信息调研处处长。课题组成员还包括郑妍，吉林证监局信息调研处一级主任科员；管庆婷，吉林证监局信息调研处四级主任科员；田海彬，吉林证监局信息调研处四级主任科员。

管形势都带来深远影响。同时,行业生态不容乐观,"两康事件"等财务造假频发,中介机构沦为"放风者"甚至造假"帮凶",行业生态被市场长期诟病。面对新形势、新挑战,如何充分发挥资本市场"看门人"作用,从行业发展、监管政策及事务所管理等方面来优化执业生态,切实提升执业质量,从而为证券市场高质量信息披露提供持续保证,成为尤为关键的问题。而在这其中,证券市场的监管者应如何定位、如何协同,如何把握监管尺度和温度,提升监管质效,成为摆在监管部门面前的重要课题。本文对行业、事务所自身以及监管带来的影响和挑战进行总结梳理,并提出了相关的应对措施和建议,听取市场主体的声音。

## 二、当前证券市场审计与监管现状

在会计师事务所执行的鉴证业务中,证券服务业务因具有高要求、高风险、高收费溢价的特征,被认为是会计师事务所和注册会计师能力的"试金石"。以2019年度为例,全国具有证券服务业务资格的40家会计师事务所(备案制放开后,新从事证券服务的会计师事务所增加不多),以约占全国总数29.9%的会计师资源,创造了约占全国45.88%的收入总额。而随着注册制改革的全面推进,市场规模大幅扩容,业务"蛋糕"也在不断扩大。仅2020年1~10月,A股IPO公司345家,较2019年全年增加142家,增幅达69.95%。业务需求的迅速增长与行业人力资源严重不匹配,高素质人才紧缺,会计师事务所及其业务承接呈现两极分化的情形,细分业务领域竞争度、活力不足。

(一)证券市场审计行业发展处于"瓶颈期"

一是执业环境趋严。近年来,国内外经济形势日趋复杂严峻,经济下行压力不断增大,受政策变化以及上市公司内部管理不规范等影响,部分市场主体财务状况、经营成果和现金流量面临巨大压力,舞弊动机和违规风险不断增强,大股东资金占用、违规担保有明显抬头趋势,部分审计机构迫于审计收费和更换审计机构的压力,妥协审计意见,隐瞒公司重大风险,购买审计意见等情形时有发生;诚信环境不健全,部分第三方机构配合上市公司出具虚假证据,加大了审计机构风险;收入准则、新金融工具准则等会计准则与国际会计准则趋同,原则导向日趋明显,职业判断越来越多,对会计师执业能力提出了更高要求。

二是客户黏性较高。虽然证监会、财政部早在2003年就发布《关于证券期货审计业务签字注册会计师定期轮换的规定》,签字注册会计师连续为某一相关机构提供审计服务不得超过五年。但由于市场中有资质的事务所长期只有40家，可选择范围小；同时，基于证券市场节奏快、谈判成本高、经验宝贵等因素考虑，上市公司与注册会计师（合伙人）在长期配合的情况下，很容易形成高认可度，出现了即便签字注册会计师轮换，也不会轻易更换项目合伙人的情形，合伙人与客户黏性较高，即使是换所，携客户换所的情形也较多。吉林证监局会计监管系统显示，2019年度上市公司变更事务所但签字注册会计师相同的项目就有209家，占总换所家数（717家）的29.15%。高客户黏性是证券审计业务领域长期以来形成的、双向选聘的竞争度不够、市场活力不足的体现和结果。

三是行业人才紧缺。根据中国注册会计师协会网站2020年6月30日的数据显示，全国通过注册会计师考试的个人会员为280618人，其中执业会员为110365人，仅占39.33%。从增速上来看，执业会员的增长速度也远低于非执业会员（见图1）。2017年1月至2020年6月，全国执业会员增长了7.07%，而非执业会员增长了39.57%。越来越多的考生通过了注册会计师考试，却没有选择从事审计业务。人才紧缺，工作劳动强度大，出差频率高，相对收入不高，造成非执业会员远远高于执业会员的结果。同样，对于高要求、高风险、高收费溢价的证券审计业务来说，注册会计师人数与业务收入的增速不匹配，说明执业人员增长缓慢与业务和收入快速增长之间的差距越来越大。截至2020年6月底，证券所注册会计师共32113人，相较于2019年6月底的30383人，增长约为5.69%；2019年度证券所收入总额为515.3亿元，较上年度增长12.3%。

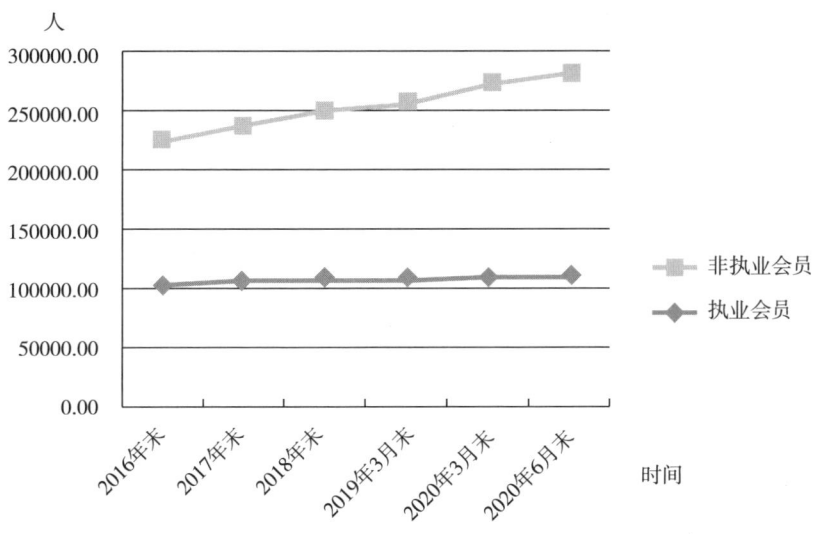

图1 2016年末至2020年6月末非执业会员与执业会员数量

（二）新《证券法》带来的机遇与挑战

在证券市场审计行业发展阻滞，处于"瓶颈期"的时刻，新《证券法》的实施恰逢其时，放开门槛的同时强化鉴证作用和处罚力度，为市场加入适当竞争的有利因素和注入活力的源泉，对于整个执业生态优化来说，是机遇；同时，对市场各方主体和监管者来说，也是挑战。

一是证券业审计市场全面放开。新《证券法》第一百六十条规定，"从事其他证券服务业务，应当报国务院证券监督管理机构和国务院有关主管部门备案"，这一规定标志着延续28年的证券业务资格结束，将证券业务审计资格改为"双备案"，充分体现了"放管服"理念，不再设门槛，证券业审计市场全面放开。截至2020年10月中旬，会计师事务所备案系统开通以来，已有49家会计师事务所进行了备案登记（其中9家为新从事证券服务业务审计机构）。

二是强化审计中介的鉴证作用。随着注册制改革全面推行，通过修改发行条件，例如"财务会计文件无虚假记载"改为"无保留意见审计报告"等，将相关判断交给市场，对发行人信息披露的实质性审查将主要依靠中介机构。会计师事务所作为证券市场会计信息质量的鉴证者，在证券市场良性发展生态中作用更加重要。同时新《证券法》对信息披露标准和内容提出了更高的要求，相应提高了对会计师事务所执业能力和水平的要求，会计师事务所在审计过程中应扩大关注范围，有效识别重大风险事项并进行专业谨慎的判断。

三是加大对会计师事务所、注册会计师的处罚力度。新《证券法》虽然放开了证券服务资格，但是强化了注册会计师在证券市场的职能作用，也相应加大了会计师事务所的审计责任，提高了对违法违规行为的处罚力度，强化了民事责任和刑事责任的追究。由原来的处业务收入一倍以上五倍以下罚款，改成处业务收入一倍以上十倍以下罚款，特别是新《证券法》规定了集体诉讼制和民事诉讼，实行过错推定和举证责任倒置，如果不能证明自己没有过错，会计师事务所负有连带赔偿责任，民事赔偿责任可能使其"倾家荡产"。

（三）强化监管执法力度，综合监管体系日趋完善

一是压实中介机构责任，营造执业生态。为落实新《证券法》监管新要求，深入贯彻习近平总书记对资本市场重要指示批示，证监会认真落实"建制度、不干预、零容忍"的要求，强化监管震慑，净化市场生活，营造良好的发展环境。易会满主席多次表示，资本市场坚持市场化、法制化、国际化的方向，各类中介机构要秉持共建共治共享的理念，共同营造可持续的发展生态，

强化责任追究，突出事中、事后监管，推动行业规范健康发展。近年来，证监会坚持从严监管理念，始终保持对扰乱证券市场秩序的违法行为的高压态势，持续监管执法力度。据统计，2019年证监会对6家会计师事务所及注册会计师采取了7家次、13人次的行政处罚，对31家会计师事务所采取了98家次、215人次的行政监管措施；2019年，财政部对4家会计师事务所的8名签字注册会计师实施行政处罚。2014—2019年各级注册会计师协会累计惩戒会计师事务所568家次，注册会计师1378人次。

二是落实证券服务业务双备案制，强化事中事后监管。为落实双备案制，2020年7月24日，证监会等四部委联合发布了《证券服务机构从事证券服务业务备案管理规定》，联合财政部发布了《会计师事务所从事证券服务业务备案管理办法》等一系列备案制度，规范了审计机构的备案行为，并定期公开备案信息。在放开门槛的同时，监管部门更加注重事中事后监管。包括以问题和风险为导向，增加检查频次、深度、力度、和精准度；另外，财政部拟出台对会计师事务所的分类评价制度，将有序引导会计师事务所进入证券市场执业；细化了需公开披露的证券市场审计机构、签字注册会计师的执业信息，强化诚信约束等。

三是多方协同监管，逐步构建综合监管体系。会计师事务所及注册会计师行业由财政部、证监会、注册会计师协会等多方监管。财政部门作为准则的制定者，对准则有最终解释权，监督准则的落实，监管行业机构、人员的从业资格及执业行为；证监会对证券市场服务业务的执业行为实施监管，制定和监督证券市场信息披露要求；注册会计师协会对行业机构和人员实施自律监管。近年来，证监会与财政部门的沟通协作愈加紧密，包括准则的制定、解释和执行，也包括《证券法》的修订、联合培训及检查等。新《证券法》实施后，随着配套政策的出台，监管部门之间沟通交流和协同配合将会进一步加强。

## 三、证券市场审计与监管存在的主要问题

（一）市场需求与人力资源、执业能力之间缺口长期存在

一是执业数量有所增加，但执业能力无法随之快速提高。"双备案制"实施后，能够从事证券服务业务的会计师事务所数量在短期内可能会大幅增长，原有团队择机另起炉灶、自立门户；积极进取的会计师事务所合并整合，加入竞争中。但证券服务业务对于执业能力、风险意识、规范水平都有较高要求，

较多新竞争者的加入将导致执业质量在一段时间内出现"良莠不齐"的状况。

二是审计收费短期内降低,中长期有望提高。受供大于求的经济规律影响,证券市场审计收费水平将出现短期、局部范围降价趋势,压价竞争,因此行业短时间内审计收费有可能呈现整体下降趋势,市场生态也将在短期内受到影响(低价竞争、购买审计意见等情形)。但随着新《证券法》的实施及配套制度的完善,审计机构的责任和审计风险不断加大,要求其勤勉尽责,需要投入更多人力和时间,审计成本增加,长期来看,行业地位和审计收费有望整体提高。

三是行业人才不足,对执业质量形成隐患。由于注册会计师责任范围的扩大以及处罚力度的加大,从事证券服务业务的会计师事务所和签字注册会计师的风险大幅增加,执业成本提高,执业意愿会出现分化,从而加大证券市场人力资源的缺口,同时受行业薪酬制度与业绩、风险的匹配度不高所限,经验丰富、高素质专业人才流失严重,难以与日益扩大的证券市场业务规模相匹配,对审计质量形成重大隐患。

(二)会计师事务所管理水平、执业能力有待加强

一是内部管控有待完善。部分会计师事务所内部管理粗放,质量控制体系尚不健全,总分所未能真正实现一体化管理和质量控制,部分分所或业务团队自主管理业务、人事,甚至在财务上"自负盈亏",技术标准上"独立运作",如高风险项目由个别分所或某个合伙人开发,而总所缺失管控,分层分类审批流于形式,个别小团队长期把控某些审计客户,"挂靠制""承包制"特征明显,这些都对执业质量构成不利影响。

二是审计科技化水平有待加强。科创板、创业板等新兴科技上市公司广泛应用互联网、大数据、人工智能等创新商业模式,传统企业也大力投入资源建立信息系统,数字化时代的会计信息质量与这些信息系统运行密切相关。而大多数会计师事务所的审计软件等工具仍以通用模板和经验为起点,不能做到研发定制、因地制宜,传统的审计方法和手段已经不能适应审计质量的要求。此外,有的会计师事务所对信息化建设重视程度不够,仍在采用传统的单一专业人员组织模式和团队式作业模式,比如质量控制未能做到全流程线上复核等。

三是专业胜任能力有待提升。随着注册制的稳步推进,证券服务业务规模将大幅增长,而执业人员不会同步增长,人均工作量的增加,将不能投入充分的时间和精力开展审计等工作,进而难以发现有计划、深层次的风险问题。部

分项目将由以往未从事过证券服务业务的注册会计师执业，上市公司等证券市场主体普遍存在金融投资、资本运作、合并报表等复杂、创新业务，加之会计准则及审计准则更新较快，专业素养、职业经历、执业水平与证券市场要求存在较大差距，专业胜任能力不足，执业质量堪忧。

（三）监管质效有待进一步提升

一是监管能力不足。监管能力的提升与市场中执业人员能力的提升、监管要求的提高、监管需求的增加相比，仍显不足。市场一线的审计师具备丰富的实践经验，相较市场主体，囿于个人执业发展及收入的瓶颈，证券监管系统对于理论和实践经验丰富的会计师是缺乏吸引力的；另外，随着证券市场的发展，复杂、创新业务的增多，监管始终滞后于市场发展，加之会计准则及审计准则更新较快，原则导向的特点决定需职业判断的事项较多，致使监管能力不足的问题尤显突出，且将长期存在。

二是监管协同性不够。新《证券法》的实施是一项综合性改革，许多政策的出台和落实需要多个部门在思路、尺度、方向上一致，从而形成合力。但对新《证券法》的贯彻理解上，相关部门仍然存在偏差。目前，财政部通过《会计师事务所执业许可和监督管理办法》（财政部令97号）将有限责任制事务所限制在证券服务业务的大门之外；同时，发布了《会计师事务所质量评估和分级分类办法（征求意见稿）》，规定只有A以上评级具备承接上市公司业务能力，实际上是设置了"隐形"门槛。另外，监管的重复和真空地带并存，多个部门均可对会计师事务所的执业质量开展检查，作出处理处罚，而沟通协同不够，较易出现重复检查的现象，且多种监管思路会导致会计师事务所无所适从。

三是监管资源相对不足。监管任务的日益繁重与监管资源相对不足之间的矛盾始终是困扰监管部门的问题。随着注册制的全面实施，审计项目大幅度增多，相较从事证券服务业务的会计师事务所、注册会计师数量以及审计项目的增加、证监系统受制于人员编制等因素的影响，监管资源增长缓慢，监管力量并未随之增强；加之，各部门单位在资源配置方面，往往存在各方面因素的掣肘，多数证监局内往往一名监管干部身兼多项监管职责，对于重大疑难问题，往往需要集体会商，人手不足、力量单薄的矛盾越发凸显，监管很难到位。

## 四、优化证券市场审计执业生态的对策建议

为解决上述问题,需监管部门、自律组织以及全行业机构和从业人员的共同努力,应进一步提高认识,转变理念,采取更有针对性的措施,切实优化执业生态,提升行业地位和人才"含金量",为证券市场持续发展发挥更大作用。

**(一)提升监管效能,增强监管合力**

一是进一步加强监管力量。立足实际完善监管队伍发展规划,着力培养与监管工作特点相适应的会计监管人员,鼓励支持监管干部积极参加会计监管有关研究、交流研讨、轮岗轮训等,充分发挥现代科技手段在监管中的作用,建立健全执业异常情况监测机制,增强风险敏感性,提高监管主动性和针对性,提升监管队伍人员层次和整体素质。

二是强化科技监管,完善监管方式。科技手段的运用能使监管能达到事半功倍的效果。依托监管系统和相关信息备案平台,自动采集、分析和筛查市场主体异常情况,及时、精准锁定风险,充分利用信息化手段提升监管效能,实现精准监管和科学监管。

三是加强监管协作。从顶层设计角度,加强与财政部、中国注册会计师协会等部门的协作,推进各辖区财政部门、注册会计师协会构建信息共享机制、协同监管机制等,充分发挥各自监管优势,加强互动和交流,增强事前、事中、事后的协同性,组织共同调研、检查和培训,从而逐步构建分工、配合更加顺畅的综合监管体系,充分发挥相关各方监管合力,减少重复监管,提高监管效能。

四是推动监管尺度、标准的统一。新《证券法》实施后,从监管思路、理念把握的角度,加快转变监管职能,推动涉及注册会计师行业的配套制度和政策出台,在监管规则体系中做好授权性条款和衔接性条款,增强制度弹性,推动不同部门之间监管尺度、标准的统一,营造良好执业环境。

**(二)加强外部引导,优化执业环境**

一是加强宣传引导。以新《证券法》实施为契机,开展常态化风险教育和诚信教育,宣讲证券市场政策,结合监管发现的重大共性问题,以真实案例宣传从事证券服务业务风险、监管规则和法律责任,讲好"资本市场第一课"。增强合规守法意识、树牢敬畏法治之心。

二是优化执业环境。协同行业协会治理行业竞争环境,遏制不正当低价竞

争、恶性竞争等行为，强化风险意识，根据自身胜任能力审慎承接业务，恪守执业规则和职业道德守则，培育以质量为导向的行业文化，优化行业生态；强化对相关市场主体的监管执法，对于不配合审计、提供虚假材料、购买审计意见等行为，加大打击力度。

三是强化组织保障。发挥行业自我管理、自我约束的优势，树立人合的合伙文化，在合伙人晋升、考核、收益分配等环节，加大执业质量所占比重，改革完善薪酬体系，适当向一线员工倾斜，坚持理论联系实际，做好会计、审计业务培训，积极进行人才培养和力量储备。

（三）激发内生动力，提升专业素养

一是强化内部管理。加大力度积极引导和鼓励会计师事务所不断完善内部管理，真正实现"一体化"，健全考核激励、执业风险防范机制，严格客户甄选，把好"入口关"，督促和指导事务所完善项目流程、标准、成本的管理，规范具体执业行为，强化质控部门在业务承接、风险评估等的审核把关作用。

二是提升人员专业能力。努力提升从业人员的专业知识与专业素养，引导事务所完善人力资源培训管理、合理分工的制度机制，在优化内部管理的基础上，适时整合人力资源，提高工作质效。定期集中发布从事证券服务业务的会计师事务所及从业人员数量、质量、惩处情况，建立市场正向选择机制，引导市场主体有效选择执业质量高的会计师事务所和注册会计师，运用市场化机制扶优限劣。

三是进一步提升审计科技化水平。充分利用信息技术创新成果，对审计软件与内部管理软件一体开发、同时布置、有效整合，提高审计效率，打造会计师事务所自身的数字化管理体系和服务能力，引入 IT 审计团队，充分利用信息化手段增强查错纠弊能力，实现专业化分工。

【法制建设】

# 证券期货行政和解：要素解构与制度重塑
## ——兼评《证券期货行政和解实施办法（征求意见稿）》

陈建伟[*]

**摘 要**：依制度要素，和解制度可解构为"和解前提—和解表意—和解区间—和解实现—和解救济"框架。我国证券期货行政执法和解制度自试点以来，制度功效不彰、成果差强人意，与境外成熟市场监管执法倚重于行政和解的表现形成鲜明对比。当前，证券期货执法和解制度迎来全面修正契机，有必要对和解前提作出宽松化调整，赋予行政机关主动表达和解意向的权利，泛化处理和解区间设定，拓展和解实现的形式载体，认可并限定行政和解的可救济性，以探求制度构建逻辑与实践效率的相统一。

**关键词**：证券期货监管　行政执法和解　制度要素

## 一、引言

行政执法和解是行政机关与相对人在协商让步、缓和对抗的前提下，以合意方式改变执法过程中特定行政法律关系的行为，它既是合意的私法理念向公法领域渗透的产物，也是行政执法体制由单向性、命令式的压制行政模式向双向性、合作式的回应行政模式转变的标志。[①]

证券期货交易关系普遍复杂，违法违规行为多呈现高智能、涉众广、跨区

---

[*] 陈建伟，北京金融衍生品研究院研究员，法学博士、注册会计师。本文为2018年国家社科基金后期资助项目"中美证券执法机制的比较研究"（项目批准号：18FFX042）的阶段性成果，内容仅代表作者个人观点，与所供职单位无关。

① 参见方世荣，白云锋. 行政执法和解的模式及其运用 [J]. 法学研究，2019（5）.

域、新颖多变的特点，稽查执法常面临取证难度大、查办时间久、违法性判断模糊、执法依据不足、投资者赔偿难以到位等现实困难，这促使灵活高效的和解执法模式在各国得到充分运用。① 以美国为例，1990 年颁布的《证券执法救济和小额证券改革法》（Securities Enforcement Remedies and Penny Stock Reform Act，以下简称《救济法》）是美国证监会（SEC）执法方式转折的分水岭，在此之前，SEC 执法权限相当有限，通过法院发出民事禁令（Civil Injunctive）是 SEC 最常用的执法工具，而《救济法》大幅扩展了 SEC 的执法权限和执法工具，进一步授权 SEC 在行政审裁程序（Administrative Proceedings）中采取民事制裁措施。② 与此同时，和解作为最常用的替代性纠纷解决方法（ADR），强化了行政审裁程序的灵活度与及时性，促成行政审裁程序使用频率在 1993 年超过民事禁令诉讼，逐渐成为 SEC 执法首选。③ 和解也是美国期监会（CFTC）市场监管案件的主要结案方式，统计数据显示，CFTC 审结的衍生品市场违法案件，四分之三以上是以和解方式（包括直接和解以及通过法院间接和解）结案。④

2015 年，证监会《行政和解试点实施办法》（证监会令第 114 号，以下简称《试点实施办法》）颁行，成为我国第一部、也是目前唯一一部专门确立行政执法和解制度的部门规章。⑤《试点实施办法》明确了和解的适用范围与条件、实施程序、和解金的管理与使用等内容，但因对和解适用原则、适用区间、适用情形等限制过多，试点五年来实施效果差强人意。具体表现：一是和解结案比例过低，试点以来仅完成 2 例执法和解，⑥ 在 2015—2019 年审结案件

---

① 参见肖钢. 积极探索监管执法的行政和解新模式 [J]. 行政管理改革，2014（1）。
② 参见郭雳. 美国证券执法中的行政法官制度 [J]. 行政法学研究，2008（4）。
③ 参见 U. S. Chamber of Commerce, Examining U. S. Securities and Exchange Commission Enforcement: Recommendations on Current Processes and Practices, July 2015, p. 12, at http://www.centerforcapitalmarkets.com/wp-content/uploads/2015/07/021882_ SEC_ Reform_ FIN1.pdf（Last visited on February 15, 2020）。1988 年，SEC 共发起 109 项行政审裁程序、申请 142 项民事禁令；1993 年，二者数量分别达到 229 项、172 项；此后二者对比越来越悬殊，截至 2014 年，行政审裁程序达到 610 项、民事禁令仅为 145 项，相比法院诉讼，SEC 更倚重于通过和解完成行政审裁程序。
④ 参见牛广济，张啸尘. 金融危机后美国金融衍生品市场最新违法特点的实证研究及启示——以 CFTC 监管案件为视角 [J]. 证券法苑，2013（8）。
⑤ 确切而言，行政和解包括行政执法和解、行政复议和解、行政诉讼和解。依调整对象，证监会《试点实施办法》实则仅规范证券期货领域行政执法和解。
⑥ 2019 年 4 月，证监会依法与高盛（亚洲）有限责任公司等 9 名行政相对人就股票及股指期货合约相关交易达成和解，完成我国证券期货监管领域第一例行政执法和解案例，详见证监会公告〔2019〕11 号；2019 年 12 月，证监会依法与司度（上海）贸易有限公司等 5 名行政相对人就账户管理使用相关行为达成和解，详见证监会公告〔2020〕1 号。

中，和解结案仅占0.15%，①佐助执法监督、提升监管效能的作用微不足道，行政处罚和移送司法依然是证券期货执法案件主要结案方式；二是和解执法耗时过久，"程序经济性"是和解制度存在的基础和价值，②通过和解可以规避执法漫长的程序和巨大的支出风险，反观目前已达成和解的两则案例，案件所涉违法行为均发生于2015年，立案调查时间长达3~4年，和解执法灵活、高效的优势并未有效发挥；三是和解补偿并未跟进，直接补偿投资者损失、快速恢复市场公平秩序是和解相对于处罚等执法方式的制度优势，但在已完成的两则和解案例中，相对人缴纳行政和解金后，监管机构并未制定、公告投资者补偿方案，③制度实施与制度价值追求脱节错位。

法律的生命在于执行，资本市场的繁荣程度更与法律制度的执行效率紧密相关。④证券期货执法和解制度诞生以来的"庸碌"表现引人反思：哪些掣肘因素束缚了现行制度发挥效率？需要作出怎样的制度修正与供给才能使其焕发活力？新《证券法》第一百七十一条对行政和解制度作出原则性规定，正式将和解制度纳入证券期货行政执法体系，并大幅放宽和解适用范围。⑤为做好配套衔接、充分发挥行政和解的制度优势，中国证监会新近对《试点实施办法》进行修订，形成《证券期货行政和解实施办法（征求意见稿）》（以下简称《征求意见稿》），调整和解制度设计的机理逻辑，寻求对证券期货行政和解进

---

① 证监会2015—2018年审结案件总数为1008件（2015年196件、2016年233件、2017年335件、2018年244件），数据来源：证监会历年年报。因2019年数据尚未披露，以2015—2018年年均增长率11.83%预估，2019年结案量约为272件，近5年审结案件总数约为1280件。

② 参见汉斯·J.沃尔夫，奥托·巴霍夫，罗尔夫·施托贝尔.行政法（第2卷）[M].高家伟译，北京：商务印书馆，2002。

③ 根据《行政和解金管理暂行办法》（证监会公告〔2015〕4号），行政和解金管理机构（中国证券投资者保护基金有限责任公司，简称投保基金公司）收到行政和解金后，应当尽快制定并在网站公告行政和解金补偿方案，以投资者损失为限对投资者作出补偿。截至2020年7月底，投保基金公司网站并未公布任何针对已和解案件的补偿方案。

④ John C. Coffee, Jr., Law and the Market: The Impact of Enforcement, University of Pennsylvania Law Review, Vol. 156: 2, p. 244 (2007).

⑤ 新《证券法》（2020）第一百七十一条规定："国务院证券监督管理机构对涉嫌证券违法的单位或者个人进行调查期间，被调查的当事人书面申请，承诺在国务院证券监督管理机构认可的期限内纠正涉嫌违法行为，赔偿有关投资者损失，消除损害或者不良影响的，国务院证券监督管理机构可以决定中止调查。被调查的当事人履行承诺的，国务院证券监督管理机构可以决定终止调查；被调查的当事人未履行承诺或者有国务院规定的其他情形的，应当恢复调查。具体办法由国务院规定。"该条虽未直接界定行政和解制度，但被监管机构视为行政和解的法律依据，参见中国证监会.《证券期货行政和解实施办法（征求意见稿）》修改说明[EB/OL].[2020-08-07]. http://www.csrc.gov.cn/pub/zjhpublic/zjh/202008/t20200807_381313.htm。

行重塑。

后文依据制度要素，将和解制度解构为"和解前提—和解表意—和解区间—和解实现—和解救济"框架，围绕探求制度构建逻辑与实践效率相统一的宗旨，对标《征求意见稿》逐次予以剖析。

## 二、关于和解前提

和解前提，即和解的适用范围和条件，规范在哪些案件类型及何种情形下可以适用执法和解。

### （一）和解前提的分野

依据案件及法律查实程度，和解前提大致可分为"限定条件和解"与"宽松条件和解"两类，[①] 前者仅限在事实或法律状态不明时启动和解，作为无法开展行政处罚或司法惩处的替代，多见于大陆法系法域；后者则允许行政机关与行政相对人自主协商，无论事实与法律明晰与否，双方均可协商惩处措施及幅度，多见于普通法系法域。理论上讲，二者的分野体现的是行政和解与依法行政、职权法定原则的紧张关系，分歧核心在于行政权是否具有处分权能。[②]

长期以来，囿于"公权力不可处分"的形式主义法治思维，大陆法系国家在行政执法中更多强调依法行政和羁束行政，对基于合意的和解协商机制在行政执法领域的运用，向来持保守态度。为予限缩和解适用空间，"限定条件和解"由此而生，其中以德国立法例最为典型：德国《联邦行政程序法》第五十五条明确，"（行政机关）依合义务性之裁量认为成立和解，以消除在合理之评价时存在的事实或法律状态之不确定性，符合目的之要求事，得经由相互之让步（和解），订立……公法契约，以解决之"[③]，将和解适用空间严格限缩于"事实或法律状态不明"的情况，排除行政机关在案件事实清楚、法律依据明确时自由处分行政权的可能。同为大陆法系的我国台湾地区也有如是规定。[④] 这对我国行政法界影响颇深，以致众多关于行政和解制度的讨论，预设了"事

---

[①] 参见方世荣，白云锋.行政执法和解的模式及其运用[J].法学研究，2019（5）。
[②] 参见殷守革.行政和解的兴起及其法治化逻辑[J].成都行政学院学报，2019（3）。
[③] 参见胡建淼.中外行政法规分解与比较（中册）[M].北京：法律出版社，2004。
[④] 我国台湾地区"行政程序法"第一百三十六条对于和解契约规定："行政机关对于行政处分所依据之事实或法律关系，经依职权调查仍不能确定者，为有效达成行政目的，并解决争执，得与人民和解，缔结行政契约，以代替行政处分"，转引自李东方.论证券行政执法和解制度——兼评中国证监会《行政和解试点实施办法》[J].中国政法大学学报，2015（3）。

实或法律状态不明"的前提条件，形成一种思维定式甚至误解。①《试点实施办法》出台时便予以采纳，将和解置于行政处罚或司法惩处措施的补充，而非平行地位，仅在行政处罚或司法惩处无法实现时才予以考虑。②

普通法系国家对待公权力的处分权能，更倾向于法律实用主义进路；延及和解制度，则更多强调和解的经济性功能，注重发挥和解在减轻监管对抗性、震慑潜在违法行为、便捷投资者赔付方面的作用。美国众多联邦政府行政部门（如联邦能源管制委员会、联邦环保署等）将和解作为执法方式，25个外部独立委员会更是半数以上选择和解作为传统行政活动的替代方式，和解适用并无特定条件限制。③ 在证券和解领域，SEC曾公布其决策是否与相对人进行和解的考虑因素，主要包括：证据及辩护强度是否占优势（尤其是在诉讼中）；诉讼造成的受损投资者获得赔付的时滞影响；以及诉讼所需投入的资源，包括将监管资源投入其他案件的机会成本等。④ 可见，除了法律或事实状态，SEC更看重和解程序的成本—收益分析。我国香港地区证监会（SFC）对和解的适用同样做概括性授权，仅要求"就维护投资大众的利益或公众利益而言……是适当的"⑤。在这种理念下，和解不仅不会取代监管机构的处罚，还成为监管机构与相对人就惩处措施及幅度进行协商的重要途径。

（二）和解前提的转向

从实然视角观察，大陆法系与普通法系对待和解适用前提确有差异。但问题是，监管机构有无权限对惩处措施及幅度进行"处分"，是法系渊源造成的差异吗？显然，理论与实践均会给出否定答案。

---

① 例如，国内行政契约理论的开拓者余凌云即将和解契约的成立条件界定为"客观上存在事实或法律状态不明确，不明确状态不能或需耗费巨大始能排除"，参见余凌云. 行政契约论［M］. 北京：法律出版社，2000. 其后，学界、实务界大量讨论默认或承继这一前提，参见丁丁，侯凤坤. 我国引入证券执法和解制度的法律争点与解决途径［J］. 证券法苑第9卷，2013；吴陶. 论我国证券行政执法领域和解制度之构建［J］. 云南大学学报（法学版），2013（2）；肖钢. 积极探索监管执法的行政和解新模式［J］. 行政管理改革，2014（1）。

② 《试点实施办法》第七条第1款，明确"依法应当给予行政处罚的"案件，不得适用行政和解，制度设计表露出明显的处罚优先取向。

③ 参见张红. 破解行政执法和解的难题——基于证券行政执法和解的观察［J］. 行政法学研究，2015（2）。

④ 参见 Robert Khuzami（Director, Division of Enforcement, U. S. Securities and Exchange Commission）, Examining the Settlement Practices of U. S. Financial Regulators: Hearing Before the H. Comm. on Fin. Servs., 112th Congress, at https://www.sec.gov/news/testimony/2012-ts051712rkhtm（Last visted on February 15, 2020）。

⑤ 参见 SFC, 证券及期货条例第201条。

理论上，自由裁量行政行为与羁束行政行为同生共存，行政自由裁量权的行使，应当被视为"事实和法律状态明晰"情形下行政执法和解正当性的来源和根基，"形式主义法治的一个根本问题在于它忘记或者说不愿面对行政过程中一个基本的事实：行政过程中存在着广泛的自由裁量权"①。更有学者明确指出，"和解在行政过程中的运用，实际上就是在法律授权行政机关裁量的情况下，行政机关根据法律的规定，运用行政裁量权，从法定的行为方式中选择一种方式（和解），而后通过与相对人协商合意的方式行使行政裁量权的制度"②。可见，越来越多的研究开始认同行政机关基于自由裁量权限，通过和解方式与相对人就处罚种类和幅度等问题进行交涉的正当性。③

实践上，和解与处罚共存，在我国证券期货监管实践中也并非没有先例。肇始于2013年万福生科虚假陈述案的先行赔付制度，在行政和解制度诞生前，便曾尝试性地将"和解"机制引入证券执法，由监管机构引导保荐人或其他负有赔付责任的责任人，在行政处罚实施前先行与受损投资者协商并开展赔付，以争取从轻或减轻处罚，在公法层面发挥了与行政和解等同的效果。④因行政机关并不直接成为赔付协议的主体，先行赔付制度的法律属性尚不能直接界定为行政和解，但却实质性地实现了和解与处罚的并存。

由此，不同法域对和解适用条件的选择，与其说受法律渊源影响，毋宁说是理念和思维定式的产物。《试点实施办法》界定"和解前提"，核心在于遵循"限定条件和解原则"，将和解限定适用于"案件事实或法律关系尚难完全明确"情形，⑤落入形式主义法治的窠臼，显著约束了和解制度的活力。对于这种存在结构性缺陷和功能性障碍的证券法律制度而言，相比以技术完善为主导的"打制度补丁"修改方式，在立法理念转换基础上进行制度重塑，更裨益

---

① 参见王锡锌．规则、合意与治理——行政过程中ADR适用的可能性与妥当性研究［J］．法商研究，2003（5）。
② 参见周佑勇．行政裁量治理研究——一种功能主义的立场［M］．北京：法律出版社，2008。
③ 参见李东方．论证券行政执法和解制度——兼评中国证监会《行政和解试点实施办法》［J］．中国政法大学学报，2015（3）；张红．破解行政执法和解的难题——基于证券行政执法和解的观察［J］．行政法学研究，2015（2）；上海银监局行政和解课题组．银行业监管处罚和解制度的可行性研究［J］．金融监管研究，2016（2）；方世荣，白云锋．行政执法和解的模式及其运用［J］．法学研究，2019（5）。
④ 参见肖宇，黄辉．证券市场先行赔付：法理辨析与制度构建［J］．法学，2019（8）。
⑤ 参见《试点实施办法》第六条。

于法律功能再造。① 《征求意见稿》在总结实践经验后，彻底转换立法理念，大幅放宽和解的适用范围，不仅删除对案件类型的限定，还将"案件事实或法律适用难以完全明确"列为和解适用的"充分但非必要条件"，并同步删除处罚优先条款，使我国证券期货行政和解全面转向"宽松条件和解"模式。②

这种立法理念的转换，折射出监管方式现代化的进程。不过也须注意到，宽松条件和解并不代表对行政执法权没有羁束。美国大量间接和解协议采取"认可令"（Consent Order）的形式，提交联邦地区法院的法官签署；对不符合公共利益的和解协议，法官可拒绝签发。③ 司法保留对和解事项的独立审查决定权，属于较典型的外部约束。相对而言，我国证券执法权行使透明度偏低、司法审查制约较弱，尤其在已完成的两例和解案件中，证监会仅以公告形式公开和解事项，且既未公布和解协议全部内容，又对违法主体、违法事实与整改措施等关键信息做了高度概括性描述，呈现"和解信息不断被'隐藏'"的特点，④ 难以判断和解制度的效率、作用和公正性。是否有必要对和解协议设置第三方审查机制，和解中的行政执法权如何被规范，《征求意见稿》并没有回答，留待后续观察和讨论。

### 三、关于和解表意

和解表意，即和解的意思表示，规范哪些主体可以表露和解意向。

就表意主体论，《试点实施办法》既限缩和解适用条件为"案件事实或法律关系尚难完全明确"，又对监管机构主动提出和解作明确禁止，严格限定仅可由行政相对人提出和解申请，"中国证监会不得向行政相对人主动或者变相主动提出行政和解建议"⑤，这极易将复杂、疑难案件的查处逼入违法主体据不妥协、监管机构有心无力的仄角，逻辑上自相矛盾，也抑制了监管机构的能动性。

显然，表意主体的设定应与和解前提的设定一脉相承。在"事实或法律状

---

① 参见陈甦，陈洁.证券法的功效分析与重构思路［J］.环球法律评论，2012（5）。
② 参见《征求意见稿》第四条。
③ 参见郭雳.美国证券监管执法中的调查与和解制度［J］.经济法研究，2006（5）。
④ 参见梁艺.证券执法和解信息公开的范围及其限度——以证监会［2019］11号公告为分析对象［J］.财经法学，2020（2）。
⑤ 《试点实施办法》第四条。

态不明"情形下,行政机关难以获取关键证据,或已获证据不足以达到明显优势证明标准,或无充足法律依据进行查处,行政机关更有寻求处罚替代机制的需求;而在"事实和法律状态明晰"情形下,行政相对人为规避或减轻处罚,避免声誉受损,则更有主动认错、纠错的动力。和解作为一种合意性行政方式,行政机关在协商中理应与相对人同样拥有主动表达和解意向的权利。特别是在相对人数量庞大,或待查同类案件数量较多时,行政机关从节约执法成本考量,确有必要主动表达和解意愿,以争取批量、及时终结案件调查,避免案件堆积。①

境外实践也佐证,不宜对和解表意主体作出单边限制:如我国台湾地区虽在和解适用前提上同样持"限定条件和解"态度,但却既允许行政相对人提出和解要约,也允许"金融监督管理委员会"(FSC)提出和解要约,制度设计合乎逻辑;② 我国香港地区原则性规定和解申请应由行政相对人向 SFC 提出,同时也明确允许特例存在,即在重大复杂案件中,允许 SFC 出于缩短调查周期、节约监管资源、最大限度地维护投资者权益等考虑,主动提出和解建议。③

此次《征求意见稿》删除了证监会不得主动或者变相主动提出和解建议的规定,理顺了和解前提与表意主体相衔接的制度设计,也迎合了行政机关发挥能动性的内在需求。需要说明的是,制度层面允许行政机关主动表露和解意向,相应地,实践中便会产生行政机关执法强势地位被滥用的隐忧,这恐怕也是《试点实施办法》禁止证监会"主动或者变相主动"或"强制行政相对人"进行和解的初衷。对行政机关滥用强势地位的约束,应经由程序性设定加以规范。如前述台湾地区 FSC 便规定,和解的要约或承诺、协商重点、协商范围等均应经"委员会议决议通过",协商过程中还应"就所欲和解之内容征询利害关系人之意见或举行听证",以建立和解集体讨论、公开听证等监督机制。④ 凡此规范和解制度公平展开的相关制度设计,同样值得《征求意见稿》借鉴。

---

① 参见方世荣,白云锋.行政执法和解的模式及其运用[J].法学研究,2019(5)。
② 参见台湾地区 FSC "缔结行政和解契约处理原则"第六条[EB/OL].[2020-02-20]. https://law.fsc.gov.tw/law/LawContent.aspx?id=FL034947#lawmenu。
③ 典型案例如 2009 年雷曼迷你债券案,参见证监会及金管局与 16 家迷你债券分销银行达成协议[EB/OL].[2020-03-15]. https://www.sfc.hk/edistributionWeb/gateway/TC/news-and-announcements/news/doc?refNo=09PR100。
④ 参见台湾地区 FSC "缔结行政和解契约处理原则"第五条、第七条[EB/OL].[2020-02-20]. https://law.fsc.gov.tw/law/LawContent.aspx?id=FL034947#lawmenu。

### 四、关于和解区间

和解区间,即可以开展和解的阶段,规范案件查处过程中哪些环节允许行政机关与相对人协商并达成和解。

#### (一)《试点实施办法》对和解区间的限缩

《试点实施办法》规定,行政相对人自收到中国证监会送达的案件调查通知书之日起,至中国证监会作出行政处罚决定前,可以提出行政和解申请。① 形式上看,这一区间界定涵盖了执法调查全过程,给予了相对人充足的机会申请和解;但细究之下,实际可和解区间被大幅限缩,明显窄于法规文本界定的名义区间。

首先,《试点实施办法》特别明确,立案调查不满 3 个月的案件不可申请和解,程序上对可和解区间进行了限缩。② 其次,在一般证券期货违法违规案件查处中,监管机构从发出调查通知书至作出处罚决定,大致经历三个阶段:先由案件调查部门对违法违规案件进行调查,后由案件审理部门就调查部门移送的材料、证据展开审理,若审裁违法违规事实成立,则发出行政处罚事先告知书,给予相对人陈述申辩或申请听证的权利及期限,最后才会正式作出处罚决定。实践中,调查部门向审理部门移送的案件,多数已达到"事实清楚、证据充分、法律适用明确"程度,③ 而这类案件却不符合《试点实施办法》限定的和解条件,一旦进入审理环节实则已不存在和解机会,相对人可以提出和解申请的区间其实仅局限于案件调查阶段(见图1)。④ 再次,在案件调查部门向审理部门移送时点上,行政相对人并不享有知情权,造成实际和解区间边界模糊。在案件查处各个阶段的起止节点,行政相对人均可收到监管机构发出的告知文书,如立案时的调查通知书、审理结束时的行政处罚事先告知书、正式处罚时的处罚决定书等,而唯独案件移送节点例外。这导致相对人在案件移送时点处于信息不对称困境,既无法判断案件调查与审理阶段的分界,也无从知晓

---

① 参见《试点实施办法》第九条。
② 参见《试点实施办法》第十八条。
③ 实务中,少数事实清楚、证据充分,但法律适用不明确的案件,也会被移送审理部门。依据《试点实施办法》,这类案件在审理阶段依然可以申请和解。
④ 已有研究关注案件查处阶段对和解区间的限缩影响,如席涛认为和解区间的实际终止节点是行政处罚事先告知书的作出,参见席涛. 证券行政和解制度分析[J]. 比较法学研究,2020(3)。但该文未关注到案件审理移送对和解区间产生的影响。

案件何时进入"事实清楚、证据充分、法律适用明确"状态。基于博弈考量,有意和解的相对人只能被迫选择尽早提出和解申请,否则申请和解的权利将"随时"可能归于消亡,导致实际可供和解区间也因边界模糊而被进一步压缩。

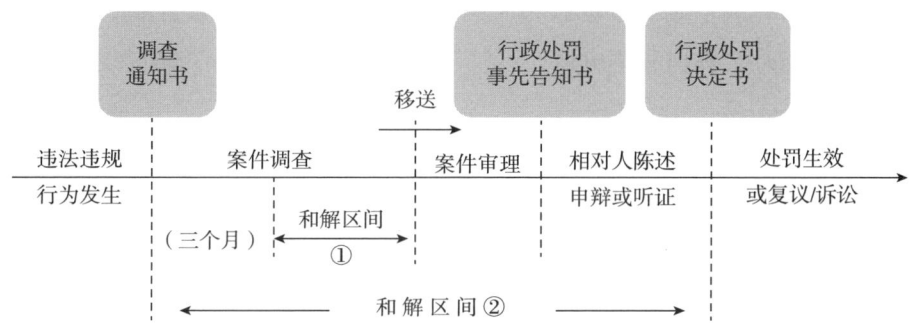

**图1 中国证监会案件查处与和解区间①**

(二)《征求意见稿》对和解区间的延展

《征求意见稿》对上述问题做了针对性的修订,删除了案件调查需满3个月的条件,明确将案件调查法律文书时点至行政处罚决定书时点作为法定和解区间(见图1)。② 修订后的实际可和解区间确已大为拓展,但应清晰看到,除"调查需满3个月"被删除,和解区间的延展更多的是得益于宽松和解模式的转变,"案件事实或法律关系尚难完全明确"不再作为和解必要条件后,在案件审理阶段乃至已作出行政处罚事先告知书的案件,依然享有和解机会。

不过,遗憾的是,《征求意见稿》修改后的区间仍存在忽视救济环节的问题。在复议或诉讼等权利救济环节,行政相对人可否拥有申请和解的权利,尤为值得讨论。案件查处一旦进入行政复议或诉讼等权利救济环节,代表行政相对人对案件事实的认定或法律适用的恰当性存有异议,必然继续消耗监管资源、强化双方矛盾对立、拖延投资者赔付进度。然而,和解的制度价值恰恰在于提升监管程序的经济性、降低监管双方的对抗性、实现投资者赔偿的直接性,换言之,和解在权利救济环节的制度效用,远超前期调查、审裁环节,"救济的和解"具备充分正当性。而且,从逻辑上讲,多数"案件事实或法律关系尚难完全明确"的案件因缺乏事实和法律依据而不具备可罚性,无论是

---

① 资料来源:笔者根据中国证监会《调查处理证券期货违法违规案件基本准则》(证监稽查字〔1999〕32号)并结合监管实务整理。
② 参见《征求意见稿》第七条第1款。

《试点实施办法》还是《征求意见稿》均将和解区间终止节点设置在"中国证监会作出行政处罚决定"时点,本身并不具有实际意义,与形式上不设终止节点没有区别。其实,行政复议或诉讼和解在我国现行法上是有法律基础的,①证监会自身对行政复议和解也有相应的制度安排,②《征求意见稿》排斥相对人在权利救济环节提出和解申请,不仅与已有规章自相矛盾,制度设计上也很可惜。

（三）泛化和解区间限定

境外监管实践鲜见将和解限定在案件查处特定阶段的做法。香港 SFC 的案件查处过程与中国证监会基本相似,但并不对和解区间做特别限制,无论是案件调查阶段,还是监管聆讯阶段,抑或是审裁上诉阶段,均作为和解窗口期。③在美国证券期货违法违规案件的查处中（见图2）,允许和解的区间更为宽泛,任何相对人（或潜在被告）在被告知可能或即将面对执法行动后,可在案件查处、审裁的"任意时点"向监管机构申请和解。④相对人（或潜在被告）与监管机构既可在行政审裁程序中达成和解（直接和解）,也可通过法院在民事禁令诉讼中达成和解（间接和解）。对和解区间做泛化处理,应可作为一项境外监管共识。

当然,和解区间泛化必然会招致一项质疑:和解制度的功能在于提升案件查处效率、节约监管资源,无限延长和解区间是否会造成相对人惰于（抑或观望）申请和解,进而抵损和解的程序经济性？这一问题确实存在,但也并非无可规避,英国金融行为监管局（FCA）便提供了一个解决思路:通过成本激励手段催促相对人尽早申请和解。FCA 规定,只要双方协商一致,和解便可在执法程序的任何阶段达成,但基于维护公共利益考虑,FCA 支持尽快达成和解。⑤

---

① 行政复议和解参见《行政复议法实施条例》第四十条,行政诉讼"和解"（实为调解）参见《行政诉讼法》第六十条。

② 《中国证券监督管理委员会行政复议办法》（2010年证监会令第67号）第三十三条规定"经被申请人同意,原承办部门、派出机构或者授权组织和申请人可以依照《行政复议法实施条例》第四十条的规定在作出行政复议决定之前自愿达成和解,并向行政复议机构提交书面和解协议"。

③ 参见 SFC. 纪律处分程序概览 [EB/OL]. [2020-03-20]. https://sc.sfc.hk/gb/www.sfc.hk/web/TC/regulatory-functions/enforcement/disciplinary-proceedings.html。

④ 参见 SEC. Rules of Practice and Rules on Fair Fund and Disgorgement Plans, Rule 240（a）, at https://www.sec.gov/about/rules-of-practice-2019-09.pdf（Last visited on March 20, 2020）。

⑤ 参见 FCA. The Enforcement Guide, https://www.handbook.fca.org.uk/handbook/EG/（Last visited on March 20, 2020）。FCA虽支持尽早和解,但仍保持审慎态度,只会在对不端行为的事实及严重性做了充分调查或可能的后果做了合理评估后才介入和解。

为此，FCA 对不同阶段达成的和解可获得的罚金折扣做差异化安排，和解申请越晚，相对人可获得的罚金减免便越少，实现以经济手段引导相对人积极行使和解权利（见表1）。

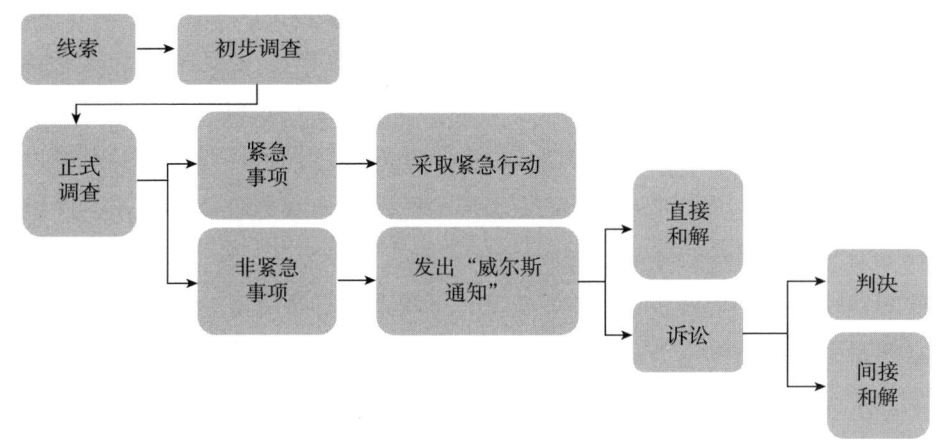

**图 2　美国 SEC、CFTC 监管案件查处过程**①

**表 1　英国 FCA 和解罚金折扣差异化安排**②

| | 案件查处过程 | 和解罚金折扣 |
|---|---|---|
| 1 | 立案调查至草拟警告通知 | 30% |
| 2 | 发出警告通知到相对人意见陈述期满 | 20% |
| 3 | 阶段 2 结束至发出决定通知 | 10% |
| 4 | 发出决定通知后，包括后续起诉等阶段 | 0 |

## 五、关于和解实现

和解实现，即和解协商合意的达成。《试点实施办法》和《征求意见稿》均规定，证监会与相对人协商一致后，以"签订行政和解协议"形式完成和解协商，和解协议作为双方合意的唯一载体。③ 单就和解实现的形式论，除和解协议外，和解合意可否有其他载体？

---

① 资料来源：笔者根据美国 SEC、CFTC《执法手册》（*Enforcement Manual*）整理。"威尔斯通知"（Wells Notice），用于告知行政相对人或潜在被告违法事实及可能的法律后果，参见 Gideon Mark, SEC and CFTC Administrative Proceedings [J]. Journal of Constitutional Law, 2016, Vol. 19: 1, p. 83。

② 资料来源：FCA. Decision Procedure and Penalties Manual，转引自上海银监局行政和解课题组. 银行业监管处罚和解制度的可行性研究 [J]. 金融监管研究，2016（2）。

③ 参见《试点实施办法》第二十六条、《征求意见稿》第十五条。

（一）《征求意见稿》和解实现形式的错位

对和解合意载体的讨论，同样须与和解前提保持一致。和解协议，更多存在于"限定条件和解"模式中，在"事实或法律状态不明"情形下，通过与相对人达成合意，行政机关以和解协议替代行政处罚等决定。故而"和解协议"常见于德国、我国台湾地区等法域的立法和实践中，也是我国《试点实施办法》的内在逻辑。而在"宽松条件和解"模式中，行政机关会在法律授权范围内，与相对人就惩处措施及幅度进行有条件的谈判，此时和解更多表现为一种非正式协商手段，谈判结果最终仍表现为行政行为或司法行为，并不直接缔结和解契约，但能够更有效地达成行政目的。① 例如，在美国，证券期货违法案件的直接和解会以 SEC 或 CFTC 签发的行政审裁程序决定结案，间接和解则会以联邦法官签发和解"认可令"（本质是民事裁定）告终，② 这类载有和解条款、体现和解核心要件的行政决定或司法裁定，则构成谈判双方和解合意的载体。

《征求意见稿》虽已转变和解前提，却未更改和解实现形式，本质上还在延续和解与处罚相互替代的立法逻辑。一个明显的表征就是：《征求意见稿》在明确和解金确定因素时，新增"当事人涉嫌违法行为如被查实依法可处以的资格处罚措施"作为考虑因素，意图以和解金取代资格罚。③ 换言之，和解协议与行政处罚决定书不会在同一案件的结案中并存。相比之下，美国 SEC、CFTC 在和解协议中载明的处理措施更为多元，包括但不限于支付赔偿金、没收非法利润、支付民事罚款、禁止从业、禁止开展相关交易、完善公司治理、定期向监管机构报告等。④《征求意见稿》对和解实现形式的规定，显然与宽松和解的适用前提产生错位。为保证制度设计的逻辑连贯顺畅，理应允许行政处罚等决定文书直接吸收和解合意，体现和解作为协商手段的属性。

---

① 参见周佑勇，李俊. 论行政裁量中的和解——以德国法和美国法为观察 [J]. 行政法学研究，2007（1）。

② 美国 SEC、CFTC 官网披露的执法信息显示，直接和解更多适用于案件事实较为清楚、失当行为影响较轻的案件，而间接和解更多适用于案件事实复杂、失当行为危害严重的案件。

③ 参见《征求意见稿》第十六条。

④ 例如，在 CFTC 第一例期货内幕交易案件——Arya Motazedi 案中，CFTC 与 Motazedi 以和解结案，CFTC 要求 Motazedi 支付 10 万美元民事罚款和 216955.80 美元赔偿金，并永久禁止其从事商品期货交易和注册成为期货从业人员。参见 CFTC. RELEASE Number 7286-15（December 2, 2015）[EB/OL]. [2020-03-28]. http://www.cftc.gov/pressroom/pressreleases/pr7286-15。

## （二）和解程序经济性的证成

当然，行政处罚等决定文书直接吸收和解合意，面临的最大障碍在于公众接受度，这种"吸收"极易在外观上产生"权钱交易"的误解，可能有损执法威信力。克服这一形式瑕疵的关键，在于坚持法律保留原则下证成和解程序的经济性。

在监管领域，"监管的收益能够证明为其支付成本的正当性或者社会净福利最大化"，是衡量是否实施监管和评价监管绩效的重要方法。[1] 这类正当性评估或许可以内嵌为行政处罚吸收和解合意的前置性评估流程。例如，前文述及SEC注重和解程序的成本—收益分析，具体到违法行为高发、证据搜集较难的内幕交易案件，SEC在决定是否接受相对人和解提议条件时，有一套完整的评估体系：通常情况下，法定禁令、没收违法所得、支付预估利息以及金额不少于违法所得或所免损失1倍的罚金是必要的惩处措施；此外，纳入考量的减轻或加重情节包括相对人行为的恶劣程度、违法行为后果的严重性、相对人的职业、相对人在调查中的配合程度、是否有妨碍公正或作伪证的证据、相对人证词的可信度，以及违法所得或所免损失的金额等。[2] 这种成本—收益评估体系是证成和解程序经济性的"利器"，在实操中极具借鉴价值，以确保在处罚中吸收和解合意优于直接处罚的资源损耗。

## 六、关于和解救济

和解救济，规范相对人在行政和解实现后通过何种渠道对自身权利进行救济。前述"救济的和解"与此处"和解的救济"截然不同，前者强调和解方式的适用空间，后者则讨论和解行为的救济途径。

### （一）和解救济的必然性与必要性

对和解可救济性的讨论，首先关涉和解的法律定性。作为私法理念向高权行政渗透的产物，行政和解无论如何体现协商合意，其主要内容仍在于设定行政权利义务关系，实质还是行政机关基于行政职权、为实现行政目的而采取的

---

[1] 参见席涛．法律、监管与市场 [J]．政法论坛，2011（3）。
[2] 参见威廉·R.麦克卢卡斯，约翰·H.沃尔什，丽莎·L.方丹．SEC内幕交易行政和解案例研究 [J]．肖宇、郭琼艳译，证券法苑，2016（18）。

手段和方式，具有显著的非市场行为性。① 所以，在法律性质上，证券期货行政和解协议属于"行政合同"。② 行政协议的特色是融合"行政性"与"契约性"，但必须清晰地看到，行政性是行政协议的本质属性，是行政协议区别于民事合同的根本。③ 更有类型化研究指出，自2014年新《行政诉讼法》将"具体行政行为"一律修改为"行政行为"，以"单方决定"为核心内涵的行政处理和以"双方合意"为核心内涵的行政协议，便已成为行政行为这一"上位概念"下具有现实意义的分类。④

"行政合同天然地含有行政优益权"，行政机关对行政协议享有监督权或指挥权、单方撤销权、解除权或变更权，增加了行政机关在协议订立、履行、变更、终止等环节侵害普通市场主体合法权益的概率。⑤ 行政优益权的存在，决定行政协议必须保留救济渠道。不过，这一基础逻辑却并未有效传导至行政和司法实务，长期以来，行政协议的救济问题一直为法学界与实务界所争议。⑥

经过大量讨论和磨合，2014年《行政诉讼法》修改，将行政协议纳入行政诉讼的受案范围，明确行政协议诉讼既包括行政机关行使行政优益权的行政行为诉讼，也包括行政机关不依法履行、未按照约定履行协议义务的违约诉讼；⑦ 最高人民法院新近又作出《关于审理行政协议案件若干问题的规定》（法释〔2019〕17号），明确法院在行政协议案件审理中，应对行政机关行使优益权行为进行合法性审查，确保行政机关"法无授权不可为"。⑧ 如此，证

---

① 参见王利明.论行政协议的范围——兼评《关于审理行政协议案件若干问题的规定》第一条、第二条［J］.环球法律评论，2020（1）。
② 参见席涛.《证券法》的市场与监管分析［J］.政法论坛，2019（6）。2019年11月，最高人民法院颁布《关于审理行政协议案件若干问题的规定》（法释〔2019〕17号），其第一条明确认定行政协议的四要素：主体要素（当事人一方为行政机关）、目的要素（实现行政管理或公共服务目标）、内容要素（具有行政法上权利义务内容）、意思要素（双方当事人协商一致）。证券期货行政和解协议满足如上四个界定要素。
③ 参见麻锦亮.纠缠在行政性与协议性之间的行政协议［J］.中国法律评论，2017（1）。
④ 参见章志远.新《行政诉讼法》实施对行政行为理论的发展［J］.政治与法律，2016（1）。
⑤ 参见崔建远.行政合同族的边界及其确定根据［J］.环球法律评论，2017（4）。
⑥ 争议核心仍缘起于行政协议"行政性"与"契约性"交织的属性。在涉及协议的撤销、变更、解除、继续履约、违约责任、确认无效等诉请上，因合同法等民事法律制度和行政诉讼法等行政法律制度均有对应的法律规定，如何选择法律适用，直接关乎行政协议范围界定、行政权力边界厘清以及行政机关责任认定，故而引发行政法学界与民法学界持久争论。回溯争论过程显然超出本文范围，详情可参见前引王利明、麻锦亮、崔建远文。
⑦ 参见《行政诉讼法》第十二条第1款。
⑧ 参见黄永维，梁凤云，杨科雄.《关于审理行政协议案件若干问题的规定》的理解与适用［J］.人民司法，2020（4）。

券期货行政和解协议的可诉性才开始于法有据。

与此同时,证券期货行政和解则一直不具备可复议性。虽然《行政复议法》未将和解排除在复议受理范围之外,① 但证监会早在 2010 年便明确由证监会或其派出机构作出的行政和解行为不属于复议申请范围,② 该做法后续更是得到原国务院法制办公室关于行政协议不可复议的背书。③ 于是,证券期货行政和解出现了鲜见的"不可复议,但可诉讼"的权利救济模式,与我国已有的行政解纷机制衔接模式(复议诉讼任选、复议前置、复议终局)格格不入。然而,行政复议兼具行政性和准司法性,具有化解行政争议"前哨站"的功能,其作为"我国解决行政争议的主渠道"④,受案范围理应比纯司法属性的行政诉讼宽泛,"理论上行政复议机关所具有的行政监督权决定了所有行政争议均应当纳入行政复议的申请范围"⑤,证券期货行政和解的不可复议性在法理上难以自洽。

(二)和解救济的展开与约束

即便认可和解的可救济性,还须直面因"行政性"与"契约性"的交织而带来的一系列问题。

第一,和解协议中的处分措施及程度已经吸收和体现了相对人的意思表示,允许相对人事后针对合意内容寻求救济,是对和解"契约性"的自我否定。

第二,救济机关是否可以单方改变和解双方在协议中达成一致的内容?又是否可以单方减轻相对人的和解义务?救济机关单方改变合意内容的做法,与和解"契约性"属性存在紧张关系。

第三,行政和解协议与普通行政协议(政府特许经营、征收征用补偿、自然资源使用权出让等)并不完全相同,后者重在协商行政机关对相对人权利或利益的赋予,而前者更多是协商对相对人处分或义务的科加,相对人的预期及配合程度显著不同,行政和解中的相对人更有动机企图通过救济环节减轻和解

---

① 参见《行政复议法》第六条。该条兜底条款规定,公民、法人或者其他组织"认为行政机关的其他具体行政行为侵犯其合法权益的",均可依法申请行政复议。
② 参见《中国证券监督管理委员会行政复议办法》(2010 年证监会令第 67 号)第八条。
③ 2017 年,原国务院法制办公室对《交通运输部关于政府特许经营协议等引起的行政协议争议是否属于行政复议受理范围的函》的复函(国法秘复函〔2017〕66 号)明确"政府特许经营协议等协议争议不属于《中华人民共和国行政复议法》第六条规定的行政复议受案范围"。
④ 应松年.把行政复议制度建设成为我国解决行政争议的主渠道[J].法学论坛,2011(5)。
⑤ 参见曹鎏.作为化解行政争议主渠道的行政复议:功能反思及路径优化[J].中国法学,2020(2)。

义务。和解后的救济环节若仍允许双方和解,更会形成多次和解循环,不仅是对监管资源的浪费,更助长部分相对人恶意拖延执行的动机。

前两个问题指向和解救济范围的确定,第三个问题则指向和解"一次适用原则"①的适用。此次《征求意见稿》并没有直面上述问题,而是限定只有在"中国证监会无正当理由不履行行政和解协议"时,当事人有权提起行政复议或者行政诉讼。② 这一条款在承认和解协议可救济性的基础上,意图对救济范围的设定作简化处理,但限定的范围明显不完整。证监会除不履约外的其他优益权行为,如单方变更履约方式、不完全履约等,同样应获得事后救济机会。故而,应当将救济机关审查或监督对象指向行政机关行使优益权行为,而排除对原和解协议合意内容的救济,这样才能既周延设定救济范围,又保持制度设计与法理逻辑的一致。这些问题值得立法者进一步探讨和完善。

## 七、结论

近年来,我国资本市场生态环境正在发生质的变革。注册制改革平稳落地并全面推开,证券发审多年沉疴得以解愈;长期资金持续入市,投资者结构显著优化;市场分层愈加细化,流动性配置效率提升;再融资制度不断改革,市场化方向凸显;期货、期权等衍生品种加速上市,对冲套利和风险管理工具明显增多;《证券法》完成修订,市场基础法律制度更为完善。资本市场的逐渐成熟,对监管理念与执法方式的同步变革产生强大的内生性需求。

行政和解作为现代行政的重要执法方式之一,在提升监管程序经济性、降低监管双方对抗性、实现投资者赔偿直接性方面具有无可比拟的制度优势。当前,证券期货执法和解制度迎来全面修正契机,有必要对和解前提作出宽松化调整,赋予行政机关主动表达和解意向的权利,泛化处理和解区间设定,拓展和解实现的形式载体,认可并限定行政和解的可救济性,以探求制度构建逻辑与实践效率的相统一。

---

① 和解"一次适用原则",指单个执法案件中,相对人和行政机关仅有一次和解协商机会,因故未达成和解或和解实现后又重新进入执法程序,则无法再次适用和解程序。如我国台湾地区"缔结行政和解契约处理原则"第十五条规定,和解契约解除或终止后,FSC. 拒绝相对人再次向本会提出缔结行政和解契约之请求[EB/OL]. [2020-02-20]. https://law.fsc.gov.tw/law/LawContent.aspx?id=FL034947#lawmenu。《试点实施办法》第三十二条和《征求意见稿》第五条均对"一次适用原则"做了有益探索,未来可根据执法实践需要适时修正适用情形,本文不再详述。

② 参见《征求意见稿》第二十条。

# 民法典背景下部分证券监管法律问题评析

汪 哲[*]

**摘 要**：民法典是社会主义市场经济的基本法律，其规定的各项制度为民商事活动提供基本遵循，为打造有活力有韧性的资本市场提供坚实的法治保障。民法典在对我国现有民事基本法律制度进行编纂修订的基础上，对流质条款效力认定、保理合同关系辨析、情势变更原则适用、股权代持效力认定及适当性管理与格式条款等证券监管法律提出新的解决思路，其中更蕴含法律价值理念的调整与优化。

**关键词**：民法典 股权质押 保理合同 股权代持

2020年5月28日，十三届全国人大三次会议表决通过了《中华人民共和国民法典》（以下简称《民法典》）。这部新中国第一部以法典形式编撰的法律，将会对社会经济生活产生广泛而深刻的影响。民事基本法律架构的调整必然影响商事法律制度的适用，相关证券监管法律问题的解决思路也会发生相应变化。本文选取民法典中5处对证券监管法律问题处理影响较大的条文修订，简要分析其对有关证券监管规则实践适用的影响。

## 一、流质条款效力变化与股权质押

现行《民法通则》等原有民事法律规范对动产质押中约定流质条款持明确禁止态度，其立法目的在于防止债权人借债务人处于经济困难之际，通过不合

---

[*] 汪哲，深圳证券交易所合规检查部助理经理。

理的低价取得债务人的财产，以体现民法的公平及等价有偿的原则和价值取向。但这种对于流质条款完全禁止的立法方式也引发了广泛的争议，特别是其完全否定商事流质在促进交易便捷方面的功用。①《民法典》相关规定对流质条款的效力认定作出重大调整，不再视其为无效条款，只是要求债权人通过担保物权的实现程序主张权利，就质物拍卖、变价或折价所得价款优先受偿，而不能依约定径行取得质物的所有权。

以往在股权质押中，为了规避法律对于流质条款的禁止性规定，债务人首先将所质押的股权形式上过户至债权人名下，同时双方约定债务清偿后债权人即将该股权过户回债务人名下，否则该股权则归于债权人以供清偿债务。在这种情况下，股权质押合同通常以附回购条款的股权转让合同形式出现，形成非法定物权形式的让与担保②。

从以往司法判例来看，对让与担保效力认定存在较大的争议，但大体也形成了一个较为通用的区别标准，即债权人实现权利有无经过特定的清算程序。③如果双方在合同中未规定清算条款，而直接约定债权人于债务人不能清偿时取得质押之股权的所有权，则一般认为该约定即为流质约定，应认定为无效。债权人就该股权请求确权的诉请不能支持，但可以允许债权人就该股权拍卖、变卖或折价所得款项优先受偿，此为《九民纪要》所规定的处理思路。④

如果双方在合同中约定，债务人不能按期偿还债务时，尚需对质押之股权进行清算后，方才确定对担保债权的清偿。根据江苏高院 2014 年发布的《关

---

① 参见周林彬. 商事流质的制度困境与"入典"选择 [J]. 法学，2019（4）。

② 让与担保是大陆法系国家沿袭罗马法上信托行为理论并吸纳日尔曼上的信托行为成分，经由判例学说形成的非典型担保制度，其以当事人权利（所有权）转移方式达成担保信用授受目的为特征。

③ 参见李磊，刘保玉. 让与担保存废论——基于实证考察的分析 [J]. 人民司法（应用），2018（28）。

④ 《全国法院民商事审判工作会议纪要》第71条："债务人或者第三人与债权人订立合同，约定将财产形式上转让至债权人名下，债务人到期清偿债务，债权人将该财产返还给债务人或第三人，债务人到期没有清偿债务，债权人可以对财产拍卖、变卖、折价偿还债权的，人民法院应当认定合同有效。合同如果约定债务人到期没有清偿债务，财产归债权人所有的，人民法院应当认定该部分约定无效，但不影响合同其他部分的效力。当事人根据上述合同约定，已经完成财产权利变动的公示方式转让至债权人名下，债务人到期没有清偿债务，债权人请求确认财产归其所有的，人民法院不予支持，但债权人请求参照法律关于担保物权的规定对财产拍卖、变卖、折价优先偿还其债权的，人民法院依法予以支持。债务人因到期没有清偿债务，请求对该财产拍卖、变卖、折价偿还所欠债权人合同项下债务的，人民法院亦应依法予以支持。"

于以物抵债若干法律适用问题的审理纪要》,① 该约定应当视为当事人之间达成的以物抵债之协议,其法律效力可以认可,但此约定不能对抗其他债权人。此处尚有疑问的是,如此区分处理可能产生不太合理的效果,即当事人未约定清算条款时,其取得的权利反而优于约定清算条款时,毕竟前者债权人取得的受偿权是可以对抗其他债权人,实质具有优先受偿的法律效力。之所以出现这种情况,可能是因为江苏高院的裁判准则出台时间相对较早,司法观点相对比较谨慎,其认为在未约定清算条款的情况下,债权人不仅不能取得所有权甚至无优先受偿之权利。

《民法典》颁布以后,流质条款不再被视为当然无效,对于股权质押中出现的让与担保约定,通过区分是否存在清算条款进行效力认定的思路也需要进行调整。从证券监管的角度出发,这种法律预期的改变,有助于引导上市公司在股权质押的过程中,不再基于避法目的设计非必要的交易结构,保障市场的平稳运行。

此外,依据《民法典》第四百二十八条的规定,让与担保中受让人不能直接依约定取得质物所有权,但其享有担保物的优先受偿权,只是该等优先受偿权应受限于担保物权的实施程序,即完成法定的清算义务。既然《民法典》物权编对此种情况已经统一规定有优先受偿的效力及方式,即使当事人约定有个别化的清算条款,也应当遵循担保物权实现的法定程序和方式。

## 二、保理合同与上市公司应收账款保理

目前上市公司广泛参与商业保理活动已经成为证券监管的重点问题,部分上市公司利用自己较强的资信实力,设立从事保理业务的子公司,一方面可以对集团内部各公司的应收账款进行集中管理,另一方面又可以通过与供应商在

---

① 《江苏省高级人民法院关于以物抵债若干法律适用问题的审理纪要》第二条关于债务未届清偿期之前以物抵债行为的性质及效力认定:"会议认为,对当事人在债务未届清偿期之前达成的以物抵债协议,应区分不同情形进行认定与处理:(一)当事人在债务未届清偿期之前达成的以物抵债协议,该协议具有担保债权实现的目的,如债权人以债务人违反以物抵债的约定而要求继续履行以物抵债协议或对所抵之物主张所有权的,人民法院应驳回其诉讼请求。但经人民法院释明,当事人变更诉请要求继续履行原债权债务合同的,人民法院应当继续审理。(二)当事人在债务未届清偿期之前达成以物抵债的协议,同时明确约定在债务清偿期届满时应进行清算,该以物抵债协议在当事人之间具有法律效力,但该约定不具有对抗其他债权人的效力。(三)当事人在债务未届清偿期之前约定以房屋或土地等不动产进行抵债,并明确在债务清偿后可以回赎,债务人或第三人根据约定已办理了物权转移手续的,该行为符合让与担保的特征。因违反物权法定原则,不产生物权转移效力。债权人如根据抵债协议及物权转移凭证要求原物权人迁让的,人民法院应不予支持。"

保理业务方面的合作，进一步密切上下游关系，提高产业整合能力。但也有部分上市公司通过将应收账款转让至保理公司进行所谓的"盈余管理"，甚至通过应收账款保理业务虚增利润。

鉴于现行民事法律规范未对保理合同作出明确规定，对于上市公司参与保理活动产生的相关纠纷处理也不尽一致，而《民法典》相关规定明确以下六个方面的法律适用问题，为加强对上市公司应收账款保理的监管提供了参考。

其一，明确对虚假基础债权的处理原则。以往在应收账款作为基础债权存在真实性问题的情况下，虽然普遍认为债务人对应收账款转让予以确认后，就应当对保理人的信赖利益予以保护，允许保理人对债务人主张权利，但实践中还是对保理人的注意义务课以较高要求，如果推定保理人应当知晓而未能知晓的，则认为其未尽到合理审慎的注意义务，而令其自行承担应收账款的瑕疵担保责任。而本次《民法典》相关条款的但书中未出现"应当知晓"这类表述，可以推知立法意图还是侧重维护交易安全，除非有明确证据证明保理人对虚假债权确切知晓，否则应当允许其对债务人主张相关权利。通过法律责任预期的明确，避免出现失信行为人借由保理人的行为瑕疵而逃避其法律责任，形成对参与上市公司虚假保理活动行为人的有效法律震慑。

其二，明确保理人的表明身份义务。上市公司进行保理活动时，经常出现"暗保理"的情形，即保理合同签订后，保理人或债权人都未将应收账款转让通知债务人，仅在约定期限届满或约定事由出现后，才由保理人将应收账款转让通知债务人。这种情况一般出现在债权人相对弱势的情形下，其不希望作为交易对方的债务人知晓其进行应收账款保理的情况，以免对其资信产生怀疑，影响后续的交易合作。①

《民法典》规定保理人进行转让通知时应当明确其保理人的身份，其意旨在于保理人在向债务人进行通知时应当明确其保理人身份，而不应配合债权人的需要隐瞒此等身份角色而以普通债权受让人自居。从该条款的文义解释中尚不能推知法律明确禁止"暗保理"，但结合《民法典》第五百四十六条的规定，保理人只有履行通知义务后方可对债务人主张权利。

其三，明确排除禁止转让特约对保理效力的影响。在基础合同已经明确禁止应收账款转让的情况下，保理人受让应收账款的，转让行为是否有效在实践

---

① 参见胡仕炜. 暗保理中债权让与通知的几点思考[J]. 甘肃金融, 2018 (4)。

中仍有争议,目前的裁判观点还是认为需对保理人的主观状态进行判断,只有其不知特约方可主张善意取得。而《民法典》第五百四十五条明确规定,当事人约定金钱债权不得转让的,不得对抗第三人。此处第三人并无善意与否的限定,换言之,即使第三人知晓该约定,也不对其发生效力。应收账款作为典型的金钱债权,根据此条规定,保理人作为第三人,可以不受禁止转让特约的约束,确定取得债权人转让的应收账款,并对债务人主张相关权利。

其四,明确有追索权保理中保理人的权利主张方式。鉴于保理合同在典型合同中的缺位,在有追索权的保理中,保理人应向何人在何种范围内主张权利素有争议,也形成了不同的追索法律后果,导致上市公司参与相关保理活动的法律责任预期不稳定。

若将该类保理的法律性质认定为让与担保,应收账款转让是为债权人与保理人的资金借贷关系所设定的担保,则债权人应对保理融资款本息负有首要偿还责任,债务人则在应收账款金额范围内承担连带清偿责任。若将该类保理的法律性质认定为债务人的单方承诺,[①] 保理人则可根据债务人于应收账款转让通知时所做的单方承诺,取得在应收账款金额范围内向债务人主张清偿的权利。[②]

《民法典》相关规定事实上更倾向于单方承诺的性质认定,在约定有追索权的情况下,保理人在保理融资款本息金额范围内,既可以向债权人主张权利也可以向债务人主张权利。同时相关规定也对单方承诺进行调整,若完全基于单方承诺的法律性质,保理人应当可以在应收账款金额范围内向债务人主张权利,但相关规定要求保理人向债务人主张应收账款权利的,金额范围限定于保理融资款本息和相关费用,超出部分保理人对债权人负有返还义务。[③]

---

① 单方承诺是从债的发生原因角度进行的性质认定,若从债的履行过程角度分析,有追索权的保理业务具有间接给付的法律性质,如最高法院在中厦建设集团有限公司、中国建设银行股份有限公司上海第二支行合同纠纷案阐述的观点,有追索权的保理业务所包含债权转让合同的法律性质并非纯正的债权让与,而应认定为是具有担保债务履行功能的间接给付契约,并不具有消灭原有债务的效力,只有当新债务履行且债权人的原债权因此得以实现后,原债务才同时消灭。

② 参见李魁军. 有追索权保理中保理商请求权基础研究——由(2017)最高法民再 164 号案引发的思考[EB/OL]. [2020-06-06]. https://mp.weixin.qq.com/s?src=11&timestamp=1594378929&ver=2452&signature=LGtqXBl89XoZO7C7E61rHdiOOJWa-BO1KZGsKPyy9JKqV8pbYWro3JrWrmwuFu4Q2SO1XSEIQD9MLlAnsmkzwmw1mnW53wJ3RT73UrbKspDxDajXkAwzy2stXpD1Uinj&new=1。

③ 最高法院在珠海华润银行股份有限公司与江西省电力燃料有限公司合同纠纷也有类似观点,保理人向债务人主张权利的范围应当限缩为保理融资款本息金额,同时以应收账款金额作为债务人最终承担的实际责任金额上限,因此最终裁判结果为债务人向保理人支付保理融资款本息合计金额,但本息合计的最终数又以应收账款金额为限。

其五，明确无追索权保理中保理人的权利主张方式。此种情形保理的法律性质较为简单，现行司法实践与《民法典》相关规定都将其视为债权转让。债权转让完成后，债权人脱离原有债权债务关系，保理人自然不可向其主张权利，同时保理人向债务人主张权利的范围以应收账款金额范围为准，即使超过保理融资款本息和相关费用，保理人就超出部分也无须向债权人承担返还义务。

值得注意的是，部分上市公司在应收账款保理中存在一些特殊的交易安排，如某上市公司作为债权人与作为保理人的某商业银行达成无追索权保理合同，将一笔应收账款的90%转让给保理人而自留10%，同时约定债权人从债务人处收到款项优先支付给保理人，直至其受让的应收账款全部收回。

从会计的角度看，债权人以自留份额为保理人收回应收账款提供担保，在此种情况下，债权人应当结合应收账款的信用风险特征进行分析，不能因为形式上无追索权而直接终止确认该应收账款。而从法律角度看，根据合同约定，在10%应收账款范围内，银行有权对上市公司主张权利，但其权利基础是双方达成的后让与担保约定而不是保理约定。这两种角度实质体现的是法律形式主义的分层思维与会计实质主义的结合思维的差异，这也对优化证券监管提出挑战。

设想可否以会计实质重于形式的原则，认定该项保理约定就是有追索权的保理，而无须顾忌合同的文字约定？事实上，法律虽然注重形式但并不拘泥于形式，对合同的解释需探求双方当事人的真实意思表示而不以形式的虚假意思为准，如《民法典》第一百四十六条之规定。① 同时法律也不允许当事人以文字形式的变通规避法律的强制性要求，如《最高人民法院关于审理民间借贷案件适用法律若干问题的规定》第三十条之规定。②

回归到前述争议问题，如果认定该项保理约定是有追索权的保理，银行就可以在保理融资贷款本息范围内向债权人主张权利甚至要求债权人回购该笔应收账款，也就是10%的担保范围约定产生100%的担保范围效果，这显然与双

---

① 《中华人民共和国民法典》第一百四十六条："行为人与相对人以虚假的意思表示实施的民事法律行为无效；以虚假的意思表示隐藏的民事法律行为的效力，依照有关法律规定处理。"
② 《最高人民法院关于审理民间借贷案件适用法律若干问题的规定》第三十条："出借人与借款人既约定了逾期利率，又约定了违约金或者其他费用，出借人可以选择主张逾期利息、违约金或者其他费用，也可以一并主张，但总计超过年利率24%的部分，人民法院不予支持。"

方当事人的真实意思表示不符。如果将保理人对债权人的主张范围限缩在10%范围内，实际就是为个案目的打破系统化的法律效果框架，亦非妥当。实际上，根据双方约定，保理人在90%范围内向债务人主张权利，在10%范围向债权人主张权利，则较为符合双方在订约时的预期。至于会计准则将两者结合看待，考虑的是资产终止是否妥当，是否影响财务数据的真实性和可靠性，这与各方当事人如何各自主张权利本就不是同一层面的问题，应无冲突之虞。

其六，明确商业保理中应收账款多重转让时的优先权。上市公司进行应收账款保理时，为了实现资金效用的最大化，经常出现多次转让的情形，此时如何确定不同保理合同的优先顺位对最终的权利实现至关重要。鉴于保理设立并不以登记为生效要件，也欠缺统一的权利公示平台，对不同保理合同优先权的判断一直未能形成统一标准，既有主张以登记时间为准的，也有主张以转让合同订立时间为准的，还有主张以转让通知时间为准的。

《民法典》相关条款确立递进层次的优先权判断规则：首先，考虑已登记合同的优先效力，已登记合同优于未登记的合同，均已登记的则以登记时间先后为序；其次，考虑均未登记合同的优先效力，以转让通知到达时间先后为序；最后，对于既未登记也未通知的合同，直接按照保理融资款或者服务报酬的比例取得应收账款。

## 三、情势变更原则与业绩承诺豁免

上市公司开展收购活动中，为解决交易双方对目标公司未来发展的不确定性、信息不对称而常约定有业绩承诺条款，若交易对方无法完成相关承诺，则将引发违约金、损失赔偿、股份回购等法律后果。而交易对方时常以情势变更或不可抗力为由进行抗辩，主张减轻或豁免业绩承诺义务。特别在目前新冠肺炎疫情防控的大背景下，准确把握情势变更与不可抗力的界限，对优化证券监管工作具有特殊的意义。

情势变更原则最早出现于最高法院制定的《合同法司法解释（二）》第二十六条，其适用以合同成立后发生的合同订立时不可预见的重大变化为准，还须排除不可抗力、商业风险等情形。而《民法典》在基本沿袭该规定的基础上，删除了对不可抗力的排除要求。换言之，现行民事法律规范对不可抗力与情势变更分别作出规定，体现的是一种二元化的规范体系。而《民法典》相关条款则调整为一元化的规范体系，不再将不可抗力与情势变更作为泾渭分明的两组法律概念，承认两者的适用存在重合区域。①

按照现行民事法律规范，业绩承诺方如果意图通过解除或变更合同以豁免业绩承诺义务的，需要对相关情形属于不可抗力还是情势变更进行明确选择。若选择不可抗力条款作为请求权基础，业绩承诺义务人需要证明其所遭遇的外部客观情况同时具备不能预见、不能避免及不能克服的"三不情形"，较为典型的就是目前的新冠肺炎疫情。根据最高法院《关于依法妥善审理涉新冠肺炎疫情民事案件若干问题的指导意见（一）》相关规定，疫情或者疫情防控措施直接导致合同不能履行的，依法适用不可抗力的规定，根据疫情或者疫情防控措施的影响程度部分或者全部免除责任。因此，若交易对方因疫情原因直接导致无法实现业绩承诺义务的，可以免除违约金或损失赔偿等违约责任。但需要注意的是，回购义务本身不是法律责任的承担方式，业绩承诺义务人尚不能直接援引不可抗力这一免责事由主张免除该项义务，而应当通过《民法典》第五百六十三条第1项的规定行使法定合同解除权，进而从业绩承诺协议的合同约束中解脱出来。但选择不可抗力条款的一大弊端在于处理过于刚性，业绩承诺义务人免责后往往只能选择解除合同，全面终止双方的合作。②

若选择情势变更条款作为请求权基础，业绩承诺义务人则应证明因合同订立时双方信赖的基础条件发生重大变化，继续按照原约定履行合同显失公平。与不可抗力不同的是，情势变更背景下双方仍能继续履行合同，只是履行的结果显失公平，而不是遭遇"三不情形"的客观情况不能继续履行。在这种情况下，业绩承诺人既不能直接将情势变更作为免除违约金或损失赔偿的抗辩理由，更无从依据情势变更行使合同法定解除的形成权，其豁免或减轻业绩承诺义务只能完全依赖法院或仲裁机构的调整。但选择情势变更的好处在于可以变更业绩承诺条款，以维系双方的合作关系。

《民法典》相关规定事实上已经承认不可抗力原因造成的情势变更，在此种情形处理业绩承诺问题就能更加灵活。业绩承诺义务人遇到突发公共疫情等不可抗力因素时，不再只能援引不可抗力条款而主张免责并解除合同，而是可

---

① 参见韩世远. 合同法总论（第四版）[M]. 北京：法律出版社，2018。
② 由于我国《合同法》立法过程中对于是否规定情势变更原则发生过争议，有观点认为不可抗力已经可以涵盖情势变更的情形，我国合同法最终也未规定情势变更原则。后最高法院制定《合同法司法解释（二）》时希望清晰界定情势变更与不可抗力的区别，反而限制情势变更原则的适用，导致因不可抗力造成的合同基础重大变化，无从依据情势变更原则进行合同变更。

以将之纳入情势变更原则处理体系，通过变更合同的方式更加灵活地处理双方的争议。

实践中，证券监管部门并不允许公司对业绩承诺进行变更，而上市公司业绩承诺无法履行时，能否适用不可抗力或者情势变化，司法裁判对此的理解不一。但须注意的是，证监会在2020年5月15日证监会有关部门负责人就上市公司并购重组中标的资产受疫情影响相关问题答记者问，明确标的资产确实受疫情影响，原则上可延长标的资产业绩承诺期及其程序，或成为证监会系统对于不可抗力引用的首例。

### 四、民事法律行为无效与股权代持

股权代持及其引发的股权稳定性问题一直为证券监管者所关注，司法机构对股权代持协议的效力认定也明显受到不同时期金融监管理念的影响。在早期的华懋案中，最高法院以"合法目的掩盖非法目的"直接认定股权代持协议无效。而在近期的君康人寿案、亚玛顿案中，最高法院则以股权代持协议规避金融监管规范要求、损害金融安全与社会稳定为由，援引《合同法》第五十二条"损害社会公共利益"的法定无效情形，认定案涉股权代持协议无效。

《民法典》相关规定对合同无效的规范体系进行了较大调整，不再单独规定合同无效的情形，而是纳入总则编入法律行为无效的规范体系中。同时，删除恶意串通、合法形式掩盖非法目的、损害社会公共利益等合同无效情形，明确违背公序良俗的法律行为无效。鉴于股权代持的禁止性规定多出自各类非法律与行政法规的金融监管规范性文件，对于股权代持协议的效力评价主要依靠对其是否违背公序良俗的判断，这既需要考虑商业活动的客观需求，同时也必须符合金融监管的相关要求。① 从这个角度看，《民法典》相关规定构建的效力评价体系是系统化股权代持协议评价标准的重要契机，其至少可以从以下三个方面为完善该类问题的监管提供参考。

其一，全面考虑被代持主体的公众性。在以公序良俗作为效力评价标准的情况下，只有充分论证违法行为对金融安全、市场秩序、国家宏观政策等具有明显破坏作用，才能对其作出否定性评价。一方面，考虑主体的公众性，上市公司作为公众公司，相关信息披露监管的有效性很多都依赖于股权结构的真实

---

① 参见胡赟顽. 金融监管规章影响商事合同效力的路径辨析 [J]. 海南金融，2020 (3)。

和清晰，因此对上市公司股权代持协议一般都应予以否定，而对于一般有限责任公司的股权代持协议则可以予以认可。① 另一方面，考虑行为的公众性，对于从事涉及公共事务、国家安全、金融流通等事项的非公众公司，其公众性体现在其对外经营行为与交易活动中，同样应当对相关股权代持协议予以否定评价。

其二，全面考虑股权代持的基础关系。股权代持的基础关系以委托关系最为常见，代持人根据被代持人的指示行使股东权利，这种情形下名义股东与实际股东发生实质性分离，对公司以外的债权人产生误导，同时也使基于主体资格设定的金融监管规则落空，此种股权代持协议显然构成对公序良俗的违背。但实践中还需考虑基于信托关系形成的股权代持，即代持人虽然不是实际股东，但其行使股东权利是根据自己的意志独立完成，被代持人也不享有委托关系中委托人的任意解除权。在此种情形下，被代持人作为信托受益人单纯享受股权收益，在参与公司管理的股东权利层面，名义股东与实际股东并未发生实质性分离。② 考虑到目前针对股权代持的金融监管政策目的是规范经营管理而不是衡平股东收益，因此对此类股权代持协议是否应予完全否定、可否以信息披露要求替代规范运作要求，都有进一步讨论的空间。

其三，全面考虑代持形成的原因。股权代持协议在商业活动中广泛存在有其客观背景，作为监管者不宜不做区分的一律禁止，而是应当从原因的剖析中寻求改进监管的空间与路径。一部分股权代持协议的目的在于规避监管限制或者进行监管套利，其原因本身就具有侵害公序良俗的不法性，对其予以否定评价当无疑义。③ 而另一部分股权代持协议目的在于保有个人财产方面的隐私，其完全属于私人领域而与公序良俗无关，除非被代持主体本身具有明显的公众性，否则对其效力也予以否定并无必要，而对于特定外部债权人的权益保护完全可以遵照商事法律外观主义的处理原则予以妥善解决。

## 五、格式条款规范与投资者适当性管理

前段时间爆发的"中行原油宝事件"引发业界关于投资者适当性管理的广泛讨论，如何实现将合适的产品销售给合适的投资者，对产品相关格式条款的

---

① 参见徐佳咏. 上市公司股权代持及其纠纷之处理 [J]. 中国政法大学学报，2019 (3)。
② 参见王莹莹.《证券法》2019 年修订背景下股权代持的区分认定 [J]. 法学评论，2020 (3)。
③ 参见朱慈蕴. 规避法律的股权代持合同应以不鼓励为原则 [J]. 法律适用，2018 (22)。

规范以及失范情形下的有效救济便显得尤为重要。提示说明义务是投资者适当性管理的重要组成部分，该义务主要是为了解决金融机构和投资者信息不对称的问题，避免将不适格的投资者引入金融市场。① 本次《民法典》相关条款对格式条款规制作出进一步完善：其一，吸收《消费者权益保护法》第二十六条第 1 款的立法精神，将格式条款提供方的提示说明义务扩展到与对方有重大利害关系的条款；其二，明确未尽到提示说明义务的法律后果，即相关条款不构成合同内容。

按照现行的民事法律规范，格式条款提供方的提示说明义务仅限于免责条款，若对非免责性质的合同条款发生认知偏差，在非消费合同领域便难以主张权利救济。② 因此，在实践中存在对消保法适用范围扩大化解释的倾向，以期适用特别法的相关规定，但这一做法会导致法律预期的不稳定，不利于投资者利益的保护。

根据《民法典》相关条款，对格式条款接受方具有重大利害关系的约定均属于提供方提示说明的义务范围。以原油宝相关合同为例，对于可能导致投资者承受超越本金范围损失的穿仓条款，中行必须举证说明其已经综合理性人能够理解的客观标准和金融消费者能够理解的主观标准进行提示说明，否则该条款视为未订入双方合同之中。既然双方合同中并未约定穿仓条款，中行自然也无权对投资者行使所谓的追索权。

《民法典》相关条款弥补了合同法在未尽提示说明义务法律后果方面的空白，针对这一问题，《合同法司法解释（二）》虽然通过赋予相对人撤销权的方式予以补充，但其权利救济的便捷性还是有一些不足。特别是实践中对于格式条款未尽说明义务与格式条款内容无效的混淆，导致法律适用出现不协调甚至混乱的情形。

《民法典》相关条款实施之后，对于格式条款应当按照两层次的递进分析方法进行判定：首先考察格式条款提供方是否履行提示说明义务，从事实认定层面判定条款是否订入合同；若格式条款已经订入合同，则考虑其是否存在法律规定的无效情形，进而从价值判断层面判定条款是否有效。

---

① 参见杨军，刘嘉瑶. 证券投资者适当性制度比较与启示——兼评我国《证券期货投资者适当性管理办法》[J]. 金融理论与实践，2019（10）。
② 消保法虽未明确规定消费者一定是自然人，但法人作为消费行为主体是否受到消保法的保护素有争议，此种情形下机构投资者如果需要援引特别法规定主张权利则可能遇到障碍。

事实上，此种区分与合同未成立与合同无效的区分较为类似，不仅是对《合同法》相关概念的厘清，更有其法律适用后果的不同。简而言之，二者的区别有以下两方面的法律意义。

其一，格式条款的可履行性不同。格式条款未订入只是对合同事实状态的描述，提供方补足提示说明义务的缺陷后，双方仍能就格式条款主张继续履行；而格式条款无效代表法律作出的否定性评价，相关格式条款因其不法性而不能继续履行。

其二，权利主张的方式不同。格式条款未订入需由格式条款接受一方进行主张，而不能由法院或仲裁机构依职权认定，而且从《民法典》第四百九十六条的文义及立法目的看，格式条款提供方无权以自己未尽提示说明义务为由主张格式条款未订入。格式条款无效则既可以由双方当事人主张，也可以由法院或仲裁机构依职权认定。

# 注册制改革与我国《证券法》的"私法化"

何 俣*

**摘 要**：美国《证券法》在立法上包含了大量私法性规范，并呈现"私法化"的趋势。中国证券市场、《证券法》与美国的发展路径相比并不相似，呈现浓厚的行政管制色彩。随着国内注册制试点改革的顺利进行，2020 年颁布的新《证券法》明确规定对于证券公开发行实施注册制。股票发行的注册制代替过去的核准制，将企业证券发行的权利从"特许权"转变为"商事权"，我国《证券法》也因此从单纯的公法转而具有一定的"私法化"特征。

**关键词**：公法 私法 证券法 注册制

## 一、法律二元结构与"公法""私法"的分类

（一）"公法""私法"之分与国际私法学说的产生

法律的二元结构即将法律分为"公法"与"私法"，这一做法肇始于古罗马时期，由乌尔披亚努斯按照规定国家公务的为公法（Jus Publicum），规定个人利益的为私法（Jus Privatum），一般认为罗马帝国私法要比公法发达，但在帝国后期随着经济衰退与国家权力的加强，私法又被公法所吞噬，直到几百年后的中世纪方得复兴。[①] 起源于罗马帝国的大陆法系，则一直沿用了"公法"与"私法"二元结构。虽然公法与私法划分，总是随着时代的发展变化而有所

---

\* 何俣，华东政法大学 2015 级国际法学博士研究生，爱建证券有限责任公司投资银行部总经理、保荐代表人。

① 参见周枏. 罗马法原论[M]. 北京：商务印书馆，2001。

不同，但这一观念在大陆法系国家仍然根深蒂固。应该说，公法与私法的划分，或者说私法的公法化与公法的私法化，随着时代不同而产生变化，实质上是公共利益与私人利益在不同时代背景下矛盾的对立与统一的发展。正如同每个市场主体不受约束地追求私人利益最终会导致市场调节的失灵，而过度追求公共利益也有导致极权主义的出现最终损害社会整体福祉，在不同的历史和时代背景下，相同的法律关系会在公法与私法属性的划分上呈现不同的结果和倾向。

特别是进入19世纪以来资本主义的蓬勃发展，亚当·斯密在《国富论》中提出的"守夜人"政府理论更是将自由主义推上顶峰。这一时期的社会强调私人利益至上，经济活动与国家无关，依靠私人和社会自行调节，政府和国家只需要当好经济与社会的"守夜人"，让社会和经济充分地自由发展，政府是典型的"小政府"。也正是在这一时期，私法成为一种"超国家现象"，当时的社会也被称为"私法社会"。① 可以说，正是因为在自由资本主义倡导下的私法超越国家的性质，直接推动了发源于欧洲大陆的国际私法学说突破了法则区别说的窠臼，为各国相互适用私法性质的法律提供了可能，而大陆法系则均承认公法一般不能域外适用。普通法国家并没有划分公法与私法的传统，虽然也有公法与私法的术语，但并不会导致如大陆法系那般的差别，如英国并不拒绝准据法中外国公法的适用。②

而进入20世纪以来，随着自由资本主义的发展进入寡头竞争、垄断竞争的局面，最终不可避免地导致20世纪二三十年代发生了全球性经济危机，并直接产生了政府干预经济的"凯恩斯主义"，至此政府作为国家"大主管"的地位取代了"守夜人"的角色。特别是第二次世界大战后国家对公共福利和经济秩序的干预进一步扩张到私人法律关系，代表着公法对私法领域的不断入侵，公法与私法的界限日益模糊，③ 更是由于经济干预规范的大量出现使经济法成为独立于传统的公法与司法之外的一个崭新的法律部门。④ 需要指出的是，美国在这一过程中扮演的角色十分重要，一方面在国家内部，随着政府干预主义的发展实现了在商事和经济领域的"联邦化"；另一方面，公法对私法的入

---

① 参见杜涛. 国际经济制裁法律问题研究［M］. 北京：法律出版社，2015。
② 同脚注①。
③ 参见李国清. 美国证券法域外管辖权问题研究［M］. 厦门：厦门大学出版社，2008。
④ 同脚注①。

侵最终引发了美国的冲突法革命。

(二) 国家干预主义对"公法""私法"划分和传统冲突法的影响

自19世纪末开始,以商事法为中心的法典化运动在美国如火如荼,如1896年《票据法》(Negotiable Instruments Law)、1906年《统一买卖法》(Uniform Sales Act),发展到1952年的美国统一商法典(Uniform Commercial Code)。如果说商事法的法典化更多的是学术界与实务界自下而上地推动,那么经济管制法(regulations)在20世纪的兴起,则直接体现了国家行政机关对经济的管理和干预。① 以美国《证券法》为例,以纽约证券交易所为代表的美国证券市场的起源可以追溯到1792年5月17日在纽约华尔街68号外签署的梧桐树协议,但证券发行上市以及交易在其诞生后的一百多年时间里仍作为私法的法律关系,直至1911年堪萨斯州率先出台了州证券法即"蓝天法"代表着政府对私法关系的干预②,1929年美国股市大崩盘(the Great Crash)更是直接推动了美国在联邦层面相继出台1933年《证券法》(Securities Act of 1933)和1934年《证券交易法》(Securities Exchange Act of 1934)对全国证券市场进行全面的监管。

美国崇尚自由民主的资本主义,因此在19世纪美国与欧洲的冲突法十分相近,在法律选择问题上,斯托里与德国的萨维尼一样也是一位多边主义者。③ 虽然随着国家干预主义下公法对私法的不断入侵,美国冲突法在理论上已较之传统的冲突法有所不同,但1934年《第一次冲突法重述》仍然奉多边主义为圭臬,④ 然而第二次世界大战后国家干预主义的进一步盛行,政府管制渗透到经济的各个领域,在管制经济领域涉及的民商事法律关系的"私法"性质也因为国家干预和公共利益的介入而发生了改变,导致传统的冲突法必须作出变革以适应这一变化,直接推动了20世纪60年代寻求新型冲突法的美国冲突法革命。⑤ 如柯里的"政府利益"说体现了政府所代表的公共利益对传统私法关系的改变进而影响法律选择方法。在政府干预主义全球盛行的背景下,美国的冲突法革命也影响了欧洲的冲突法理论,如弗朗西斯卡基斯的"直接适用的法"

---

① 参见王泽鉴. 英美法导论,北京:北京大学出版社,2012。
② 参见沈朝晖. 流行的误解:"注册制"与"核准制"辨析 [J]. 证券市场导报,2011 (9)。
③ 参见弗里德里希·K. 荣格. 法律选择与涉外司法 [M]. 霍政欣、徐妮娜译. 北京:北京大学出版社,2007。
④ 同脚注③。
⑤ 参见杜涛. 国际经济制裁法律问题研究 [M]. 北京:法律出版社,2015。

理论更是指出国家对经济的干预制定的具有强制力的法律规范，在调整涉外民商事关系时可以撇开冲突规范而直接适用。①

自进入20世纪90年代至今，一方面经济全球化的内在需求反过来推动了各国在各领域从政府干预导致的"过度监管"（Over-regulation）向着"放松监管"（Deregulation）趋势发展，以凯恩斯为代表的政府干预主义经济学理论又在西方资本主义国家受到批评，私法所代表的私人利益开始逐渐占上风。但另一方面，2000年的美国科技股泡沫、2008年开始的全球金融危机，则导致新一轮的对经济加强管制的趋势，公法所代表的公共利益又开始抬头。值得注意的是，由于全球经济的不确定性导致地方保护主义的抬头，逆全球化的趋势已经显现，在经济领域，法律选择与适用上单边主义的做法更是越发盛行，甚至有了"回归法则区别说"的理论趋势，即关注①本国法律能否适用于域内所有人，②本国法律能否域外适用。②

## 二、《证券法》的"公法"与"私法"属性

### （一）《证券法》与《公司法》的天然关系

与经济相关的法律，如果按照公法和私法的属性，大约可以分为管制性的和市场性的，③ 管制性的法律具有明显的公法属性，通过国家行政机关的强制介入改变了相应的法律关系，如法律关系需行政机关的事前批准方能生效，行政机关作为法律关系的一方享有和履行事中监管的权利和义务，行政机关享有事后处罚相关当事人甚至消灭特定法律关系的权力。而市场性的法律则更具私法属性，其目的主要在于通过明确财产权利、促进交易，从本质上来说是对于经济活动中形成的惯例通过法律的形式予以确定或者进行保护，从而便利于经济活动。

《证券法》的产生实际上是政府为证券市场提供的公共产品，《证券法》作为公共产品的目的在于保护投资者、促进资本流动，而实现这一目的的手段则包括设置证券发行条件、要求强制的信息披露、打击内幕交易和操纵价格等，由于证券法则具有较为明显的管制性属性，因此一般被认为是公法。而颇为有意思的是，《证券法》又被称为《公司法》的姊妹法，虽然《公司法》也

---

① 韩德培. 国际私法新论 [M]. 武汉：武汉大学出版社，2009。
② 参见杜涛. 国际经济制裁法律问题研究 [M]. 北京：法律出版社，2015。
③ 参见王泽鉴. 英美法导论，北京：北京大学出版社，2012。

有大量的强制性规定，但与《证券法》不同，《公司法》一般被认为是市场性的法律而被视为是私法。《公司法》与《证券法》的姊妹关系，一方面体现在《公司法》是《证券法》的基石，《证券法》所保护的投资者的权利正是投资者在《公司法》下的权利。虽然各国对纳入证券法监管的证券的范围有所不同，但最基本的证券是股票和债券，股票所代表的是公司所发行的股份，股票投资者就是公司的股东，债券则代表公司的负债，债券投资者就是公司的债权人，《证券法》所保护的股票投资者和债券投资者的权利，正是源于《公司法》下的股东和债权人的权利。另一方面体现在《证券法》又是《公司法》的衍生，比如当公司向投资者公开发行代表公司股份的股票，股票又在特定的交易所上市交易供其他投资者买卖，股票的发行与交易，由于发行上市行为代表了公司的增资与股份的交易，这既是《证券法》的调整范围，同时也有部分关系又由《公司法》调整。以我国《公司法》为例，也规定了招股说明书、股票承销、股票发行、股份收购、公司发行债券等一系列有关证券发行、上市与交易的事项，与《证券法》相互交叉设置。

虽然《公司法》一般被认为是"私法"，但12世纪至19世纪，公司作为法人是由政府特许而存在的，特许状更多地体现了行政权力的特征，特许公司集民事权利与公共权力于一身，[1] 甚至可以说，此时的公司法是更具经济管制法的特点，"公法"属性更为明显。直到19世纪30~40年代，随着美国康涅狄格州允许大部分产业无须特许即可成立公司，英国也取消了特许，公司只需登记即可，其相应的法律监督也随之"私有化"了。[2] 而对公司的监管，尤其是以公司设立的行政权力介入程度来看，我国《公司法》也经历了与西方国家类似的从特许设立到登记设立的发展历程，1994年《公司法》前，我国对公司都基本采取了批准设立的要求，此时对于公司管理的法律法规更多体现的是对管制性质的"公法"属性。而1994年《公司法》则对有限责任公司采取了登记设立，但对于股份有限公司的设立仍要求"经过国务院授权的部门或者省级人民政府批准"，直到2006年《公司法》方才取消了股份有限公司的批准设立改为登记设立。

当然，在传统的语境下，《公司法》作为典型的商事法律，即便其具有较

---

[1] 参见罗培新. 公司法的合同解释[M]. 北京：北京大学出版社，2004。
[2] 参见王泽鉴. 英美法导论，北京：北京大学出版社，2012。

多的强制性规范，但仍未改变其私法的属性。事实上，政府对于《公司法》的干预和介入，更多的是由于公众公司的所有权与经营权分离，经营权集中在人数较少的管理层中，而所有权则分散在人数极多的股东上，为了防止管理层利用信息优势和权力优势损害公司和股东的利益，需要政府介入以救济作为弱者的投资者，以制约经营层。① 而美国1933年《证券法》和1934年《证券法交易法》正是在这一宗旨和目的下出台的，1933年《证券法》规范证券发行的一级市场，强调证券发行的注册义务和信息披露义务，1934年《证券法交易法》规范的是证券交易的二级市场，更加注重对内幕交易、操作市场行为的打击。可以说，《公司法》的强制性规范更多的是针对公众公司的投资者保护，但由于其传统和仍保留着大量的任意性规范，仍不改变其"私法"的属性。而《证券法》由于是在《公司法》管制公众公司的基础上，直接对公众公司的股票等证券在公开市场的发行与上市进行行政介入，并对发行上市的证券的交易进行严格的监管，因此《证券法》是经济管制法，一般均被认为是"公法"。

（二）证券市场的民商事属性与美国《证券法》的"私法化"

但是在欧美几个主要的证券市场，《证券法》等管制法律作为行政干预的典型法律，并非伴随着证券市场与生俱来。事实上，证券市场诞生时，无论是股票的发行上市抑或公开交易均是传统的民商事法律关系。仍以美国为例，如前所述纽约股票交易所的成立最早能追溯到1792年的"梧桐树协议"，而纽约股票交易所的正式成立则是在1817年。② 截至1910年12月，在纽约股票交易所交易的股票达到233只，这其中也包括了外国公司。③ 虽然在1911年之前，并没有州政府和联邦政府对证券市场的行政介入，但是为了解决潜在投资者面对的信息不对称问题，纽约股票交易所主动承担起市场审查职责，要求申请上市交易的证券在"资本的规模、股东的数量和可追溯的记录"方面严格符合交易所的最低标准，而正是由于执行了严格的审查程序，上市公司在纽约股票交易所的报价成为美国投资者衡量其品质的信号。④ 纽约证券交易所对于发行上市的审查，实际上是典型的市场自律行为，其审查的权力来自契约，或者说是

---

① 参见罗培新. 公司法的合同解释 [M]. 北京：北京大学出版社，2004。
② 参见斯坦利·L. 恩格尔曼，罗伯特·E. 高尔曼. 剑桥美国经济史（第二卷）：漫长的19世纪（下册）[M]. 王珏、李淑清主译，高德步、王珏总译校. 北京：中国人民大学出版社，2018。
③ 同脚注②。
④ 同脚注②。

发行人与其的合意，而并非行政权力的介入。此时，对于证券市场相关法律关系的规范，主要通过《商法》《公司法》等"私法"性质的法律进行规范。①

但到了1911年，由于证券销售经常有很多黑幕，甚至有说法，如果不对证券销售进行管理，那么有一天蓝天也要被人出售，第一部证券法规《蓝天法》（Blue Sky Law）由堪萨斯州率先出台，要求在国内发行和销售任何证券必须先得到国家银行特派员的批准。②随后在经历了1929年美国股市大崩盘（the Great Crash）后，富兰克林·罗斯福联邦政府建立起了一个管制性政府，罗斯福的顾问、哈佛大学法学教授菲利克斯·法兰克福特（Felix Frankfurter）起草了联邦《证券法》，其基本观念就是要求新发行证券的公司强制进行财务信息披露，也即随后国会通过的1933年《证券法》和1934年《证券交易法》，③并授权SEC（美国证券交易委员会）作为执法者和监管者。在发行上市关系中，随着行政权力尤其是联邦政府的介入，过去依靠行业自律管理的证券发行的民商事法律关系逐渐被"公法化"，虽然美国《证券法》所建立的证券发行注册制并非是SEC的行政审核或审批，但是其建立的完全披露的监管标准要求涉及证券投资价值与投资者投资决策判断的所有实质性的信息必须披露，SEC有权对于其认为没有善意遵守1933年《证券法》要求的发行人签发"拒绝令"或"中止令"以拒绝注册。④当然，由于美国作为普通法系在灵活性上的传统，虽然美国《证券法》的立法目的是进行管制，美国联邦政府和SEC也可以据此对违法者进行行政监管、提起刑事诉讼，但美国《证券法》也包含大量的私法内容，不仅私人能依据《证券法》对侵权者提起私人民事诉讼，SEC也能依据《证券法》对违法者提起民事诉讼。⑤同时，随着20世纪80年代以里根政府放松管制的改革下，政府管制也逐渐以市场为导向。⑥此外，美国法院在处理《证券法》属性及《证券法》管辖范围问题上的灵活性，美国《证券法》在某些领域正在被"悄悄地私法化"，甚至足以动摇其作为公

---

① 孙南申，彭岳，周莹. 国际投资法体系下跨国证券投资法律制度［M］. 北京：法律出版社，2016。
② 参见斯坦利·L. 恩格尔曼，罗伯特·E. 高尔曼. 剑桥美国经济史（第三卷）：20世纪（下册）［M］. 蔡挺、张林、李亚菁主译，高德步、王珏总译校. 北京：中国人民大学出版社，2018。
③ 同脚注②。
④ 参见沈朝晖. 流行的误解："注册制"与"核准制"辨析［J］. 证券市场导报，2011（9）。
⑤ 杜涛. 美国证券法域外管辖权：终结还是复活？——评美国联邦最高法院Morrison案及《多德—弗兰克法》第929P（b）条［J］. 国际经济法学刊，2012（4）。
⑥ 同脚注②。

法的基石。① 如在国际证券诉讼案 Sherk v. Alberto-Culver Co.② 中，联邦最高法院肯定了当事人已经事先约定仲裁协议和法律适用条款的强制执行力，从而否决了联邦法院的管辖权。③ 而此后的劳合社（Lloyd's）系列案件，④ 美国法院更是在管辖选择和法律选择条款上更多地出于私人利益而非公共利益开始考虑其他国家证券法在相应法律关系上适用的可能性。⑤ 而之所以美国《证券法》在立法上包含了大量私法性规范，并开始呈现"私法化"的趋势，主要的原因还是在于证券法律关系中除了行政的监管外，更多的仍是平等民商事主体之间私法关系，如发行人与投资银行的股票等证券承销关系，承销商在一级市场与投资者的股票交易关系和二级市场投资者之间的交易关系，发行人与股票投资者之间的公司与股东关系，发行人与证券登记、清算机构的托管与服务关系，均是平等民商事关系，甚至发行人与证券交易所之间的关系也被认为具有很强的民商事关系属性。

当然，美国《证券法》在本质上仍然是公法，尤其是证券注册的强制信息披露以及行政甚至刑事追责，体现了国家管制力量对《证券法》实施的保障。但其在《证券法》中对企业证券发行权利的"商事属性"的保留，以及对投资者民事责任的法律保护，仍体现其"私法化"趋势。

（三）中国《证券法》的"公法"属性

而中国证券市场、《证券法》与美国的发展路径相比并不相似，呈现更浓厚的管制色彩。新中国成立后，计划经济对证券市场最终进行了摒弃，1952年政府宣布关闭所有证券交易所，1956年社会主义改造完成后，股票筹资也基本退出工商企业领域。⑥ 而1978年改革开放以来，我国股票的发行是伴随股份制企业试点改革而来，一般认为1984年上海飞乐音响股份有限公司发行的股票是第一个严格意义上的股票发行，而除了1980—1984年的内部集资阶段是由企业自主决定外，1984—1990年，虽然并无专门的证券监管机构，但股票的发

---

① 参见李国清. 美国证券法域外管辖权问题研究 [M]. 厦门：厦门大学出版社，2008。
② 参见 Sherk v. Alberto-Culver Co., 417 U.S. 506 (1974)。
③ 同脚注①。
④ 劳合社系列案件包括：(1) Roby v. Corporation of Lloyd's, 996 F. 2d 1355 (2d Cir.), cert denied, 510 U.S. 945 (1993); (2) Allen v. Lloyd's of London, 94 F. 3d 923 (4th Cir. 1996); (3) Haynsworth v. Lloyd's of London, 121 F. 3d 956, 961-964 (5th Cir. 1997); (4) Bonny v. The Society of Lloyd's 3 F. 3d 156 (7th Cir. 1993), cert. denied, 510 U.S. 1113 (1994) 等一系列案件。
⑤ 同脚注①。
⑥ 参见马庆泉，吴清. 中国证券史（第一卷）[M]. 北京：中国金融出版社，2009。

行仍有行业归口部门或地方政府审批,并由中国人民银行后期追认。① 可以说,中国证券市场在萌芽时期即受到政府的严格管理,甚至是行政主导下形成的证券市场。而此时我国的证券法规主要是地方政府和人民银行出台颁布,1984 年上海市人民政府的沪府办发〔1984〕58 号文批准中国人民银行上海市分行《关于发行股票的暂行管理办法》,这是改革开放后证券市场的第一个地方性政府规章,前述飞乐音响就是依据该法规发行股票的,而国务院 1987 年下发的国务院〔1987〕22 号文件《国务院关于加强股票、债券管理的通知》则是我国第一次颁布的全国性股票市场法规。②

1990 年 11 月 26 日,经中国人民银行批准上海证券交易所成立,而深圳证券交易所则在 1990 年 12 月 1 日开始试营业并于 1991 年 7 月 3 日经国务院批准正式成立。③ 1991 年,中央政府设立了专门的全国性证券监管机构股票市场办公会议,办事机构设在中国人民银行,1992 年又在此基础上设立国务院证券办公会议,以中国人民银行证券管理办公室为办事机构,这一阶段上市审核仍由地方政府和交易所负责,1992 年,国务院证券委及其监管执行机构中国证监会成立,标志着全国证券市场统一的监管机构产生。④

1993 年颁布的国务院《股票发行与交易管理暂行条例》是我国第一部规范股票发行与交易的法规,对于股票的发行采取审核制度,由国家下发发行规模,由地方政府或中央企业主管部门对企业发行申请进行审批后报送中国证监会。⑤ 而 1993 年由全国人大常委通过并于 1994 年实施的《公司法》,则是中国证券市场第一部位阶最高的法律。《公司法》规定了股份有限公司发行新股的必备条件和上市的条件,规定了股票发行的价格,规定了股份转让必须在交易所进行以及转让的限制,同时还对上市公司的公司治理规范提出了明确要求。更为重要的是,《公司法》规定了申请股票上市(包括境外上市)应由国务院或者国务院授权的证券管理部门批准。此外,《公司法》还规定了公司债券发行的条件及程序。确切地说,1994 年《公司法》中包含了大量关于股票发行与上市的强制性规定,实际上已经成为当时中国的《证券法》,而我国证券市

---

① 马庆泉,吴清. 中国证券史(第一卷)[M]. 北京:中国金融出版社,2009。
② 同脚注①。
③ 同脚注①。
④ 同脚注①。
⑤ 同脚注①。

【法制建设】

场真正根本大法《证券法》虽于1992年即进行起草,但直到1998年方由全国人大常委通过并于1999年实施。1997年国务院将沪深证券交易所统一划归中国证监会管理,1998年国务院证券委撤销,其职能划归中国证监会,同时中国人民银行对证券经营机构的监管职能也划归中国证监会,并将全国各地方政府主管的地方证券主管部门由中国证监会接收,从而基本建立了统一的全国证券监管体制。[①]

纵观中国证券市场发展历史,虽然从过程上也经历了自发产生、交易所管理、地方政府管理并最终形成全国性的证券法规与监管体制,但其内涵与美国证券市场和《证券法》的发展完全不同。在证券市场自发产生阶段,美国证券市场是出于市场需求并根据《商法》《公司法》等私法性法律规范发展,而我国证券市场则是伴随着经济体制改革尤其是股份制改革试点而言,虽然也具有市场内在需求的动力,但在根本上还是依赖于国家改革的宏观管制,早期的股票发行和筹资也是在地方政府和人民银行的管制下进行。而在交易所管理阶段,由于我国沪深交易所的成立也并非如纽约交易所由经纪人等会员单位自发成立,在成立初期其行政机关的属性更浓,而较难被视为民商事主体,此时沪深交易所的管理也很难称得上自律管理。此外,与美国在州和联邦层面两级证券管理体制不同,我国地方政府对证券市场的管理权力在全国统一的监管体系形成过程中逐渐被中央政府所收回。

与美国《证券法》包含了大量的私法性规定不同,我国1999年《证券法》是一部具有极强"公法"色彩的监管法,从对"证券发行、证券交易、上市公司收购"等行为的监管,再到对"证券交易所、证券公司、证券登记结算机构、证券交易服务机构、证券业协会"等对象的监管,最后到明确"证券监督管理机构"的职责、权限等,均体现了对证券市场和参与对象的管制的公法属性。而在"法律责任"中,更是强调相应的行政责任与刑事责任,对于民事责任的规定仅体现在发行人、发行人董监高及证券服务机构的连带赔偿责任等内容上。可以说,我国证券市场自诞生以来就是一个政府管制的市场,而我国1999年《证券法》则是一部典型的"公法"。虽然2006年《证券法》经过较大幅度修正后进一步梳理了监管机构、交易所、发行人和投资者的关系,明确了证券交易所在上市申请的审核权力,但由于对股票发行仍延续了审核制的做

---

① 马庆泉,吴清.中国证券史(第一卷)[M].北京:中国金融出版社,2009。

法，股票发行权利作为一种"特许权"的体现，证券交易所对上市申请的审核流于形式，股票发行上市本身更具公法性质。因此，在注册制改革之前，我国《证券法》仍然是一部典型的公法。

## 三、我国实施股票发行注册制对《证券法》的"私法化"影响

（一）股票发行注册制对政府与市场关系的理顺

自1999年《证券法》颁布以来，对于公开发行证券我国一直实施的是由国务院证券监管部门或国务院授权的部门进行审批的批准制（2005年后改为核准制，但行政审批的本质未发行变化），对于公开发行证券尤其是公开发行股票，进行了严格的准入管制。但随着我国证券市场的不断发展壮大，对于实施股票注册制的改革呼声也越来越高。2016年全国人大常委在《关于授权国务院在实施股票发行注册制改革中调整适用〈中华人民共和国证券法〉有关规定的决定》中，"调整适用《证券法》关于股票公开发行核准制度的有关规定，实行注册制度"，2018年全国人大常委在《关于延长授权国务院在实施股票发行注册制改革中调整适用〈中华人民共和国证券法〉有关规定期限的决定》中将上述调整适用的时间延长至2020年2月29日。2019年1月28日，中国证监会发布《关于在上海证券交易所设立科创板并试点注册制的实施意见》（证监会公告〔2019〕2号），标志着我国股票发行注册制的改革试点通过新设科创板的方式正式开始。随着注册制试点改革的顺利进行，新《证券法》（2020年《证券法》）于2019年12月28日修订并于2020年3月1日起正式实施，并在第九条明确规定了对于证券公开发行实施注册制，"公开发行证券，必须符合法律、行政法规规定的条件，并依法报经国务院证券监督管理机构或者国务院授权的部门注册。未经依法注册，任何单位和个人不得公开发行证券。证券发行注册制的具体范围、实施步骤，由国务院规定。"这一重大改革，标志着注册制将代替行政审批制度，成为我国证券公开发行的基本制度。

尽管目前对于注册制的真正内涵及其与核准制的界限与区别未有学界统一的或者标准的认知，但在注册制和核准制的核心差异在于"政府在出售证券的品质挑选上扮演什么样的角色"，① 即到底是由市场还是由政府来判断证券的价值。注册制的内在逻辑在于，证券发行的权利是自然取得的，无须政府特别授

---

① 参见陈洁. 科创板注册制的实施机制与风险防范［J］. 法学, 2019（1）。

权，其核心是信息披露，行政机关只对注册文件进行形式审核。① 实施上，美国在出台 1933 年《证券法》时，也曾考虑过采用实质审查制度，但最后出于"尽量不干涉公司自由进入资本市场"，同时又最大限度地保护投资者的利益，采用了信息披露为核心的注册制。② 美国在证券发行上采取以信息披露为核心的注册制，主要是基于其对证券市场的目标，SEC 作为执法者其目标就是"保护投资者"和"促进资本形成"，这两个目标不可偏废。若采用实质审查，虽然提高了准入门槛，保护了投资者，但是并没有把资源配置的权力交给市场，并不能有效"促进资本形成"。

具体到我国，证券市场成立之初是为了配合企业产权改革并为国有企业融资，因此在证券市场建立初期，均是采取每年给予一定上市额度的配额制，体现了这一阶段我国证券发行是企业的特许权而非商事权。而随着证券市场为国有企业融资的历史任务的初步完成，通过核准制进行严格的实质审核以保护投资者则成为证券市场的又一主要目标，但核准制仍未解决通过市场实现资源配置最有效的目的，而随着我国经济发展进入新的阶段，对于理顺政府与市场的关系的呼声越发高涨，而以信息披露为核心的注册制则平衡了在保护投资者和资本市场支持国家经济发展的关系。注册制的核心理念便是"在注册制之下发行人享有股票发行权，无须证券监管部门的许可授权""监管部门的审查是为了督促其依法正确地行使权利，而不是阻止或剥夺其行使发行权。"③ 可以说，"核准制下的证券发行权就是特许权，而注册制下的证券发行权是商事权。"④

因此，我国注册制改革进一步理顺了政府和市场的关系，实际上就是在公私之间进行了界限的划分，明确了证券发行是企业的商事权利，行政权力对法律关系的改变体现在强制信息披露的要求以及相应的法律责任上。

（二）2020 年《证券法》股票发行注册制的内容

2020 年《证券法》明确"公开发行证券……报经国务院证券监督管理机构或者国务院授权的部门注册"，虽然"证券发行注册制的具体范围、实施步

---

① 参见李有星，李哲延. 论拟设股票注册制度的不足与完善——基于《证券法（修订草案）》的思考［J］. 证券法苑，2015（15）。
② 参见李海龙，刘沛佩. 证券法发行实质审查法律制度：起源·衍变·启示——围绕美国州"蓝天法"展开［J］. 证券法苑，2015（15）。
③ 参见郭富青. 论我国股票发行注册制改革：理念·制度·环境［J］. 证券法苑，2015（16）。
④ 参见李文莉. 证券发行注册制改革：法理基础与实现路径［J］. 法商研究，2014（5）。

骤，由国务院规定"仍然表明注册制的实施是分阶段分步骤，现阶段仍然是核准制向注册制的过渡时期，但仍对中国证券发行，尤其是为股票发行的注册制指明了方向。2020年《证券法》的注册制改革是在2019年上海证券交易所科创板试点注册制的基础上进行的，其改革的内容主要包括：

在第十二条规定了公司公开发行新股的条件，与过去相比取消了"持续盈利能力"的要求，而以"持续经营能力"取代，基本上取消了发行股票的财务指标要求，而是由证券交易所在其作为自律规范的上市规则中对上市条件予以明确，并在第二十一条中明确证券交易所根据国务院的规定可以审核公开发行证券的申请，判断发行人是否符合发行条件。同时，2020年《证券法》在第二章证券交易中相比旧《证券法》证券上市分散规定，专设第二节证券上市，并且取消了对上市条件、退市条件的具体规定，而是改由证券交易所自行规定，在实质上赋予了证券交易所对上市、终止上市的审核权利。

这在法律关系上体现为行政机关对交易所在发行审核上的授权，交易所行使发行审核的权力来自行政授权，由于发行上市行为本身是由发行行为和上市行为两部分构成，对于公开发行的审核权力由行政机关授权，而交易所对上市的自律监管在2006年《证券法》中已有所体现，在2020年《证券法》中又进一步明确。同时，由于交易所在上市条件上的自律规定，是在《证券法》和证监会关于公开发行股票条件的基础上，进一步根据市场化的需求设置了细化的上市条件，比如在对"持续经营能力"的发行条件上，以上海证券交易所科创板为例，在上市条件上分别设置了5套相应的财务指标，以作为对"持续经营能力"的上市条件的门槛要求，实际上上市条件是在发行条件基础上的细化和市场化的优中选优，因此《证券法》对发行审核的权力下放给证券交易所，本质上是通过证券交易所的管理行为来理顺政府和市场的关系，这也是注册制改革的实质。

当然，在减少对股票发行行政管制的同时，2020年《证券法》新增信息披露专章，体现了我国的注册制是以信息披露为核心的特点。在赋予公司发行证券的商事权利的同时，以行政力量强制信息披露义务，通过信息披露制度作为公共产品的提供，从而保护市场参与者。2020年《证券法》进一步扩大和细化了强制披露的信息范围，同时也扩大了信息披露义务人的范围，更重要的是，进一步明确了信息披露的民事责任，在第八十五条中对于"信息披露资料存在虚假记载、误导性陈述或者重大遗漏，致使投资者在证券交易中遭受损失的,信息披露义务人应当承担赔偿责任",相比于旧《证券法》仅仅强调发行人和上市公司作为信息披露义务主体承担赔偿责任,实现了权责向真正义务人的归位,同时第八十五条还进一步明确了"发行人的控股股东、实际控制人、董事、监事、高级管理人员和其他直接责任人员以及保荐人、承销的证券公司及其直接责任人员,应当与发行人承担连带赔偿责任",在扩大了连带赔偿责任的主体范围的同时,也摆正了主体责任与连带责任的关系。

股票发行的注册制代替过去的核准制,体现了股票发行上市在一定程度上"私法化"的改变,即还原了发行上市的商事权利本质。在核准制或者审批制下,股票发行与上市是一个典型的行政管制下的许可行为,证券执法机构作为行政部门,代表国家行政力量直接对股票的发行与上市进行干预。其中,对于首次公开发行股票并上市的行政干预的内容包括:

(1)实质审核,即价值判断的行政干预。除了在发行条件设置明确的门槛外,证监会仍会根据市场情况、政策情况等实施严格的实质审核,通过对申请的发行人优中选优的选拔,来达到实质审核的目的,从而确保发行人的质量。

(2)价格管制。对发行的价格进行严格的管制,价格并不能完全反映价值和供需关系。出于维护二级市场和为中小股东让利的目的,证监会对股票发行价格进行了较为严格的管制,虽然也在2010—2015年进行过市场化发行的改革,但最终仍回到行政指导和干预发行价格的老路,直接通过窗口指导的方式限制了发行价格不超过市盈率23倍。

(3)供给管制。对发行的时间、节奏和市场整体发行规模进行行政管控。发行批文的下放仍然存在人为调节节奏的情况,同时尽管发行批文有效期12个月,但发行人对发行时间并没有太多的选择权,无法根据市场行情好坏自主选择发行窗口期。应该说,在核准制下,股票发行与上市是典型的被管制的行为,行政干预也扭曲了市场化的关系。

而在注册制下,对于股票发行与上市的行政干预则大幅弱化,注册制本身就在于理顺政府与市场的关系,加强市场本身的选择和调节作用。仍以首次公开发行相比:(1)对于股票发行上市申请的承担起实质审核工作的单位从作为行政执法机构的中国证监会改变为自律管理的证券交易所,中国证监会只履行对证券的注册管理职责(注册管理也起到对交易所审核的监督和把关作用),且中国证监会在注册管理中的问询不再直接下发给发行人,而是由交易所代为转发。(2)《证券法》和证监会的行政法规规定了原则性、纲领性的发行条件，但对更为细化和市场化的上市条件则由证券交易所以自律规则方式依行政授权进行。（3）在发行价格、发行节奏上不再进行行政干预，而是交由市场决定。

可见2020年《证券法》注册制改革的核心内容仍然是理顺政府和市场的关系，在赋予证券交易所自律管理更大的权利的同时，也将一线监管的职责交由证券交易所承担。

（三）《证券法》的"私法化"特征

最重要的是，股票发行从核准制转变为注册制，将过去发行人和中国证监会这一行政管理的关系改变为发行人和证券交易所这一自律管理关系，而这一自律管理关系虽然源自行政授权，但也同时兼具了民商事法律关系的属性。

在证券市场发展初期，证券交易所一度代表了行政权力对证券市场进行了行政监管，但是在2005年《证券法》修订时，第一次以国家立法的形式将证券交易所的管理性质定位为"自律管理"，并将上市、暂停上市和终止上市审核的权利由"行政管理权"还原为"自律管理权"从而交还证券交易所行使。[①] 证券交易所作为市场主体，其自律管理权是其作为私法主体的固有权利，法律所规定的自律管理权更多的是对这一固有权利的确认，证券交易所权力中直接来源于立法授权的较少，更多的是来源于基于市场参与者同意和让渡所取得的权力，属于私权力的性质。[②] 但在审批制或核准制下，由于证监会对于股票发行的实质审核，导致实践中证券交易所出于吸引企业上市和减少审核资源的目的，对于公司股票上市的审核流于形式，证券交易所并未真正掌握企业上市审核的自律管理权。但在股票发行注册制下，证监会对股票发行履行注册职责，大幅减少行政干预，证券交易所则承担起上市审核的实质自律管理权，虽然可能在注册制改革过程中对于上市审核的程序、内容和中国证监会的过去的审核有一定的相似性，但在本质上，证券交易所是作为自律管理机构进行的审核，虽然自律管理部分权力来自行政授权，但这与审批制或核准制下的行政机构的审核在法律关系上具有本质的区别。

更重要的是，在理论上，就企业在证券交易所上市行为来说，其与证券交易所的关系是建立在上市协议上的，这一协议是私法形式的，表明双方在取得

---

① 参见卢文道. 证券交易所及其自律管理行为性质的法理分析 [J]. 证券法苑，2011（2）。
② 同脚注①。

【法制建设】

监管权力和自愿接受管理的合意，双方的法律关系"大体可以归入民事法律关系"。① 然而，在审批制或核准制下，"证券交易所对于上市协议的内容也不享有实质权力"，"如此在上市协议背弃契约自由基本原则的情况下，证券交易所基于上市协议的对上市企业监管权的自治性、自律性"是存疑的。② 而股票发行注册制则将证券交易所与企业之间民事法律关系的"应然"状态逐渐变为"实然"。一方面，注册制下证券交易所享有对上市申请的实质审核权力；另一方面，注册制下将上市发行条件、信息披露等规则制定权由行政机关授权给证券交易所，因此相比审批制或核准制，证券交易所至少具有了更多的自治性和自律性，因此，注册制也在证券交易所与企业法律关系上注入了一定的"私法"属性。

当然，即便在注册制下，股票发行与上市仍具有"公法"的属性，这不仅体现在中国证监会等行政机构对交易所发行审核的行政授权以及在注册管理环节的整体把关上，更多的还体现在《证券法》以及执法机关、司法机关对于证券交易所行使自律管理权力的"公法"保障和强制执行，而并非仅仅是私法性质的追究违约责任。不过与审核制及核准制下股票发行上市法律关系相比，注册制下股票发行与上市的法律关系显然具有一定的"私法"属性。

此外，注册制对2020年《证券法》的影响体现在完善民事追责体系上的投资者保护机制上，在注册制改革背景下，民事责任成为《证券法》的重要组成部分。除了在新设的信息披露专章中强调了信息披露各义务人的民事赔偿责任，并进一步明确了信息披露的赔偿责任与连带责任之外，2020年《证券法》更是新设专章投资者保护，重点通过民事赔偿机制的完善和创新，以落实对投资者的保护，进而落实证券法的"私人实施"。相比于旧《证券法》仅第七十六条、第七十七条规定证券内幕交易和操纵证券市场等行为应当承担民事赔偿责任，按照侵权行为进行处理，但此类侵权责任的具体认定和承担，不能直接适用《证券法》，而是适用我国的《侵权责任法》等内容，2020年《证券法》在民事赔偿责任上，除了进一步明确了上市公司、发行人、上市公司控股股东及实际控制人、上市公司董事、监事、高级管理人员对投资者在相应行为与事项上的赔偿责任外，以立法形式明确建立了新型的民事责任赔偿机制，如第九

---

① 参见卢文道. 证券交易所及其自律管理行为性质的法理分析 [J]. 证券法苑，2011（2）。
② 同脚注①。

十三条规定的连带责任主体的先行赔付机制、第九十四条规定的投资者保护机构的公益诉讼机制、第九十五条在证券侵权领域首次引入的中国特色集体诉讼机制。

可以说,新《证券法》"立足投资者作为市场主体兼具投资者和证券交易者双重身份的特性,建构了以投资者权利为本位的规范架构与思维范式",[①] 实际上,正是由于注册制改革,已经将过去《证券法》作为一部纯粹的监管"公法",转变为兼顾民事权利与民事责任的带有一定"私法"属性的立法。

---

① 参见陈洁.新证券法投资者保护制度的三大"中国特色"[N].中国证券报,2020-03-14。

# 金融科技

# 数字证券的发行与信息披露制度

皮六一 薛中文[*]

**摘 要:** 伴随数字经济的兴起,数字证券逐步进入大众视野,其规模逐步扩大、种类也日趋多样,发行方式也更加灵活,成为很多初创科技企业的融资方式,数字证券具有区别于传统证券的独有特点,尚无体系化的监管框架,在促进资本形成、提升资本市场效率的同时,也面临信息披露不充分、质量良莠不齐、投资者保护措施不到位、风险事件频发等合规问题。信息披露制度是资本市场健康发展的制度基石,是维护投资者知情权的重要保障,本文将关注数字证券发行的特征、风险,探索数字证券发行的监管方法,并就构建数字证券信息披露制度提出可行方案。

**关键词:** 数字证券 发行 风险 信息披露

## 一、数字证券的发行

### (一) 数字证券的链上发行原理

数字证券 (Digital Security),是指纳入现行证券监管框架的、依托于区块链技术的证券品种。数字证券采用的发行模式与首次代币发行 (Initial Coin Offering, ICO) 相同,但发行标的被严格划入证券的范畴,适用证券的监管框架,既能保证融资的快捷有效,还能保护投资者的合法权益不受侵害。

数字证券本质上是实物资产、收益流或效用权利的证券化。数字证券的来

---

[*] 皮六一,任职于中国证监会市场监管一部;薛中文,任职于中国证券登记结算有限责任公司北京分公司投资者业务部。

源主要分为两种：一是现实的资产、收益流、效用权利的映射，其物权或使用权来源于现实世界的存量资产，更多的是一种现实存量资产的区块链表达，如区块链上发行的公司股权等。二是通过分布式记账技术的激励机制，如工作量证明（Proof of Work）① 等方式挖矿产生的增量资产。二者都纳入数字证券的发行范畴。例如，全球首家获 SEC 批准的数字证券项目 Blockstack 在 2020 年引入了新的挖矿机制，据估算至 2050 年所有 Blockstack 数字证券供给中将有至少 7 亿份证券来源于挖矿②。实践中，第一类数字证券多为资产类数字证券，这类数字证券依托于存量资产，由于存量资产在发行伊始总量是固定的，增发会导致对存量资产的稀释，一般通过半中心化的许可链的方式，指定特定的节点对系统的转让进行记账，这类资产可套用传统的证券监管方法。第二类挖矿产生的增量资产一般存在于去中心化的系统中，由于不存在事先确定的指定记账节点，为了对全系统的数字证券转让进行记账，就需要对潜在的记账节点有一定的激励机制，挖矿就是一种争夺记账权的过程，对应的奖励就是增量数字证券，这种增量数字证券有其独有的特点，需要探索新的监管方法。

数字证券可以在区块链上进行登记、转让、监测、识别，相关记录保存在区块链上，不能篡改，区块链就是一个数据库。用于发行数字证券的区块链设计复杂，根据具体应用场景的需求，还内嵌了可以按照预先设定的流程自动执行的智能合约（Smart Contract）。例如，个人可以通过以太坊（Ethereum）直接投资公司发行的数字证券，投资者在钱包内存入固定的资金，智能合约会按照授权自动认购等额的数字证券，认购数字证券的过程和通过账户认购传统证券的过程十分类似。

（二）数字证券市场的发展情况

随着区块链被广为接受，数字证券获得了长足的发展。从规模上来看，2017 年，世界范围内产生了 435 个首次发行项目，募集资金高达 56 亿美元③。2018 年的第一季度，首次代币发行市场的规模是股票首次公开发行（Initial

---

① 工作量证明（Proof-of-Work, PoW）是一种对应服务与资源滥用，或是阻断服务攻击的经济对策。一般是要求用户进行一些耗时适当的复杂运算，并且答案能被服务方快速验算，以此耗用的时间、设备与能源作为担保成本，以确保服务与资源是被真正的需求所使用。
② 参见 Blockstack. 代币经济白皮书 [EB/OL]. https://blog.blockstack.org/stacks-token-economics-whitepaper/.
③ 参见 2018 年第一季度 CoinGecko 的《加密货币季度报告》第 15 页，https://assets.coingecko.com/reports/Q1-2018-Cryptocurrency-Report-by-CoinGecko-large.pdf。

Public Offering，IPO）市场规模的 40%，是风险投资市场的 30%①。从数字证券的底层资产来看，资产种类逐步多样化：房地产、私募股权、债权、基金等均可以作为数字证券的标的。例如，在收益流数字化方面，著名的食品品牌富客（Fat Brands）在以太坊上将其旗下 8 个品牌的 400 家快餐连锁店的特许经营收入进行了全产业数字证券化（Whole Business Securitization），募集资金约 4000 万美元②。另外，从数字证券市场产业生态来看，已经形成了发行、交易、托管、信息服务等较为完备的全产业链条。例如，在数字证券的托管方面，已经形成了交易所钱包、硬件钱包、软件钱包、第三方托管解决方案等托管形式，上述托管形式在托管安全性、访问准入数量、服务对象等方面业已形成各自的细分用户，比较著名的托管解决方案服务商如 Coinbase Custody、Bakkt 等，它们通过对数字资产钱包密钥管理设立一定的程序规则，可以允许多人同时访问数字证券。在数字证券交易方面，已经形成 Openfinance、Coinlist 等交易所，可以提供类似传统的交易所的订单簿和撮合服务。

（三）数字证券的发行方式及风险

1. 数字证券的发行流程

数字证券的发行流程分为两个阶段：预售（Presale）和众销（Crowdsale）。预售阶段先于众销阶段，一般会设定发行价格的上下限，并向参与者提供一定比例的折扣或其他福利。预售参与者多是认证投资者（Accredited Investor），认购金额占总融资额的 60% ~ 80%，也有公司明确预售不面向普通公众。数字证券发行的结构主要取决于所参照发行的上位监管条例。例如，根据美国《1933 年证券法》（Securities Act of 1933）的 D 条例（Regulation D），证券的发行注册豁免的要求：发行对象须为认证投资者和不超过 35 位非认证投资者；S 条例（Regulation S）要求发行对象均为境外投资者。SEC 批准的数字证券项目 Blockstack，分别按照美国 D 条例、S 条例、A 条例发行了数字证券，其锚定对象各有不同③。发行人预售募集到部分以太币、比特币等主流数字货币后，白皮书中所承诺的募集资金项目工作即可开展。数字证券的预售采取的具体法律

---

① 参见 Caitlin Long. 机构投资者需要知道的关于加密资产的 6 个事实［EB/OL］. https：//caitlin-long. com/2018/04/24/6-facts-institutional-investors-should-know-about-crypto/。
② 参见本次发行的评级机构晨星评级的预售报告。
③ 参见 Blockstack 在美国证监会的备案文件，https：//www. sec. gov/Archives/edgar/data/1719379/000110465919029828/a18-15736_ 1partiiandiii. htm。

形式多样，比如一些开发者会建立一只离岸非盈利基金，参与预售的投资者向该基金预付的资金款会被包装成"捐赠款"，以此来规避境内对证券、资金管制的相关监管等。目前，较受关注的一种法律形式是《未来代币简单协议》（*Simple Agreement for Future Tokens*）①，规定投资者可以获得未来数字证券发行的认购权。未来协议一般在开发者发布了白皮书后，再与认购者签订，其目标群体一般是认证投资者。未来协议的概念脱胎于《未来股权简单协议》（*Simple Agreement For Future Equity，SAFE*）的概念，SAFE主要为处于初创阶段的企业提供一种简便、快捷、成本低的融资渠道。未来代币简单协议（以下简称未来协议）与SAFE类似，是效用类代币预售阶段发行人与认购者签订的投资协议，约定内容主要包括：一是认购者认购折扣比率、资金金额，这是未来协议中最核心的要素。二是约定发行人与认购人之间的相关权利与义务关系。例如，发行人交付代币的责任、对代币性质的界定、是否存在最惠待遇（Most-favored-Nation，MFN）、增发后对原有认购者的待遇修订、在项目终止时的应对措施等，未来协议后来逐步发展成为效用类代币预售的范式之一。

未来协议只针对效用类代币的预售，在预售阶段，效用类代币还不具有相应的功能效用特点，因此该阶段也被称为准功能性代币（Pre-functional Utility Tokens）。在效用类代币达到既定的功能后，一份未来协议可以按照约定转换为既定数量的代币，因此未来协议也具有一定的可转换投资工具的属性。在美国，有观点认为，效用类代币在性质认定时分为两个阶段：一是代币未达到既定的功能的阶段。该阶段代币还没有发行，未来协议的实际价值完全取决于代币开发者，使代币达到预定功能所付出的努力，根据豪威测试的相关要求，在这个阶段未来协议一般会被认定为证券，因此需要接受相关证券法规的约束。二是代币达到既定功能的阶段。在该阶段未来协议已经直接转换成为具有一定功能的代币。代币的价值已经不再取决于开发者的努力，而是取决于复杂多样的市场因素，如市场供求等，所以很难找到豪威测试中"具有毋庸置疑对代币价值起到决定性作用的第三方"，从而代币不能划归证券进行监管，相应的，其功能性作用使其具有一定的消费属性，因此应当受到消费者保护法规的约束。未来协议的意义就在于将效用类代币的生命周期人为划分为两个阶段，第

---

① 2017年10月2日，协议实验室（Procotol Lab）和科律律师事务所（CooLey LLP）发布了白皮书《SAFT项目：合规的代币销售框架》（*SAFT Project: Toward a Compliant Token Sale Framework*），提出了一种符合美国的证券法律的新的框架，即未来协议，主要用于ICO预售。

一阶段适用证券法规,第二阶段适用相关的消费者保护规定,从而提供了一种快捷、成本低的合规框架。未来协议的首要优势在于,厘清了《证券法》和《投资者保护法》的权力边界,也是对数字证券进行监管的"合同法"(效用类代币在达到既定功能后属于消费品,受到相关合同法规制)和"纳入证券规制"(效用类代币在达到既定功能前属于证券,受到证券法规的规制)的一个很好的结合范例。目前,未来协议作为一种融资方式,还没有被监管者、税务机关等承认。此外,将已经达到既定功能的代币不再视为证券的观点也存在一定的争议,因为有观点认为,在代币达到既定功能后,还会存在二次升级,开发者的努力仍然会对代币的价值产生至关重要的影响,因此仍然应当纳入证券进行监管。

众销,即向普通公众的公开发行。有些发行人并没有设置预售阶段,而是直接进入众销阶段。众销阶段的数字证券面向所有的普通投资者发行,从世界各国的相关证券监管法规来看,在大部分监管辖区,众销阶段的发行人可以在公众媒体上公开推介和招揽投资者,投资者也不受数量和资格的制约。

2. 数字证券发行中可能的风险

数字证券发行面临的风险较多,除传统的证券发行风险外,还有很多特有的关于数字证券的发行风险,区块链和加密技术方面,如共识机制不及预期、区块链硬分叉产生替代证券等风险;项目发展方面,如区块链项目获客数不高,市场前景低迷等风险;由于区块链是一种新兴事物,发展不确定性较高,法律方面可能监管适应性不足,项目发展违反现存法规等。具体不限于如下几个方面:

(1) 募集资金风险。一是募集的资金存在汇率波动风险。数字证券发行募集资金接受的币种通常是一些主流的数字货币,如比特币或者以太币等,一般不是法币,这一点与传统的融资方法不同。投资者需要提前预估并确定数字货币汇率,在数字证券发行过程中以及项目的发展过程中可能会浮动。二是募集资金成本风险。投资者还可能面临较高的数字货币兑换成本。当投资者集中兑换数字货币时,数字货币价格和交易费用也会水涨船高。2017年3月,在BAT代币发行过程中,一位参与者以太币的兑换费用高达2210美元[①]。三是募集资

---

① 参见 Joseph Young. 早期对冲基金的 ICO 投资乱相 [EB/OL]. http://www.ccn.com/hedge-funds-investing-early-in-icos-is-abusive-cryptocurrency-investor/。

金金额风险。数字证券发行所募集的资金有最低金额限制，也有最高额度限制。最低金额被称为募集金额的"软顶"（Soft Cap），一般代表着未来项目运营的最低成本，如果募集期满后募集资金没有达到软顶，则募集项目失败（Finalization），资金将会退回给投资者，与之对应募集的最高金额称为硬顶（Hard Cap），触及硬顶时表示已经募集到所需资金上限，募集活动将会自动结束，所募集资金将用于项目的开发与运营。据测算，2018年4月，每十个初始发行项目中就有7个募集终结项目①。在现有的监管框架中，尚无明确规定项目没能落地将会有什么样的措施、如何确保开发人员履行对数字证券持有者的责任等。

（2）项目发展风险。募集项目多建立在区块链上的，运营模式与传统模式不同，区块链技术也面临着一些可扩展性难题，项目的成功与否很难判断。例如，在智能合约方面，成立于2016年3月30日的去中心化组织"the DAO"，在28天的资金募集窗口结束时，从逾11000个投资者处募集了超过1.5亿美元的资金，成为当时最大规模的募集项目。该项目在众销阶段已有投资者提出DAO存在底层代码漏洞，但是未引起足够重视，7月中旬，黑客利用代码漏洞窃取了360万美元的以太币，以太币价格从20美元跌落至13美元，这个项目宣告失败。SEC对项目开展了调查②，认为"the DAO"项目发行的代币属于证券的范畴，应当纳入证券进行监管。同时，由于以太坊节点对黑客窃取资金行为的合法性存在争议，现有的以太坊共识无法达成，也造成以太坊分叉为以太币（ETH）和以太币经典（ETC）两种币种。再如，在区块链项目运营方面，数字证券项目Blockstack提出了新兴的星际文件系统（InterPlanetary File System，IPFS），用户的数据不再存放在服务提供商的服务器上，用户可以进行点对点的区块链上的数据交互，在这种情况下，由于App运营方不再可以获得用户数据，利用传统的大数据用户画像进行广告的精准投放功能将不再适用，这将会对服务提供商的获客和日常运营产生一定的影响。

（3）标的数字证券合规风险。运行在区块链上的数字证券从具体形式上来看，是一种新的证券形式，有其独有的特征，可能难以适应现有的证券法规。

---

① 数据来源：Tokendata，https：//research.tokendata.io/2018/05/03/weighing-in-the-heavyweight-contenders/。

② 参见《调查情况见美国证监会调查报告》，https：//www.sec.gov/litigation/investreport/34-81207.pdf。

一是证券行为上,数字证券具有其特有的证券行为。例如,新获批的 Blockstack 发行的数字证券,本质上是一种效用类代币,根据美国《1934 年证券交易法》(Securities Exchange Act of 1934)的 M 条例(Regulation M)①,为了避免市场操纵行为,禁止证券发行人同时进行证券的出售和购买行为,但是 Blockstack 发行的数字证券有一种特有的情景设定,即用户可以"燃烧"数字证券来支付相关的交易费用,燃烧方法是将该数字证券发送到发行人指定的地址进行注销,由于该地址是发行人的,该行为可能会被认定为发行人从客户处购买数字证券行为,如果此时伴随发行人出售数字证券,有可能会被 M 条例认定为市场操纵。但是在该例子中,发行人指定的地址在区块链上被称为"黑洞地址"(Blackhole Address),没有人能够访问,转让到该地址的证券完全退出流通,并非是发行人同时进行了买和卖两种行为,所以在具体法律解释适用上存在一定的合规风险②。二是证券性质上,目前美国证监会采用"豪威测试"(Howey Test)来判断某发行代币品种是否符合证券的标准,但是 2019 年 4 月,SEC 发布了《数字资产的投资合约分析框架》(Framework for Investment Contract Analysis of Digital Assets)③,将数字资产的中心化程度作为是否构成证券的一大考量标准,伴随数字证券去中心化程度的提高,可能在某一时点其将不再满足证券的标准,从而也不会继续披露相关的信息要素,现有证券法规下的投资者保护措施将不再适用于数字证券。

3. 数字证券的发行分配

(1) 数字证券的发行数量

数字证券的发行数量一般是写入底层代码的,从现有的发行数量模式来看,主要有两种:一是在发行时即确定总的发行数量,并承诺永不增发。比特币是采用这种机制的一个典型的例子,共产生 2100 万枚比特币。很多数字证券效仿比特币的发行方法,将总发行数量在发行时即确定。这种方法会产生"通缩效应",这种情况也有其固有的缺陷,如通缩效应明显,助长投机之风。没有增发的机会也意味着初创企业需要将项目所有的资金一次性募集到位,缺

---

① M 条例(Regulation M)是美国证监会(SEC)在 1996 年采用的,用于处理不同主体证券交易行为的监管规定。它主要规定了五类主体的行为,规制行为包括价格操作、买卖时机等。

② 参见 Blockstack 在美国证监会的备案文件,https://www.sec.gov/Archives/edgar/data/1719379/000110465919029828/a18-15736_1partiiandiii.htm。

③ 参见 https://www.sec.gov/corpfin/framework-investment-contract-analysis-digital-assets。

乏合理性。二是规定按照一定的比例进行定期的增发和注销。这种方法允许区块链网络的日常运行可以消耗一定的数字证券，如瑞波币（XRP）的每次交易都会燃烧掉一小部分的供给量；MakerDao 的智能合约的执行都会燃烧掉一部分的 MKR 代币；币安交易所每季度也会故意燃烧掉其盈利一定比例的代币。数字证券会根据燃烧的比例做定期的增发，以维持整个网络数字证券供给的稳定。例如，Blockstack 设定了一个数字证券增发规则：

$$Supply = \begin{cases} min+Burn, & (min+Burn \leq max) \\ max, & (min+Burn \geq max) \end{cases}$$

即设定一个时期内一个最小的增发量 min 和一个最大的增发量 max，并考虑网络内的平均燃烧量 Burn，如果最小增发量加上燃烧量大于最大增发量，则按照最大增发量增发，反之则按照最小增发两和燃烧量的和增发。这种做法考虑了网络中燃烧的数字证券，增发后确保总体数字证券供应的稳定①。上述两种发行数量设定都较为常见，有观点认为，理想的发行分配方式应该是：一是总量无须恒定，定期增发。二是总量恒定但是并非一次性将数字证券出售殆尽，因为这样可能会导致初始股权的贱卖，应当留存有库存数字证券以待日后增值或推广用。

（2）数字证券的发行分配

数字证券发行后的分配一般会考虑诸多因素，如回报早期投资者、用于员工激励、长期储备、管理层持有、市场推广等。经验数据来看，市场上一般的数字证券发行后 10%~20% 会留给开发或管理团队，10%~20% 留给数字证券的发展基金会，30%~60% 用于公开销售。以 Blockstack 项目为例，2018 年 10 月产生了创世区块（Genesis Block），出块产生的数字证券共计 13.2 亿元，其中 20% 分配给了创始人和股东、5% 用于员工激励、40% 对外发售，其他用于推广、长期储备等。

（四）数字证券发行与传统融资方式的比较

传统的融资方式，如风险投资、首次公开发行、众筹等与数字证券发行有类似的地方，有观点认为数字证券发行也只是众筹行为的区块链形式。目前还没有经验证据表明企业偏好数字证券发行的原因，我们仅从功能、财务、监管

---

① 参见 Blockstack. 代币经济白皮书 [EB/OL]. https://blog.blockstack.org/stacks-token-economics-whitepaper/。

等角度，分析各类融资方式的异同，数字证券发行的优势可窥一斑，如表1所示。

表1　数字证券发行与其他融资方式的比较

| | IPO | 众筹 | 风险投资 | 数字证券发行 |
|---|---|---|---|---|
| 监管合规水平 | IPO在各个监管辖区受到严格监管，一般由证券监管部门履行监管职责，IPO一般需要一个或多个承销方和律所介入 | 众筹在大部分监管辖区都是不受监管的。在美国、英国和一些欧洲大陆国家，众筹受到监管。拉美的一些国家近年来也开始逐步推进众筹立法（如墨西哥、阿根廷、哥伦比亚等） | 风险投资也受到私募证券投资等类似形式同等标准的监管。此外，私募股权企业也需要在监管机构处注册，且履行必要的报告责任 | 纳入证券监管框架。区块链运营的相关经验是数字证券发行准入的必要门槛 |
| 募集资本约束 | 没有约束 | 在几乎所有的监管辖区内，众筹的募集资金有封顶约束 | 投资额上没有约束，但是风险投资基金有存续期限 | 没有约束 |
| 投资者 | 机构投资者和散户都可以参与 | 面向公众募集，很多并不是专业或机构投资者。然而，众筹一般会通过一个中介平台，且会向发行方征收一定的费用 | 风险资金所有者一般具有管理、技术专业背景，或拥有资金优势。风险资本的管理者通常是一个风险管理公司，会雇用具有技术、商业背景或业内的资深专家 | 投资者包括机构投资者和散户 |
| 披露要求 | IPO需要发售说明书，内容和格式均有制式化要求 | 需要通过众筹平台披露一些必要的信息 | 风险资本需要对自己的投资者负责，这作为一种激励因素使得其严格监控其每项投资 | 白皮书内容不受监管，没有制式要求 |

续表

| | IPO | 众筹 | 风险投资 | 数字证券发行 |
|---|---|---|---|---|
| 二级市场 | 证券一旦发行，将会在证券交易所流通 | 私下持有，没有二级市场流通渠道 | 有固定的存续期限 | 根据种类的不同，有些是存在二级市场的，有些完全没有二级市场 |
| 定价 | IPO有不同的定价方式：固定价格、荷兰式拍卖、累计投标询价（Book-building）等 | 众筹平台负责项目的估值和定价，平台就是监管方 | 作为1~2年的创始公司的融资回报，风险资本一般会要求五年十倍的回报率 | 发行方定价，通常较为主观。数字证券的发行的机制允许认购者竞购，竞购模式下可以充分揭示每个消费者意愿价值，发行方事前是不知晓的 |
| 标的 | 股票 | 股权或债权类证券 | 股权 | 可以是股权类或债权类，取决于数字证券的结构和特点 |
| 责任 | 发行方、律所和承销商对发售说明书的误导性陈述、重大纰漏负责 | 融资端口或平台受到证券监管机构的监管要求制约 | 风险资本对其投资者负责 | 视作证券发行，除传统的责任方外，还包括区块链开发者等 |

## 二、对数字证券发行的监管

数字证券的定义目前还比较模糊，适用法律还存在一定的争议。世界范围内还未形成关于数字证券发行的统一的监管框架，从监管实践上来看，可以分为《合同法》、禁止令、纳入证券三种模式。

### （一）《合同法》

1. 监管方法。所谓《合同法》，即任何数字证券发行活动参照《合同法》进行制约，不受传统的证券法律制约。在立法设计上，根据不同国家对"证券"定义的方式不同，具体划分为两种情形：一是通过列举法对证券进行定义的情况下，贯彻《合同法》仅需针对数字证券进行新的立法规范。例如，在新加坡，证券没有一个功能性定义，仅仅提供了一个清单①，凡是在清单内的都是证券。在这种情况下，合同法很容易实现，因为新兴的数字证券不包含在传统的证券清单中，数字证券的发行也不受现有的适用于清单中品种的证券法规的制约，监管者仅需针对数字证券做专门的立法即可，无须考虑与传统证券相关立法的冲突。二是对证券做功能性定义的情况下，由于数字证券多会落入证券的功能性定义中，如果要采用《合同法》对新兴的数字证券进行监管的话，需要面临的是证券监管法规与《合同法》的冲突问题。这种情况下需要监管者促进新的立法，规定经济内涵重于法律形式，虽然数字证券符合证券的定义，但是不受证券法规的制约，也可以对现有的证券定义进行修改，剔除数字证券的适用。在这种方法下，数字证券发行活动将仅受《合同法》的制约。

2. 优劣势分析。《合同法》的优势在于降低了数字证券发行的监管成本，因此数字证券的发行活动会成为相对具有吸引力的融资途径。然而，它也会引发一定的问题。第一，这种方法没有提供公平竞争的环境，与数字证券功能类似的金融工具却受到不同的监管框架的约束，意味着新的立法对其他金融工具进行了歧视性对待，与数字证券功能相似的证券将会面临传统证券法下高标准的监管，而数字证券的发行人所承担的监管成本却相对较低。第二，这种方法对投资者来说也存在一定的风险。一方面，由于《合同法》没有规定法定信息披露要求，发行人可以自主决定向投资者披露的内容和方式，所以可能存在避重就轻，仅披露有利信息，故意遗漏重大信息的情况。另一方面，缺乏必要的可比性披露也会使各数字证券项目之间的横向对比变得更加困难，鉴别出可信的、能够产生持续价值的、为投资者提供更高水平的保护的项目的成本将会变得更高。而且，如果数字证券不适用证券法规，那么投资者也将不再受到《证券法》的保护，因此，对投资者的保护也应当转移给其他强有力的监管主体，如消费者保护协会等，否则投资者面临的保护水平将会显著地降低。

（二）禁止令

禁止令方法明令禁止数字证券发行活动。具体有三种形式：一是禁止所有形式的数字证券发行，如韩国。全面禁止数字证券发行的原因有很多，比如监管者认为数字证券的发行风险大于收益，在没有很好的监管框架时，不允许开

---

① 该清单列举了股票、债券等传统的典型投资工具种类。

展数字证券发行活动。数字证券发行可能会对一国的经济和金融政策产生负面的影响：数字证券在发行过程中，申购资金将会被冻结，在总投资和消费保持不变的情况下，流通的货币供给减少了，政府可能会失去经济和金融政策的控制权。但是，完全禁止的监管做法也招致了很多质疑，有观点认为潜在的欺诈风险或对金融或经济政策的负面影响完全存在更好的解决办法。

二是仅禁止特定群体参与数字证券发行。比如，由于数字证券发行市场高度的信息不对称特点，监管者可能会禁止散户参与；也可能禁止具有系统重要性的、管理客户资金的商业银行或其他一些特殊的机构投资者参与，如根据美国S监管条例仅允许境外投资者投资。对于仅将认购行为限定在特定的群体的做法，有观点认为在做好投资者教育和风险提示的前提下，可以考虑仅放开限制个人认购数字证券的规定，这样就可以平衡投资者保护和投资者的自由交易权之间的矛盾。

三是在认购数量达到特定阈值后，禁止认购者继续认购。即限定认购者认购数额的上限，典型例子是俄罗斯。这种监管做法的优点在于，可以将数字证券持有者遭遇欺诈或项目失败的损失限定在一定的可控范围内，保护投资者合法权益，避免扩大潜在的损失。但是缺点也很明显，即一些处于初创期的企业可能难以融到必要的足够的资金。限定单个投资者的认购额度也仅仅部分解决了问题，虽然说为个人投资者避免了损失，但是从社会总体福利的角度看，它没有增加任何的社会福利。发行者仍然可以利用信息不对称的特点实施欺诈等违法犯罪行为。

（三）纳入证券监管

1. 监管方法。在该方法下，所有符合证券定义的数字证券均要纳入证券的监管框架。很多国家规定数字证券需要注册。在美国、瑞士、新加坡等国，所有数字证券的发行都要受到证券法的制约，数字证券的白皮书要符合发行说明书的相关制式和内容要求。同样，如果数字证券发行满足一定的要求的话，也会根据《证券法》享受相应的豁免权，可以有效降低发行成本。

2. 优劣势分析。这种监管方法有很多优势，一是它提供了一种公平的市场竞争环境，对所有功能相同的金融工具一视同仁。所以无论数字证券是何种法律形式，凡是具备相同的特点和功能的金融工具需要面对公平的市场竞争环境。二是将数字证券纳入证券监管后，监管者可以为投资者提供更多的投资者保护措施。

然而，这种方法也并非完美无缺。在这种监管方法下可能存在发行人与监管者的博弈，导致本该受到《证券法》监管的数字证券未能纳入监管。一方面，发行人有动力在数字证券结构设计上规避现有的证券定义，或者尽管满足了数字证券的相关标准，但是发行方仍然将其归类为非数字证券，最终目的都在于避免所发行的数字证券纳入证券监管，以降低所承担的监管成本。虽然伴随各国执法力度的加大，法律诉讼成本的提高，这种情况得到了一定程度上的缓解，但是威慑作用还不够。而且即便发行人得到应有的制裁，对市场和投资者的既有损害已经造成，无法修复。另外，在某些情况下，特定的数字证券是否属于证券存在模糊地带，很多发行人虽然主观上愿意遵循现存《证券法》，但也有可能未能将所发行的数字证券纳入证券范畴。因此，对于新加坡、美国、瑞士等这类践行该监管方法的国家来说，如果发行者没有向监管者提交任何材料的话，监管者也很难开展调查。

### （四）发行监管的基本要素

总结目前的三种模式的实践经验，未来的数字证券发行监管应当既保证持有者权益、市场诚信、监管、金融市场稳定，还能促进融资，需要重点考虑四方面基本要素。

一是建立报告制度，数字证券的发行要向监管者报备。如可考虑发行人向监管机构提交一份简单的、统一的电子表格，包含本次发行的基本信息：发行者地址、存在的问题及技术解决方法、数字证券情况、区块链治理、技术团队资质、风险因素等，也可以包含其他相关因素，如推广者名称、法律顾问、本次发行的会计及财务情况、相关保护条款等。这份表格有利于监管者对发行活动进行监测，也有利于投资者和分析师做横向对比。

二是《合同法》与监管措施相结合，除了《合同法》的约束外，监管者应当采取后续措施来确保数字证券持有者的合法权益。比如，监管者可以比照现行对消费者，尤其是金融产品消费者的保护措施：设置冷静期、规定发行人的行为责任、在持有者面临诉讼时设置相应的诉讼规则等。

三是设计必要的禁止情形。数字证券的预售风险很大，因为发行人可能会许诺一些尚不存在的事项。从以往的数字证券发行的骗局来看，这些许诺从来也没有兑现过。因此，应当禁止商业银行和养老金认购代币，因为其资金来源于公众，如果投资失败将会产生系统性金融风险。

四是做好投资者教育工作。监管者需要花费大量的资源和精力来对散户投资者做风险提示和投资教育,如保护持有者的相关规定、市场非理性行为等。

### 三、数字证券的信息披露

信息披露制度是资本市场功能有效发挥的基石。传统的证券监管框架下的信息披露制度可以有效防止市场波动,增强流动性,降低信息的不对称性,保证信息披露的真实性、准确性、完整性和及时性,有利于资本的形成和资本市场的长期稳定发展,这项制度也应当作为数字证券监管的一项基础制度。

(一)数字证券的特点

数字证券与传统的证券有很多共同之处。例如,其底层资产都是一定的现实资产或收益流。此外,数字证券还有一些独有的特点,数字证券的发行可以说是结合了风险资本、资产证券化和 IPO 的特点,此外它的发行是在区块链上发行转让的,某些数字证券还有一定的效用类功能特点,因此它具有前文提到的特有的风险特征。数字证券与传统证券的不同导致其在信息披露处理上也应该有自己的特点,需要在监管中加以安排,数字证券的独有特点主要有以下几个方面。

一是数字证券的募集项目发展阶段与传统证券不同。传统证券的公开发行(IPO)和数字证券发行之间有一些关键的区别。首先,IPO 的发行人一般是发展到一定阶段的、相对成熟或有较明确的发展路径的企业,数字证券的募集项目一般还未启动,有很强的投机性,更像是早期融资,数字证券所代表项目的创新型、商业应用场景、技术解决路径的质量及可行性,都将成为其是否成功的决定性因素。认购者享有对未来项目或资产的访问及要求权,用户享有的效用的可用性、易用性与数字证券的价值密切相关。数字证券发行企业多是技术型企业,投资回报依赖于背后技术的商业效用以及开发者推进项目的能力。鉴于此,数字证券的价值有可能更多地依赖于一小部分个人的能力——技术开发者、管理者或其他执行技术解决路径的人。因此,不同于传统的初创企业,项目的工程开发者和其他技术要素对企业的成功有着压倒性作用。

二是数字证券更多依赖于其背后技术的商业价值。数字证券可能不像传统的证券那样,提供一定的收益流回报。数字证券的持有者可能获得的是未来项目的访问权,和未来待开发的项目的效用密切相关。因此,数字证券更多的是技术导向的,其内在价值严重依赖于所开发技术的未来商业实现程度。因此,数字证券成功与否也依赖于一小部分开发人员,数字证券背后的商业价值和市场的需求直接相关,如何为项目的技术解决路径提供访问渠道,在什么样的情况下提供这种访问途径将会影响其效用,决定了对数字证券的需求。

三是数字证券有区别与传统证券的法律定性和二级市场特征。虽然说很多数字证券与传统证券非常类似,但是也有其独有的特点:首先,数字证券的持有者与股东不同,可能不受《公司法》保护。其次,股份制公司中股东对管理层可以采取必要的管控措施,但是数字证券持有者通常不具有这种权利。数字证券的发行人不会面临敌意收购并最终被踢出公司的风险。所以在数字证券发行市场上,因为发行者不会因为管理失败而被解雇,所以发行者有一定的投机主义倾向。此外,股票市场在某种程度上是一个有效市场,所有的公开信息都会反映在股票的价格上,但是数字证券市场的二级市场深度不够,有些甚至没有二级市场,且缺少二级市场的专业的分析师和投资者,公开信息很难完全反映在二级市场上。因此,数字证券持有者很难确定内在价值,这种信息匮乏会影响其投资决策。另外,数字证券持有者可能比股票持有者面临更大的信息不对称。这不仅是因为发行活动背后项目的复杂性,还是因为这个市场上的散户投资者行为特征更难预测。最后,数字证券可能会夸张宣传,使持有者更难思虑周全。因此,传统的证券监管框架可能并不足以应对数字证券发行,需要采取更多的措施。

(二) 数字证券的信息披露渠道——白皮书模式

数字证券的披露渠道有很多,如通过发行人的官网信息和社交媒体平台(如 Twitter、Bitcointalk 等),但是更为全面的披露渠道是白皮书(Whitepapers)。发行人会就募集资金项目发布白皮书①,白皮书已经成为投资者在作出投资决策前要查阅的首要文件。历史上第一本白皮书是 2008 年中本聪的比特币白皮书《比特币:一种点对点的电子现金系统》(*Bitcoin: A Peer-to-Peer Electronic Cash System*),主要就比特币的概况、交易、支付确认、共识机制等进行了说明,从中本聪发布白皮书之后,白皮书模式成为发行人与公众沟通的例行渠道。

1. 白皮书的组成部分。白皮书的结构范式还没有相关监管规定,市场参与主体也正在探索可以被广为接受的白皮书模本。现有的已经发布的白皮书文件

---

① 白皮书可以在大部分数字证券发行人的官网上下载,还有一些网站专门开发了白皮书搜索引擎,可以查询最近发布的白皮书文件,有些白皮书实质上就是一份商业计划书。

结构和内容差异很大，但也有一些共识性内容，主要说明数字证券的四类问题：一是募集细节。如募集资金金额、数字证券分配、股权激励的行权限制、锁定情况、募集资金具体用途。二是市场前景。数字证券使用的增长预期、应用领域、当前的市场数据、市场痛点、推进时间表。三是技术细节。如项目可以解决的技术问题、描述解决路径和数字证券的相关特点、技术开发项目概况、所开发技术的未来应用和优势、技术系统架构、与用户交互的详细描述、项目在区块链上开发的合理性分析、开源技术底层的源代码①、概念验证（Proof of Concept，POC）等。四是本次募集的关键人员。如项目团队的成员及背景、投资者和顾问的名单等。

2. 白皮书的典型案例。例如，加拿大的著名通信巨头 Kik 发布了数字证券 "Kin"② 的白皮书。Kik 的项目共募集资金 9850 万美元，旨在建立一个去中心化的生态系统，从 2017 年 9 月开始募集。白皮书共计 28 页，分为八大块：Kik 的设想、所发行的数字资产的特点、所建立的去中心化系统的生态、长期目标、技术因素、数字证券的发行（其中包括数字证券的分配、供给、锁定等）、结论、团队信息。

此外，另一个数字证券发行项目 The DAO 是一种去中心化的自动化组织，是指通过一系列公开公正的规则，可以在无人干预和管理的情况下自主运行的组织形式，每个人都可以通过认购相关的份额成为组织的一个管理者。在 DAO 的白皮书中，主要列明了六大部分：背景简介、The DAO 的概念、记录方法、要解决的痛点问题（Major Robs Minority Attack）、代币价格、上述构想具体实现的智能合约代码。其白皮书的 90% 的内容都是智能合约代码。

3. 白皮书的作用。白皮书是投资者认购数字证券的重要参考。白皮书的主要作用有三个：一是解释说明数字证券项目要解决的技术问题、具体解决路径和数字证券的相关特点、技术解决路径方面的优势等。白皮书有利于投资者作出理性正确的投资决策，相关技术专家和投资者也可以方便地了解项目成员、项目的应用、区块链的必要性等。二是作为相关稽查执法的参考。目前，各司法辖区对数字证券发行缺乏明确的监管规范，因此需要较高的行业自律性，白皮书是行业自律披露的先行示范，也是执法部门的执法依据。三是一种营销方

---

① 一些发行人也会选择在一些线上的代码库（如 Github）发布其源代码。
② SEC 就 Kin 是否属于证券与 Kik 公司展开了旷日持久的诉讼，诉讼判决也几经反转。

式，发行人可以通过白皮书进行项目推介，招揽大量的潜在投资者。

4. 白皮书模式在信息披露方面存在缺陷。白皮书不受任何的监管，也不进行审计，可信度存疑，市场上的白皮书披露水平差异很大，严重限制了数字证券市场的健康发展，投资者对白皮书的质疑越来越多，欺诈、虚假身份、虚假的项目很多。例如，根据俄罗斯 ICO 行业咨询公司 Statis Group 的研究报告，2017 年进行的 ICO 中有超过 80%被认定为骗局①，这些骗局募集金额高达 13.4 亿美元，占 2017 年总募集金额的 11%。可见，白皮书并没有起到应有的作用。市场上也出现了一些对数字证券进行评级的机构，水平参差不齐，一些执法案件的发生严重动摇了对这个行业的信心。例如，SEC 公布了 2013 年至今采取的近 60 起严重的数字资产执法案件，涉及用户资金挪用、证券非法发行、洗钱等②。总的来看，白皮书在以下几个方面存在缺陷。

一是披露差异大，难以横向比较。白皮书还没有统一的制式要求，导致白皮书的披露内容差异很大，不同项目之间很难进行横向比较。二是关键信息缺乏。白皮书可能仅公布有利信息，而其他可能会损害认购者的权益的信息则选择性遗漏。例如，从现有的市场上的白皮书案例来看，很少有数字证券发行项目披露项目的经济投入（Economic Input）。一些白皮书没有披露发起者的持有的数字证券数量和权利限制；尽管有些白皮书会吹嘘其使用的新兴技术，但是却没有论证该技术在区块链上的必要性；有数据表明，32%的首次代币发行项目无法从白皮书中获知发行实体或者推广者的身份信息，项目背后的实体和联系方式、运营发展情况也都很模糊，只有 31%的项目提到了相关的法律和监管辖区，剩余的近七成项目无从获知这笔融资的实际发生地、最终运营地。三是提供一些误导性信息，如有些白皮书可能会谎称某数字证券不属于证券，也不明确说明适用法律等。四是披露内容晦涩难懂，投资者难以甄别。区块链项目的白皮书最初是提供给那些技术背景雄厚的软件工程师和开发者的，他们可以对项目的前景具有一定的前瞻性，通过高度复杂的数据模型或测试来做项目验证。从市场情况来看，越是包含一些难以理解的专业术语的项目，越容易受到人们的追捧。这种趋势使白皮书越来越难懂，白皮书不仅通过复杂的公式解释一些晦涩的概念，企业还利用白皮书把自己塑造成某个领域的专家。部分白皮

---

① 参见 https://cointelegraph.com/news/new-study-says-80-percent-of-icos-conducted-in-2017-were-scams。

② 参见 https://www.sec.gov/spotlight/cybersecurity-enforcement-actions。

书在阐述某项目所使用的技术时,源代码用的是字节代码(Byte Code),字节代码很难解析,只有跟踪底层的数据流和算法才能重建协议逻辑,需关注计算机的每一步操作和内存状态,从而获得虚拟机每一步的状态,同时还需要有逆向工程来验证代码是否与白皮书中所说的功能一致。这个过程耗时耗力、极其复杂,代价极大,这种披露对于普通投资者来说也根本无法验证追踪。另外,有些白皮书中披露的承诺信息并没有反映在其代码里,且很多发行人有事后修改代码的权力,导致信息披露内容刚性不足,形同虚设。

### 四、构建数字证券信息披露制度

要解决数字证券发行过程中的信息不对称问题,监管机构可以设定最低披露标准,也可以通过市场自发形成最优的披露标准,还可以大力发展相关信息服务机构。比如,在数字证券发行过程中可以委托分析师或律所作为顾问、开展同业互查等。发行人也可以对公开披露白皮书进行补充说明,或为下一轮数字证券发行做推广。总的来说,数字证券发行缺乏稳健的、可信的披露模式,可能会引发风险。数字证券发行多是为早期的初创企业进行融资的,基本上没有已经成熟的、现成的产业应用。从这种意义上来看,数字证券发行类似于天使投资或A轮股权投资。如果没有全面的监管框架的话,白皮书就不能为投资者作出明智的投资决策提供必要的信息。一旦投资者认购,那么他们也基本上无法享有和股权持有者类似的权利和保护,如投票权、反稀释保护、正规的审计模式,以及被选为董事会成员等。因此,一个有效的信息披露制度对于投资者保护、资本形成具有重要的作用。

(一)沿袭现有的传统的证券披露框架,保持披露标准的统一、全面

数字证券具有传统证券类似的特征,在进行披露时,要涵盖传统证券所有必要的披露要素,披露要求需要有效且具有可操作性,使不同的项目之间横向可比。

一是披露必要的财务情况。财务数据是核心要素,为了向投资者提供投资决策所需的信息,发行人必须提供全面的可得的财务信息,还应包括未来的预算规划。例如,美国S监管条例需要陈述"在本财年剩下的月度里发行者的运营计划",并披露之后六个月的现金约束。它还需要披露大量可预见的收购、研究开发和每个业务条线的财务信息等。此外,它还要求根据具体情况披露全面的财务报告或选择性财务数据(五年的数据)和补充财务信息(最近两年的

季度数据）。

二是披露数字证券基本情况。投资者应该了解数字证券的相关特征。例如，了解数字证券的性质、内嵌的权利等。例如，S条例的第9项条款要求对待注册的证券情况进行描述，具体列出了诸如投票权、分红权、流动性和优先配售权等问题。还可以将数字证券具体划分为"股权类""债权类"等子项进行细化披露。对于还不能明确说明的数字证券类别，可以考虑披露权利的简要介绍。对于具有结构化特点的数字证券，可以另外开辟一套平行的披露系统。

三是需要披露数字证券的二级市场特征。一个流动性较好的二级市场降低了金融工具的持有风险，为投资者提供了可以随时退出市场的便利途径，有利于数字证券的增值。对于数字证券来说，需要侧重于披露如下两个方面：首先是数字证券的交易场所信息。美国SEC要求数字证券交易市场注册为"另类交易系统"（Alternative Trading System，ATS）或国家证券交易所。然而，考虑到数字证券的特殊性，数字证券交易所的经营方式与传统的证券交易所或者交易场所有很大不同，且即便是数字交易所之间，不同的交易所之间实际条件和环境差异较大，例如，很多数字证券交易场所并没有注册为证券交易所，有些属于ATS，相关监管监测功能由经纪商、交易商履行，有些也不属于ATS，如纽约的Bitlicense，只允许有限的美国《证券法》规定以外的金融活动，还有的数字证券根本没有二级市场，如Blockstack，2018年发行后在美国国内没有一家交易所上架该数字证券，这些二级市场情况会对数字证券的定价产生实质性影响，因此需要对数字证券的二级市场及相关交易规则、市场状况做必要的披露。其次还需对数字证券二级市场的流动性稳定机制做必要的披露。纽约司法部长办公室发布研究报告认为数字证券基础设施的做市商责任、做市商定价和折扣率透明度较低。数字证券交易所对市场操纵的监管能力良莠不齐。因此，应当参照传统的监管框架，加密资产基础设施（Crypto-infrastructure）披露管理流动性风险的相关措施，尤其是被动做市和稳定市场的相关信息，如"可能会影响证券流动性的趋势"[①] 和 "注册者已经采取或准备采取的相关补救措施"，这些因素可能导致数字证券的需求瞬间蒸发，投资者失去退出渠道的因

---

① S监管条例第11（h）条。

素。还需披露市场风险的定性和定量的分析①，如果市场风险中包括兑换率敞口，那么相关方需要陈述这些风险敞口是如何管理的、管理的目标、是否有通用的策略或工具来管理这些敞口。

四是需要披露数字证券发行的风险因素。数字证券的发行风险有很多，信息披露的目标应当是告知投资者潜在的风险及发生概率，这些风险因素包括但不限于：缺少经营历史、最近年度不能盈利、发行人的财务状况、未来业务瓶颈等。

（二）兼顾合规与效率：全面披露与豁免披露相结合

数字证券有利于处于初创期的企业募集资金，是一种快捷有效的融资方式，在监管合规的同时，还应兼顾企业融资的效率，如在满足一定条件的情况下，可以减少披露条目、降低质量管控要求。从豁免的具体方式来看，主要有以下几种。

一是根据发行资金规模进行豁免。一定规模以下的融资行为可以豁免披露。例如，美国《创业企业扶助法》（Jumpstart Our Business Startups Act，俗称乔布斯法案）法案第三部分规定，豁免众筹类证券（例如，通过在线平台进行的小额证券发行）的登记注册和信息披露要求。众筹的披露文件是表C，表C规定了一些类似于公开发行的披露要求，包括执行官员、董事、持有20%以上的股东等信息、发行人的业务描述、募集资金的使用流程、对公众发行的价格以及定价方式、目标发行数量和发行截止日期、发行人是否接受超募、关联交易、发行人的财务状况等，相较于IPO，披露要素已经大幅度减少。

二是根据发行对象进行豁免。例如，发行对象为合格投资者、一定数量以下的投资者、现有股东时，享有豁免权，针对数字证券，还可考虑对具有一定技术专业能力的投资者进行豁免。该豁免的预设前提是，投资者具有一定的投资常识和财产储备，可以维护自身合法权益，具有一定的抗风险能力，投资者对披露项有一定的获得渠道，因此证券法律不必强制要求发行者在监管机构处备案或履行披露义务。

除以上情形外，世界各监管辖区对现有证券规定了更为详细的豁免要求，如澳大利亚规定对无对价股份（如认股权证、股份期权行权时发行的普通股等）的发行需要豁免。应当注意的是，对现有披露模式的豁免要求并不意味着

---

① S监管条例第11（j）条。

合规水平的降低。例如，在美国的众筹豁免披露要求中，所有的网上交易必须通过在 SEC 的注册中介进行、12 个月内允许募集资金在一定的限额内、散户投资者有总投资金额限制等，这些前提是为了控制发行的风险。

## 五、数字证券对传统的信息披露制度的挑战及应对

（一）数字证券对信息披露提出了新的要求

数字证券具有不同于传统证券的特点，难以完全套用现有的数字证券监管框架，很多国家现行监管条例是建立在一些证券发行的假设上的，不一定适合新兴的数字证券，主要体现在以下几个方面。

一是财务数据披露要求不适合数字证券。财务数据是监管机构赖以监管的核心披露信息，现有的监管框架要求全面披露发行企业的财务数据状况。尽管这些数据覆盖面很广，但是对于数字证券投资者来说仍然作用有限，因为数字证券的发行人可能没有历史财务数据。美国《1933 年证券法》的 S 条例中规定了预测性分析披露，要求分析发行人的财务状况以及趋势，包括"相关发行人认为有助于理解其财务状况的信息，例如原材料趋势分析以及对现有财务状况的影响"，由于数字证券发行是全新的项目，还无法识别趋势性，因此趋势性披露并不适合数字证券。

二是对内嵌非金融类权利的披露要求较少。数字证券与股票、债券、认股权证等投资工具所内嵌的权利是存在差异的。虽然数字证券也包含传统证券的分红、固定收益或其他支付款项，但是也会具有一些传统证券所不具有的非金融权利，如可能会赋予持有者对未来服务的访问权。当前的信息披露规定对这些涉及"效用类"权益的披露规定的相对有限。

三是缺乏对数字证券独有的发行方式的规定。常规的注册发行并非数字证券发行的唯一途径，数字证券还有可能通过无对价的空投（Airdrop）、挖矿等方式向推广者发行，现有的披露只涉及注册发行的证券。例如，美国 S 条例第 1 项条款需要陈述"本次证券发行数量"，但是仍然针对的是注册发行，对于以其他方式发行数字证券的不适用。

四是对未来的数字证券的供给披露不明确。数字证券的发行方式和数量在初次发行时已经写入底层代码，未来数字证券归属、发行上限等信息对投资者来说非常重要，会稀释现有资产，但是目前还没有任何披露要求。美国 S 条例第 6 项条款尽管需要公开投资者可能会承担的稀释相关成本，但是仅限于"发

行新的普通股股份"的情形,对数字证券供给的决定性因素也没有明文规定的披露要求,这将会导致市场无效,削弱投资者的定价能力。

五是现有的披露要求不适用于区块链治理。区块链协议的改变不是简单的持有者投票或者公司董事会决策,通常是由区块链代码的开发者、矿工、数字证券的持有者共同协调才能决定。记录数字证券交易的区块链有一个核心的软件存储库(Software Repository),用于存放协议执行的代码。代码的改变如果要生效,区块链网络上的节点需要逐一更新其软件,加载新的代码,矿工和开发者必须在代码更新上达成一致。公司治理则着重于管理层和董事会的互动,即所有权和管理权的互动,与区块链上各个角色的互动不尽相同。美国S条例规定,发行人需披露"如果此类股票的持有者权利能够通过股票持有者大会以外的形式改变的,则应当简要说明",然而,该条款也仅仅适用于股票市场,并不适用于区块链上的数字证券。S条例还需要披露证券持有者向董事会提交相关意见的方式和流程,也存在局限性,因为数字证券生态中很难找到可以对标可比董事会的实体,核心开发者和矿工很显然并不符合要求。

六是对重要性参与方的披露不够。数字证券项目的执行官员和董事对于项目发展的重要性未必很大。反而开发数字证券具体细节的技术专家有举足轻重的作用,技术专家通常是白皮书的项目作者或项目的资深顾问。美国在认定某投资合约是否属于证券时,采用的是"豪威分析"①,这些非董事、非执行官员的技术专家才是豪威分析里的"给投资者提供利润的人"。美国S条例有一个"一把抓"的要求:即披露那些没有正式的职称,但是有重大作用的雇员,这项规定可能需要披露技术专家。但是也仅要求披露"主营业务从业经验",而不是技术专家们在技术领域接受的专业培训,或编程和计算机工程方面的经验。

(二)充分考虑数字证券独有特点,应对数字证券带来的挑战

1. 制定有针对性的披露条目

除了要披露上述传统证券所共有的一般性问题外,还需针对数字证券的独有特点进行着重披露。

一是需要披露区块链的治理问题。数字证券的一个关键特点是它的链上治

---

① 在豪威分析中,在认定某投资合约是否属于证券时,往往需要鉴定一个"毋庸置疑有显著影响的参与方",这个参与方是项目利润的主要来源。

理系统，即区块链上是如何做决策的。这些决策具有至关重要的作用，可以影响数字证券权利、结构、价值。链上治理决策涉及的内容十分广泛，包含数字证券性质的修改、区块链软件的升级和集成、与现有数字证券特征相同但不兼容的新品种数字证券的产生（如分叉）等。此外，还需披露其他可能会影响治理效果的重要事项，如类似于传统的公司治理信息，董事和关键管理层的薪酬状况等。

二是需要披露管理和技术团队。人力资本是创业企业中一项很重要的资源，决定着募集资金计划的顺利实现，是投资价值的源泉。决定数字证券成败的不仅包括项目的具体管理人员，还有背后的相关技术团队，投资者有必要了解募集项目的执行的责任主体。例如，披露现有公司实体的治理和管理，包括董事会的组成、职员的任命和解雇、公司章程及适用法律中需要说明的问题等。披露董事会和执行官员的信息、董事长和执行官员以及有显著影响的职员的从业信息、董事和执行官员的涉诉情况（包括违法犯罪情况）等。对于技术团队来说，还需要披露他们在技术领域的相关从业经验等。

三是需要披露数字证券的现时状态。数字证券与传统的证券不同，它是去中心化的。根据美国 SEC 的规定，当数字证券具有充分的去中心化特点时，它可能不再符合证券的范畴。例如，Blockstack 成为全球首家通过 SEC 审核的数字证券项目，2020 年 4 月，Blockstack 向 SEC 提交了去年的年报，在年报中，专门提出了证券状态（Securities Status）的说明，主要就其当前是否仍然符合证券的定义进行说明。

2. 发行披露和事后二级市场持续性披露相结合，建立数字证券全生命周期的信息披露制度

除发行披露外，伴随数字证券市场发展，其他可能影响数字证券投资者权益的新情况、新问题也应当进行持续性的及时披露，如二级市场价值的决定因素。数字证券二级市场价值的影响因素有两个方面：一是需求端因素，二是供给端因素。

（1）需披露的需求端因素。数字证券需求的首要影响因素是项目前景，此外证券化的逻辑也很重要，即"数字证券的存在不一定意味着数字证券的合理"，数字证券的发行并不意味着数字证券形式对项目的成功具有必要性。当建立在区块链上的数字证券可以促进或巩固背后项目的价值时，数字证券的需求才会上升。市场参与者参与发行的原因是多样的，如短期投机、长期投资、

访问特定的网。这些反映了两个方面：一是他背后的技术解决路径的可行性和有效性，二是利用数字证券访问上述技术解决路径的必要性。举例来说，数字证券 Filecoin 的发行项目①中，Filecoin 承诺其持有者将来可以访问去中心化的数据储存平台，其价值就取决于平台的预期效用，用户数量、用户访问频率和每个用户愿意支付的费用。这类似传统证券的定价因素。

（2）需披露的供给端因素。影响数字证券的供给因素有很多，归纳下来主要有以下几种：一是发行政策。发行政策决定了数字证券的发行数量、可分割性、发行人是否有权增发或者赎回、注销数字证券。发行人可以限定未来铸币的上限，通过代码来限制未来可以发行的数字证券的数额。数字证券与传统证券的发行来源有一个显著的不同，即数字证券有一部分是来源于挖矿的，这部分周期性增加的数字证券是没有对价的，估值也是一个需披露的要素。在 Blockstack 的项目中，规定这部分数字证券在发行后三个月内会保持与同期公开发行同样的价格，之后如果在流动性好的交易所交易量达到一百万张数字证券的话，将会按照数日的加权平均收盘价格来对日后的挖矿产生的数字证券进行定价。二是锁定期。发行人规定的锁定期也会影响数字证券的供给。数字证券与传统证券相比，其锁定期有其自身的特点，传统证券的锁定期一般被称为"限售"，对于有一定的效用用途的数字证券来说，还有一种时间锁定（Time-lock），即在锁定期内，该数字证券不可用于转让、燃烧、注销等所有用途。三是燃烧（Burning）。流通中的数字证券可以退出流通，就像公众公司的股票回购一样，可以维持或抬升其现有价值。

3. 发展中介机构，为数字证券提供专业化、市场化的金融信息服务，降低市场信息不对称性

伴随数字证券市场的发展，与数字证券相关的服务机构也在逐步发展壮大，目前，数字证券市场上主要有两类信息中介：一是信息集合商，主要发布一些数字证券新闻、市场数据等，如 Coindesk、Coinschedule 等。二是评级服务提供商。主要对数字证券的发行人和数字证券特征进行分析，并发布数字证券的全面的质量报告。评级服务提供商的商业模式主要是聘请外部独立专家或利用自动化评级算法对数字证券进行评级，典型的机构有 ICObench、Icorating 等。2018 年 1 月，市场分析机构 Alexa 的月流量达到 540 万，业已成长为一支独立

---

① Filecoin 旨在成为一个分散的存储网络，允许用户在公开市场上买卖未使用的云存储空间。

的力量。除新兴的评级机构外,传统的评级机构也在积极布局进入数字证券领域,如晨星评级(Morningstar),就已经发布了很多数字证券评级报告。数字证券信息服务机构和传统的信息中介一样,同样面临利益冲突等问题,在监管上要作出针对性的安排。

## 六、小结

伴随分布式记账、加密技术的发展,数字证券逐步进入大众的视野,数字证券一方面给诸多初创型公司提供了新型的融资渠道,另一方面由于其发行缺乏有效的合规通道,也带来了诸多风险与挑战。数字证券的发行方式有一定的优势,但从发行适用的范围来看,目前也仅在高新技术行业得到了一定程度的应用,且其模式也未完全定型,法律适用尚不明晰,整体来看还处在不断探索阶段,应当对相关的风险引起关注,并进行有效的防范。数字证券有众多的投资者参与,信息披露制度应当立足于保护投资者合法权益的根本性原则来做好顶层制度规划,重点关注数字证券发行过程中产生的与传统证券不同的信息不对称问题,既要注重证券化产品风险收益特性的普遍性,又要充分考虑数字证券的特殊性,加强特有风险的披露,特别是对诸如区块链治理、数字证券的现时状态等,作出有针对性的安排。

## 参考文献

[1] Florysiak D, Schandlbauer A. The Information Content of ICO White Papers [J]. SSRN Electronic Journal, 2018.

[2] Hoffman, David. Regulating Initial Coin Offerings (ICOs) [Z]. Wharton Public Policy Initiative Issue Briefs, 2018.

[3] Bourveau T, De George E T, Ellahie A, et al. Initial Coin Offerings: Early Evidence on the Role of Disclosure in the Unregulated Crypto Market [J]. SSRN Electronic Journal, 2018.

[4] Cohney S, Hoffman D A, Sklaroff J, et al. Coin-Operated Capitalism [J]. Social Ence Electronic Publishing, 2018.

[5] Adhami, S., G. Giudici, and S. Martinazzi. Why Do Businesses Go Crypto? An Empirical Analysis of Initial Coin Offerings [J]. Journal of Economics and Business, 2018, 100: 64-75.

[6] Lang, M. H. and R. J. Lundholm. Voluntary Disclosure and Equity Offerings: Reducing Information Asymmetry or Hyping the Stock? [J]. Contemporary Accounting Research, 2000, 17 (4): 623-662.

[7] Lyandres, E., B. Palazzo, and D. Rabei. Do Tokens Behave Like Securities? An Anatomy of Initial Coin Offerings [Z]. Working Paper, 2019.

[8] Oren, O. ICO's, DAO's, and the SEC: a Partnership Solution. Columbia Business Law Review, 2019 (1).

[9] Pastor, L. and P. Veronesi. Rational IPO Waves [J]. Journal of Finance, 2015, 60 (4): 1713-1757.

[10] Zetzsche, D. A., R. P. Buckley, D. W. Arner, and L. Fohr. The ICO Gold Rush: It's a Scam, It's a Bubble, It's a Super Challenge for Regulators [Z]. Working Paper, 2018.

[11] Lee, J., T. Li, and D. Shin. The Wisdom of Crowds and Information Cascades in FinTech: Evidence from Initial Coin Offerings [Z]. Working Paper, 2019.

# 文本信息在中小企业财务困境预测的应用研究

## ——基于挂牌公司年报"管理层讨论与分析"语调的分析

郭曼仪　吕　蒙　张梦舒[*]

**摘　要**：大数据时代，以文本为代表的非结构化数据占据总数据量的多数，具有数据来源多样化、数据量增长快和时频高等特征。随着计算机文本挖掘技术的发展，非结构化文本数据作为新的数据源，为经济和金融领域提供了新的独特分析视角。本文基于挂牌公司定期报告中的"管理层讨论与分析"，尝试引入文本的重要特征"语调"，检验"管理层讨论与分析"语调能否带来增量信息，以此探索文本信息在中小企业财务困境预测中的运用。

**关键词**：管理层讨论与分析　语调　文本分析　财务困境

## 一、引言

大数据时代，计算机技术的进步使数据类型不断丰富，以文本大数据为代表的非结构化数据已成为重要的新数据源，为传统领域研究提供新视角（Gentzkow 等，2017），并能够对非传统领域的经济现象展开研究（Teoh，2018）。相较于主要由政府和机构主导、定期系统化收集的传统数据，随着文本信息从纸质媒介向以互联网为媒介转移，文本大数据类型多样、体量增长快、时频高等特点突出，在公司对外披露以及股票市场中所占比重不断上升。

---

[*] 郭曼仪，全国股转公司信息统计部经理；吕蒙，全国股转公司信息统计部高级经理；张梦舒，全国股转公司信息统计部一级助理经理。

尤其是在中国这种"听话听音，听锣听声"的高语境传播环境中（林乐、谢德仁，2016），文本大数据在风险监测等经济、金融领域高频研究中更为关键。

国内外研究表明，上市公司披露的文本信息能够为公司的利益相关者提供增量信息。Kothari 等（2008）发现，相比财经新闻和分析师报告，年报中有益消息可以显著提振市场信心，使企业股价波动下降。之后，Feldman（2010）、Loughran 和 McDonald（2011）、Davis（2012）等研究表明，语调文本信息具有前瞻性，能够较为准确地预测公司未来业绩，并会对市场反应产生显著影响。与较为丰富的国外研究相比，国内相关研究虽较少但也处于逐渐兴起发展阶段。目前，已有相关研究利用业绩说明会的语调文本信息证实了管理层语调与未来业绩和投资者市场反应的相关关系（谢德仁、林乐，2015；林乐、谢德仁，2016），以及对供应商企业现金持有决策的影响（底璐璐等，2020）。此外，曾庆生等（2018）通过对上市公司年报的语调进行文本分析，发现了高管有操纵年报语调的行为。

近年来，中小企业与资本市场联系日益紧密。与大型上市公司相比，以挂牌公司为代表的中小企业大多处在成长初期，生存和发展的不确定性更高，与投资者沟通的信息渠道相对较为局限，财务报告作为公司信息披露的最权威文本，仍是利益相关者获得公司信息的最重要渠道。如何充分利用财务报告信息对企业发展趋势作出更精准的判断，在注册制改革和退市制度持续推进、"进出有序"生态逐步形成的资本市场背景下的重要性日益凸显。基于以上研究，本文以挂牌公司年报为基础，尝试以"管理层讨论与分析"语调为突破口，探索以文本信息为代表的非结构数据是否有一定的增量信息作用。具而言之，本文以我国 2017—2020 年被 ST 处理的挂牌公司为研究对象，采用离散时间风险模型，在传统财务报告指标预测模型的基础上，引入管理层语调建立综合财务困境预测模型，通过研究管理层语调能否有助于预测财务困境，即能否在财务指标的基础上提供关于公司未来业绩的增量信息。

本文主要分为四部分：第一部分是前言；第二部分基于特定情感词典构建"管理层讨论与分析"语调指标，通过描述性统计方式对不同类型公司的"管理层讨论与分析"语调进行初步特征分析；第三部分通过将"管理层讨论与分析"语调加入财务困境建模中，检验该文本量化指标能否提高预测的准确性，提供增量信息；第四部分是根据本文实证结果，结合资本市场实践的总结与启示。

## 二、"管理层讨论与分析"语调指标构建与基本特征

**(一)"管理层讨论与分析"是财务报表的重要补充**

"管理层讨论与分析"(Management Discussion & Analysis,以下简称 MD&A)是挂牌公司定期报告中的重要组成部分之一,是管理层对公司过去经营状况的评价分析以及对未来发展趋势的前瞻性判断。相较于传统财务指标是公司历史经营状况的定量衡量,"管理层讨论与分析"等描述性文本蕴含更多对未来经营风险研判的前瞻性信息,是对定量数据的有效补充。研究发现(Tennyson 等,1990),当公司财务状况开始恶化时,管理层分析的措辞会随着经营和财务状况的变化而不同,从而为公司财务风险监测、预警提供重要线索。

**(二)MD&A 语调指标构建**

语调,即"文本情绪",是文本信息中最基本且最重要的特征之一,由乐观或悲观、正面或负面、积极或消极两种对立的感觉构成。目前,一般有两种方法度量文本语调:一种是"词典法",即根据预设的特定词典中正面、负面、不确定等各类特征词来对文本进行分类,通过统计文本数据中不同类别词语出现的次数,结合不同的加权方法来提取文本信息。另一种是机器学习方法,以朴素贝叶斯、支持向量机等特定算法对预先选取的训练集进行训练,确定文本情绪分类的规则,再应用于全部文本。相较于机器学习结果应用受限于预先选择的训练样本和训练中的过滤原则等,"词典法"逻辑简单清晰,使用范围广,在选定词典后,就可避免研究者自身的主观性,在经济金融领域得到广泛运用。(如 Tetlock,2007;Tetlock 等,2008;Loughran 和 McDonald,2011;Da 等,2014;Renault,2017;等等)。因此,本文参照谢德仁和林乐、陈艺云的研究,采用"词典法"衡量管理层语调。

第一步,构建挂牌公司 MD&A 情感分析词典。考虑到金融领域词语的特殊性,如成本、折旧等常见的负面情绪词语在会计领域并没有负面含义,我们在借鉴国内外已有的研究成果的基础上,以 Loughran 和 McDonald 等词典[①]为基础,自主构建了挂牌公司 MD&A 情感分析词典,对正面、负面特征词进行区分定义。

---

① Loughran 和 McDonald 词典由 Loughran 和 McDonald 从上市公司财务报告一万份文件中收集并整理构造,为财经领域较为权威的词典。

第二步，对 MD&A 文本自动分词。通过 Python 结巴中文分词模块（如王靖一和黄益平，2018；Chen 等，2018），将年报中 MD&A 连续的汉字文本按一定规范自动切分成词或词组。

第三步，构建 MD&A 语调衡量指标见表1。基于结巴的分词结果，利用自主构建的挂牌公司 MD&A 情感分析词典，统计正面和负面的情感词语词频。参考 Henry（2008），谢德仁和林乐（2015），陈艺云（2019）的做法，分别用正面情绪词频 POS 和负面情绪词频 NEG 代表衡量 MD&A 的正面和负面语调，并同时由 POS 和 NEG 构建管理层净语调 TONE。

正面语调 POS＝正面情绪词语占全部词语总数的比例

负面语调 NEG＝负面情绪词语占全部词语总数的比例

$$净语调\ TONE = \frac{POS-NEG}{POS+NEG}$$

其中，净语调 TONE 越大，正面词语词频 POS 相对负面词语词频 NEG 越多，管理层用词越积极，反之亦然。由于大部分词句既不乐观也不悲观（Li，2010），因此通常 POS+NEG<100%。

（三）挂牌公司 MD&A 语调与财务困境的关系特征

考虑股票转让被实行风险警示（ST）是挂牌公司财务存在极端不确定性的一种状态①，且数据可得性与可辨性强，我们将被 ST 作为挂牌公司陷入财务困境的标志。基于 2016—2019 年已披露的累计 12574 份非金融挂牌公司年报，分析挂牌公司 MD&A 语调与财务困境的关系发现：

表1 主要变量的描述性统计分析与非参数检验

| 变量 | 最大值 | 最小值 | 中位数 | 平均值 | 标准差 | 非 ST 中位数 | ST 中位数 | 非参数检验 |
| --- | --- | --- | --- | --- | --- | --- | --- | --- |
| WCTA | 89.50 | -47.27 | 33.62 | 32.40 | 29.32 | 33.96 | -28.28 | 228.320*** |
| RETA | 50.20 | -212.36 | 9.81 | 3.25 | 36.15 | 10.01 | -67.24 | 328.780*** |
| EBIT | 36.09 | -82.40 | 5.35 | 3.09 | 16.92 | 5.46 | -30.96 | 393.316*** |
| STA | 423.88 | 4.61 | 74.24 | 89.95 | 67.78 | 74.50 | 43.95 | 36.531*** |

---

① 根据《全国中小企业股份转让系统业务规则（试行）》，当公司"最近一个会计年度经审计的期末净资产为负值"或"最近一个会计年度的财务会计报告被出具否定意见或者无法表示意见的审计报告"时，会对其股票转让实行风险警示。2017 年以来，新三板市场共出现 478 次挂牌公司被实施股票转让实行风险警示（ST）。

续表

| 变量 | 最大值 | 最小值 | 中位数 | 平均值 | 标准差 | 非ST中位数 | ST中位数 | 非参数检验 |
|---|---|---|---|---|---|---|---|---|
| NEG | 11.94 | 0.51 | 3.71 | 4.16 | 2.17 | 3.70 | 5.06 | 107.988*** |
| POS | 25.35 | 7.07 | 14.51 | 14.74 | 3.53 | 14.54 | 12.47 | 77.118*** |
| TONE | 94.29 | -7.69 | 59.16 | 56.00 | 20.24 | 59.32 | 43.26 | 126.298*** |

注：***、**、*分别表示1%、5%、10%水平下显著（下同）。

一是挂牌公司整体MD&A语调偏积极，但近年正面词频的相对比例（净语调）逐年下降见图1。各年度，挂牌公司MD&A负面语调词频中值约4%，正面语调词频中值约15%，净语调在50%以上，正面语调的表述更为丰富饱满。但2018年、2019年净语调均值分别环比下降1.90个、1.66个百分点，与挂牌公司近年来经营压力加大的实际情况一致。

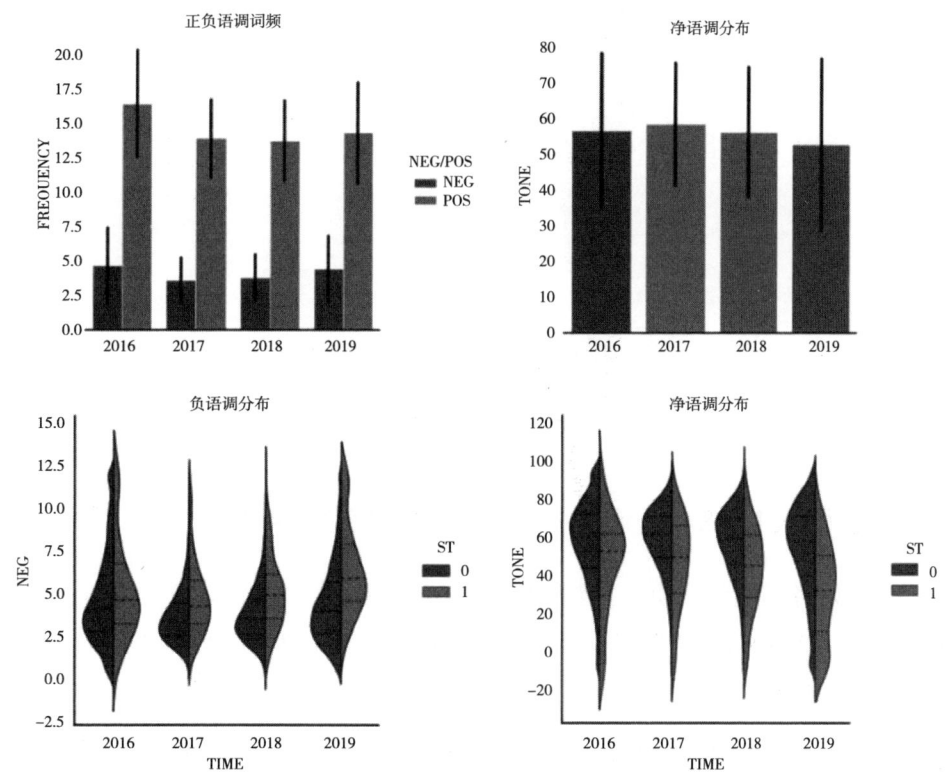

图1 2016—2019年年报词频分布（ST=1为财务困境公司）

二是财务困境公司与正常公司的MD&A语调差异显著。负语调、净语调均通过非参数Wilcoxon Mann-Whitney检验,结果见表1。进一步看,财务困境公司(ST)的负面语调词频中值为5.06%,显著高于正常公司(非ST)的3.70%;净语调中值43.26%,显著低于正常公司的59.32%。同时,财务困境公司与正常公司的语调差异呈现逐年扩大趋势,2019年两类公司之间的净语调差异达25.52个百分点,印证了近年来企业业绩分化加大趋势。

三是不同层次挂牌公司的MD&A语调分布差异显著见图2。精选层MD&A语调近四年均稳定在61%~64%;基础层MD&A净语调由2017年的61%下降至2019年的55%,净语调极值范围和标准差均大于创新层和精选层,业绩预期相对更不稳定,分化更加显著。

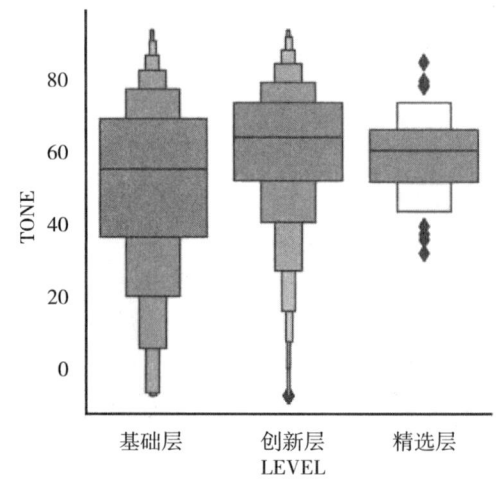

**图2 各层次公司2019年年报净语调分布**

## 三、引入MD&A语调的挂牌公司财务困境预测效果

传统财务困境预测模型主要以财务指标为主,本文在传统财务指标的模型基础上,加入MD&A语调指标,对比前后模型的拟合情况,检验管理层语调能否为财务困境预测提供增量信息。

(一)基于离散时间风险模型(DHM)的财务困境预测模型构建

为规避配对抽样的研究设计导致的样本量受限问题,同时考虑财务困境发生概率随时间变化的情况,模拟企业陷入财务困境的动态过程,本文采用离散时间风险模型(DHM),正常公司$i$在$t+1$时刻陷入财务困境的概率为

$$P_{i,t}(Y_{i,t+1}=1) = \frac{1}{1+\exp(-\alpha_t - \beta X_{i,t})}$$

其中，$t$ 为以公司挂牌时间为起始年计算的挂牌年龄；$X_{i,t}$ 为 $i$ 公司在 $t$ 时刻的解释变量，包括从企业偿债能力、获利能力、营运能力三方面衡量企业财务状况的四个主要变量：营运资本/总资产（WCTA）、留存收益/总资产（RETA）、息税前利润/总资产（EBIT）和营业收入/总资产（STA），以及前期通过词典法构建的管理层语调变量，净语调变量 TONE 或负语调变量 NEG；$\alpha_t$ 为基准风险函数，即解释变量 $X_{i,t}$ 都为 0 时，仅依赖于时间的基础风险，与公司个体无关。

（二）样本及数据

由于离散时间风险模型是基于公司自挂牌以来直至发生财务困境整个周期来判断，因此每家公司都对应多个观测值。如假设一家 2016 年挂牌的公司，2019 年净资产为负，2020 年被实施 ST，则其存续时间为 5 年，从 2016—2019 年该公司被视为正常公司，最后一年 2020 年被划分为财务困境公司，贡献 4 个观测值。因此，本文利用 2016—2019 年非金融挂牌公司披露的年报为研究基础，观察其 2017—2020 年被 ST 的情况，最后样本包括 12574 家挂牌公司，其中 454 家被 ST，共 37436 个观测样本①。

（三）模型结果

以传统财务比率为基础，对负面语调和净语调变量加入前后模型的拟合情况进行比较。表 2 结果显示：一是管理层负面语调和净语调变量在模型中均显著，其中负面语调变量的系数显著为正，表明文本内容传递的 MD&A 语调越负面，挂牌公司陷入财务困境的可能性就越大；而净语调变量的系数则显著为负，表明 MD&A 的净语调越正面，挂牌公司陷入财务困境的可能性就越小。二是对比加入语调变量前后模型表现，语调变量对财务困境预测模型的拟合程度和预测有一定的提高。

---

① 对于 ST 公司，其最后一期观测值为 ST 前一年，而对于非 ST 公司，其最后一期观测值为 2019 年。

表 2 离散时间风险模型的估计结果

|  | 传统模型 | 加入 NEG | 加入 TONE |
|---|---|---|---|
| LNYEAR | 0.544*** | 0.502*** | 0.444*** |
| WCTA | −0.038*** | −0.038*** | −0.038*** |
| RETA | −0.005*** | −0.005*** | −0.004*** |
| EBIT | −0.036*** | −0.036*** | −0.036*** |
| STA | −0.002*** | −0.002*** | −0.002*** |
| NEG |  | 0.16*** |  |
| TONE |  |  | −0.019*** |
| _cons | −4.895*** | −5.633*** | −3.923*** |
|  |  |  |  |
| Pseudo $R^2$ | 0.3871 | 0.3973 | 0.3997 |
| AUC | 0.9004 | 0.9095 | 0.9115 |

### (四) 模型预测效果检验

为检验模型预测结果是否与实际情况相匹配, 采用 Shumway (2001) 的十分位数检验方法, 对比加入语调变量后模型的预测能力。根据 Shumway 的十分位数检验方法, 基于模型预测的财务困境发生概率将观测数据按照十分位数十等分, 计算各十分位数中财务困境公司占总的财务困境公司比例。一个较好的预测模型, 处在最前端的十分位数 (第 1 个分位数) 应有最高的预测能力, 而如果一个模型没有预测能力, 则其在每一个十分位数上预测出的财务困境公司比例都为 10%。

表 3 各模型十分位检验结果

|  | 十分位数 | 1 | 2 | 3 | 4 | 5 | 6 | 7~10 |
|---|---|---|---|---|---|---|---|---|
| 传统模型 | ST 公司家数 (家) | 344 | 29 | 20 | 19 | 11 | 10 | 21 |
|  | 占比 (%) | 75.77 | 6.39 | 4.41 | 4.19 | 2.42 | 2.20 | 4.63 |
|  | 累计占比 (%) | 75.77 | 82.16 | 86.56 | 90.75 | 93.17 | 95.37 | 100.00 |
| 加入 NEG | ST 公司家数 (家) | 353 | 30 | 18 | 12 | 17 | 6 | 18 |
|  | 占比 (%) | 77.75 | 6.61 | 3.96 | 2.64 | 3.74 | 1.32 | 3.96 |
|  | 累计占比 (%) | 77.75 | 84.36 | 88.33 | 90.97 | 94.71 | 96.04 | 100.00 |
| 加入 TONE | ST 公司家数 (家) | 353 | 35 | 16 | 12 | 14 | 8 | 16 |
|  | 占比 (%) | 77.75 | 7.71 | 3.52 | 2.64 | 3.08 | 1.76 | 3.52 |
|  | 累计占比 (%) | 77.75 | 85.46 | 88.99 | 91.63 | 94.71 | 96.48 | 100.00 |

表 3 十分位检验结果显示:加入语调变量后,在模型预测概率第 1 个十分位数上,可以预测出 78% 的财务困境公司①,显著大于没有预测能力假设下 10% 的比例;在前 2 个十分位组上,累计预测出财务困境公司比例达 85%,较仅采用传统数据指标模型所预测出财务困境公司的比例提升 3 个百分点,即加入语调变量可以提高模型预测能力。

## 四、结论与启示

基于当前注册制改革不断推进和退市制度不断完善,公司利益相关者更多的需要根据公司公开披露信息对公司发展趋势自主作出判断的这一现状,本文以 MD&A 语调为研究对象,在传统财务指标预警模型的基础之上,引入 MD&A 语调指标,构建综合预警模型。实证研究结果表明:一是挂牌公司 MD&A 净语调整体积极,但逐年下降;二是 MD&A 语调分布在财务困境公司与正常公司之间、不同层次公司之间呈显著差异,较好地印证了企业近年经营承压、业绩分化加大趋势;三是负面语调和净语调变量在预测企业财务困境模型中均显著,MD&A 语调可以提供与企业未来发展有关的预测信息;四是语调变量能有效提高财务困境预测准确度,可以在财务指标的基础上提供有价值的增量信息。

基于以上分析,建议如下:

一是定期报告使用者需关注报告中传统财务指标外的文本信息,提高信息挖掘和筛选能力。随着注册制改革不断推进,资本市场迅速扩容,小盘股的高溢价格局逐步打破,市场估值逐步回归理性,市场更为专业,对投资者提出更高要求。投资者需要自己根据公开披露信息判断公司的质量优劣和投资价值,在挖掘潜力股的同时,更需要规避潜在的问题股,对有用信息需求增加。本文研究表明,MD&A 披露的信息可以补充说明定量财务信息,降低信息不对称,拓宽投资者的分析维度。同时,由于相比管理层传递的积极信息,管理层传递的不利消息及其传递出的悲观语调更有效地反映公司未来业绩。因此,投资者需格外关注报告传递的悲观语调,帮助投资者及时发现可能发生财务困境的公司,提高投资者对公司未来判断的准确性。

二是公司管理层应加强对报告文本信息,尤其是管理层讨论与分析的重

---

① 模型预测公司下一年陷入财务困境概率前 10% 的公司中,财务困境公司数量占全部财务困境公司的比例。

视。本文研究结果显示，管理层在定期报告中的非财务信息披露不是"花瓶式"的，而是作为与投资者的重要沟通渠道，提供了增量信息。由于管理者和投资者之间的信息传递是一个动态的重复博弈过程，只有投资者认为公司的信息披露是可信的，可以反映公司业绩的，信号传递才会生效，管理层才能让投资者根据自己在MD&A中披露信息作出相应的投资行为。从本文结果来看，挂牌公司信息披露语调整体偏积极，对乐观信息的传递可能存在一定程度上的"语言膨胀"，未来应更为客观地提高信息披露质量，畅通与投资者的信息沟通渠道。

三是监管机构要进一步关注信息披露中文本等非结构化数据的披露质量和监管运用。有效的信息披露是注册制平稳运行的关键。随着财务报告中非财务信息所占比重不断增加，MD&A等非结构化文本信息给投资者带来的信息更为重要，监管机构需进一步对信披报告中非结构化信息的披露质量进行辅导和监督，控制和降低管理层"报喜不报忧"和"心口不一"的行为倾向，使投资者获得更多有效信息，提高资本市场的资源配置效率。与此同时，分析表明管理层传递的负面语调、净语调可以提高对下一年企业财务困境预测的效率。在退市制度不断完善，监管者角色从"选好人"转变为"抓坏人"的背景下，后续可考虑将管理层讨论与分析纳入市场运行分析和风险监测体系，并不断丰富文本信息挖掘技术，进一步挖掘财务报告中的非结构化数据，如财务报告的风险披露信息、各类文本附注等，探索对如招股说明书、业绩说明会①、高管的公开发言等其他公开信息披露内容的动态跟踪，提升对公司风险动态跟踪、预警监测能力。

## 参考文献

[1] 谢德仁，林乐，管理层语调能预示公司未来业绩吗？——基于我国上市公司年度业绩说明会的文本分析 [J]. 会计研究，2015（2）.

[2] 林乐，谢德仁. 投资者会听话听音吗？——基于管理层语调视角的实证研究 [J]. 财经研究，2016，42（7）：28-39.

[3] 王靖一，黄益平. 金融科技媒体情绪的刻画与对网贷市场的影响

---

① 根据《全国中小企业股份转让系统挂牌公司治理规则》，精选层公司应当举办年度报告说明会，就公司近况和未来发展规划等投资者关心内容，与投资者进行沟通交流。

[J]. 经济学（季刊），2018（4）.

[4] 陈艺云，贺建风，覃福东. 基于中文年报管理层讨论与分析文本特征的上市公司财务困境预测研究[J]. 预测，2018（4）.

[5] 曾庆生，周波，张程，等. 年报语调与内部人交易："表里如一"还是"口是心非"？[J]. 管理世界，2018（9）：149-166.

[6] 陈艺云. 基于信息披露文本的上市公司财务困境预测：以中文年报管理层讨论与分析为样本的研究[J]. 中国管理科学，2019（7）.

[7] 沈艳，陈赟，黄卓. 文本大数据分析在经济学和金融学中的应用：一个文献综述[J]. 经济学（季刊），2020，18（4）.

[8] 底璐璐，罗勇根，江伟，陈灿. 客户年报语调具有供应链传染效应吗？——企业现金持有的视角[J]. 管理世界，2020（8）：148-162.

[9] Tennyson B. M., Ingram R. W., and Dugan M. T. Assessing the Information Content of Narrative Disclosures in Explaining Bankruptcy [J]. Journal of Business Finance&Accounting, 1990, Vol. 17, No. 3：391-410.

[10] Shumway T, Forecasting Bankruptcy More Accurately：A Simple Hazard Model [J]. The Journal of Business, 2001, 74（1）：101-124.

[11] Tetlock, Paul C. Giving content to investor sentiment：The role of media in the stock market [J]. The Journal of finance, 2007, 62（3）：1139-1168.

[12] Henry, Elaine. Are investors influenced by how earnings press releases are written？[J]. The Journal of Business Communication, 2008, 45（4）：363-407.

[13] Tetlock, Paul C., Maytal Saar-Tsechansky, and Sofus Macskassy. More than words：Quantifying language to measure firms' fundamentals [J]. The Journal of Finance, 2008, 63（3）：1437-1467.

[14] Kothari S P, Li X, Short J E. The Effect of Disclosures by Management, Analysts, and Business Press on Cost of Capital, Return Volatility, and Analyst Forecasts：A Study Using Content Analysis [J]. Social ence Electronic Publishing, 2008, 84（5）：1639-1670.

[15] Li, Feng. The information content of forward-looking statements in corporate filings-A naïve Bayesian machine learning approach [J]. Journal of Accounting Research, 2010, 48（5）：1049-1102.

[16] Loughran, Tim, and Bill McDonald. When is a liability not a liability？

Textual analysis, dictionaries, and 10-Ks [J]. The Journal of Finance, 2011, 66 (1): 35-65.

[17] Davis AK, Piger J M, Sedor L M. Beyond the Numbers: Measuring the Information Content of Earnings Press Release Language [J]. Contemporary Accounting Research, 2012, 29 (3): 845-868.

[18] Renault, Thomas. Intraday online investor sentiment and return patterns in the US stock market. Journal of Banking & Finance, 2017 (84): 25-40.

[19] Chen, Y., Huang Z., Li, J., Shen, Y. and Wang J. Can text-based investor sentiment help understand Chinese stock market? A deep learning method [Z]. Working Paper, 2018.

# 市场实践

# 民营上市公司大股东股票质押风险分析与化解对策研究

陈　剑　赵江平　王龙龙*

**摘　要**：自证券公司质押式回购业务开展以来，因该项业务办理流程便捷、放款速度快等优点，广受市场欢迎，股票质押融资已成为上市公司股东融资的重要渠道。但在宏观经济持续下行压力的情形下，相关风险也随之暴露，并传导至上市公司，直接影响上市公司生产经营，上市公司大股东股票质押风险已成为资本市场三大风险之一。我们结合上市公司日常监管、现场检查和调研交流，对深圳辖区上市公司大股东股票质押相关风险及纾困对策进行系统梳理和总结，以期为化解股票质押风险、促进民营上市公司平稳健康发展提供参考。

**关键词**：质押式回购　上市公司　融资　风险

## 一、基本概念

股票质押[①]，是指出质人（股权所有人）以其所拥有的股票作为质押标的物而设立的质押，属于质权的一种。根据《物权法》《担保法》及中国证券登记结算有限公司（以下简称中登公司）的有关规则[②]，依法可以转让的股权、

---

\* 陈剑，深圳证监局党委委员、副局长；赵江平，深圳证监公司监管二处处长；王龙龙，深圳证监局公司监管一处四级调研员。

① 本文讨论的股票质押相关问题均指 A 股股票。

② 《物权法》第二百二十三条和第二百二十六条、《担保法》第七十五条第 2 项和第六十四条、《中国证券登记结算有限责任公司证券登记规则》第二十九条的有关规定。

股份、股票可以出质或质押,出质人和质权人应依法签署质押合同并至中登公司办理设立登记。当出质人不能履行到期债务或者出现双方约定的情形时,质权人就可以对股票进行处置。在股票质押融资过程中,股票仅仅作为一种担保物质押给质权人,其对应上市公司的表决权并未发生转移。

从质押操作方式来看,股票质押分为场内质押和场外质押两种。场内质押是业内对股票质押式回购交易①的简称,2013 年 5 月 24 日《股票质押式回购交易及登记结算业务办法(试行)》(以下简称《质押办法》)颁布后才得以开展,其操作主体是证券公司,特点是通过证券公司集中交易系统或融资融券业务系统直接完成股票质押交收,流程简洁,并且可以实现快速违约处置,但对质押标的和质押融资率(质押时股票市值的折扣率)有严格要求。场外质押是出质人和质权人签署合同后,由出质人到中登公司办理质押登记,无法通过上述相关信息系统操作,其中操作主体包括银行、信托、基金子公司及其他公司或个人,特点是无法实现快速交收和违约处置,但对质押标的选择和质押融资率设定并不受证监会有关规定的约束。《质押办法》颁发前,股票质押业务以场外为主,场内质押业务开展后,得以迅速发展,并在 2015 年超过场外质押规模,高峰时占市场总规模的 60% 左右。2018 年,上市公司大股东股票质押风险出现后,场内质押监管趋严,规模逐步下降,截至 2019 年底,场内质押融资余额 0.83 万亿元,占比 38%;场外 1.34 万亿元,占比 62%。截至 2020 年 9 月底,场内质押融资余额 0.64 万亿元,占比 33%;场外 1.29 万亿元,占比 67%。

## 二、高比例股票质押的风险及其原因分析

民营上市公司股东是股票质押融资的主体。以深圳辖区上市公司股票质押规模高峰期 2018 年 12 月为例,辖区共 283 家上市公司,234 家为民营企业,其中 189 家民营上市公司控股股东、实际控制人及一致行动人(本文统称大股东)存在股票质押情形,占辖区民营上市公司总数的 81%,涉及质押融资金额 1573 亿元。其中,大股东质押比例超过 80%②的公司(以下简称高质押公司)55 家,涉及融资金额 781 亿元,占辖区民营上市公司大股东质押融资总额

---

① 《中国证券登记结算有限责任公司证券登记规则(2018 年修订)》第二条。
② 业内普遍认为上市公司大股东质押比例达到 80% 就属于高质押比,存在较高的质押风险。深圳辖区高质押比公司家数最多时达 58 家。

的 50%。

(一) 主要风险

1. 控制权非正常变更风险

部分上市公司大股东过度乐观或心存侥幸，未能有效控制股票质押比例和资金流动性风险，导致质押股票遭遇平仓或需赎回时，缺乏足够的股票、资金或其他资产进行处置，最后不得不出让控制权。然而，控制权非正常变更可能影响上市公司治理、公司战略和管理层的持续性、稳定性，特别是民营上市公司对实际控制人的经营管理或资金支持依赖性较高，实际控制人变更带来的影响将更大。深圳辖区个别上市公司因大股东股票质押风险曾引发控制权之争事件，导致管理团队离职，生产经营无法正常开展。截至 2020 年 10 月，深圳辖区共 14 家上市公司因大股东股票质押风险导致发生控制权变更，所幸未影响公司正常生产经营。

2. 上市公司经营性风险

国内大部分民营上市公司向银行融资往往需要大股东增信，大股东质押比例过高时，导致对上市公司信用下降，易引发银行抽贷、断贷或压贷，上市公司将面临较大流动性压力，叠加经济下行压力，上市公司持续经营能力将存在重大不确定性，如 *ST 飞马大股东股票质押过高，公司被银行持续抽贷、断贷，导致公司资金枯竭，主业于 2018 年 10 月基本停止，至今尚未恢复，公司 2020 年 9 月已进入破产重整程序。

3. 违法违规风险

国内民营上市公司往往存在"一股独大"、公司治理基础薄弱、大股东与公司董事、高管高度重合等问题，内控机制难以有效对大股东形成约束，容易发生违法违规事项。大股东高比例股票质押也反映其对资金极度需求，当股票质押面临平仓或冻结时，大股东容易将手伸向上市公司，导致出现占用上市公司的资金或让上市公司为其借款违规提供担保等行为。2018 年、2019 年，深圳证监局就上述情形已对辖区 3 家公司立案调查，对 4 家公司及相关人员采取行政监管措施。此外，高质押公司的股价波动对相关大股东影响较大，其股票质押的借款金额、警戒线、平仓线与上市公司股价密切相关，必然会增加大股东维护上市公司股价的需求。民营上市公司大股东利用其在上市公司任职便利，可以选择性披露信息。

### 4. 系统性风险

当质押的股票价格下行,导致触及质押平仓线,而大股东不能及时追加担保物或者保证金时,质权人就会通过二级市场抛售质押的股票来避损,导致股价进一步下跌,增加了市场的波动性。在 A 股持续下行的背景下,平仓风险逐渐积聚,可能成为引发系统性风险的隐患,特别是随着个股"爆仓"风险相继发生,各市场主体信心进一步流失,加大股票售出力度,股价加速下跌,恶性循环,产生流动性风险,危及市场稳定。以证券公司为例,根据 34 家上市证券公司披露的 2018 年年报统计,股票质押业务计提资产减值准备余额① 105.6 亿元,较 2017 年末的 28.9 亿元增长了 256%,风险已经外溢至金融领域。场内质押监管从严后,场外质押规模出现隐隐上升的趋势,场外质押的资金主要来源于银行理财及资管、信托产品等②,部分产品存在刚性兑付,如大股东违约导致资金亏损甚至无法收回本金,不能兑付投资者,易引发稳定风险。

### 5. 产业链风险

部分上市公司是行业的龙头企业,其产品在市场上具有较强的不可替代性,在产业链上具有举足轻重的作用,大股东股票质押风险引发上市公司流动性、经营性风险后,会进一步引发整个产业链上企业的经营风险。以深圳辖区某制造业上市公司为例,该公司是一家手机摄像头模组的研发和生产厂商,上游供应商涉及上千家企业,下游客户包括苹果、华为、OPPO、VIVO 等品牌手机生产厂商,2018 年营业收入 430 亿元,其产品的市场份额占有率很高,短期内同行其他厂商的产品难以替代。2019 年公司因大股东票质押风险引发银行机构抽贷、断贷,生产经营受到影响,若非政府及时纾困,将会拖欠上游供应商货款,导致相关企业进入经营困境;无法及时供货,将导致手机厂商新机无法如期上市、旧机供货不足,影响整个产业链的健康发展。

(二)形成原因的分析

#### 1. 大股东投机性强,盲目扩张

部分民营上市公司大股东投机性强,公司上市后财富快速增值,导致无心

---

① 相关数据来源于 Wind,此处是使用买入返售金融资产减值准备数据,证券公司买入返售金融资产主要涉及股票质押式回购、债券质押式回购、买断式回购、约定式回购等,虽然较多公司并未明确股票质押业务计提资产减值准备的金额,导致数据略有偏差,但根据年报分析和日常监管掌握的情况,该项资产减值主要涉及股票质押业务,对结论判断影响较小。

② 大部分分级资管、信托产品的优先方资金也是来源于银行。

经营主业,热衷资本运作,追求财富更快增长。尤其是在经济过热、资产泡沫化阶段,将股票质押融资后进行跨界股权投资、地产投资。深圳证监局在2018年、2019年以辖区高质押公司为样本,对大股东股票质押融资用途进行了调研分析,发现仅21%的资金用于支持上市公司生产经营,20%用于大股东在上市公司体外的生产经营、18%用于PE股权投资、16%用于房地产投资、15%用于偿还债务本息、10%用于其他。如*ST索菱2015年上市后,大股东就进行股票质押,公司2016年启动资产重组,2019年因涉嫌违法被证监会立案调查。

2. 大股东风控意识不足

部分大股东初心是将公司做大做强,但风控意识不足,不尊重市场规律,滥用股票质押融资、资金期限错配、盲目乐观增加负债比例。上市公司受宏观经济形势影响经营情况不佳,股票分红收益甚至不足以覆盖股票质押融资利息,大股东体外又无其他流动性资产甚至可处置的资产,股票质押到期后无力偿还,大股东债务规模不断累积,导致风险持续恶化,波及上市公司主体。深圳某上市公司大股东质押融资金额达27亿元,部分参与公司非公开发行,扩大公司经营规模,但受经济下行压力影响,公司业绩大幅下滑,股价下跌,导致出现质押平仓风险,因公司90%的银行融资均由大股东提供担保,还直接影响上市公司生产经营。

3. 民营企业融资渠道受限、成本过高

民营企业尤其是中小型民营企业融资难、融资贵问题持续存在。银行资金受自身风险偏好及风控制度要求,难以实质上向民营企业倾斜。在金融去杠杆背景下,银行机构对民营企业整体抽贷、断贷、压贷行为尤为常见。中小型民营上市公司原本通过自身信用可以获取贷款,但银行已不再放款,往往需要大股东增信,为确保上市公司经营稳定,在缺乏其他资产担保的情形下,大股东只能进行股票质押为上市公司提供担保。伴随着经济下行压力,大股东的融资需求却有增无减。同时,股票减持相关制度客观上限制了大股东减持行为,减少了大股东的融资渠道,而股票质押业务具有可参与度高、融资效率高、融资金额大、几乎无门槛等特征,成为当下民营上市公司大股东获取资金流动性的重要甚至是首选方式。

4. 相关制度安排未能有效衔接

个别制度性安排限制大股东股票质押的"腾挪空间",如资管新规、减持新规、质押新规等统筹协调不够,相互交织,使大股东股票质押风险不断叠加、积聚。受资管新规、质押新规影响,对接结构化产品、银行理财或超过规定质押比例的质押资金,到期后难以延续,叠加市场流动性紧张,加剧大股东股票质押逾期风险;按减持新规要求,大股东在一定期间内减持股票获得资金的能力受限,且担心披露拟减持信息会刺激股价加速下跌,难以通过适度减持股份化解质押风险。

5. 金融机构盲目扩张股票质押业务

2013年《质押办法》颁布后,场内质押业务得以开展并快速发展,因操作便捷且能够快速平仓,深受金融机构欢迎,并吸引部分银行、信托等场外资金以证券公司为通道转场内,同时将场内外股票质押市值的整体规模推高。2014年初,A股股票质押市值规模1.59万亿元,2017年底已增至6.15万亿元。金融机构业务激进加速了股票质押风险的积聚和蔓延。部分金融机构前期过度关注股票质押业务扩张,前端放松质押方资质评估,甚至主动推动、引导上市公司大股东进行股票质押融资;后端对质押资金投向跟踪机制不健全,融资去向限制少、监控难较为普遍。部分金融机构对接了大量通道业务,质押资金来源层层嵌套;在去杠杆进程中,个别金融中介易"一刀切""急刹车",加速风险暴露。

### 三、目前风险化解主要对策

(一)通过股权转让彻底化解质押风险

在保障上市公司经营稳定的前提下,上市公司大股东股权转让是化解股票质押风险最直接、最有效的方式。截至2020年10月底,深圳辖区38家上市公司大股东通过转让股权累计获得资金298亿元,其中34家向国资转让股权获得资金276亿元,占比超九成。在上述38家上市公司中,已有22家大股东质押比例低于80%;14家发生控制权转移的,原实际控制人仍在公司任职,保持公司稳定运营。从个案来看,怡亚通大股东以24亿元的交易对价向深圳市投资控股有限公司(深圳市国资委下属企业,以下简称深投控)转让控制权,交易完成后,深投控积极为怡亚通增信,并协调其下属担保公司为怡亚通提供借款和担保,涉及金额34亿元,有效化解公司流动性风险,成为辖区彻底化解股票质押风险的典型案例。

(二)提供债权支持缓解平仓风险

债权支持虽不能直接降低股票质押比例,但能遏制甚至扭转大股东股票质押风险恶化的趋势,是用时间换空间化解相关风险的有效途径。截至2020年10月底,深圳辖区共54家上市公司大股东获得纾困基金、证券公司专项纾困资产管理计划及社会资金的债权支持,用于置换存在平仓风险或即将到期的股票质押,涉及纾困金额184亿元,其中,政府纾困基金提供资金162亿元,占比88%;证券公司专项纾困资产管理计划10.5亿元,占比5.7%;社会资金11.5亿元,占比6.3%。上述公司大股东的质押比例虽未下降,但调整了债务期限与结构,化解错配风险,获得了较长期限的稳定恢复时间。如和而泰大股东股票质押因不符合展期规定存在平仓风险,质权人国信证券通过其设立的专项纾困资产管理计划对相关质押进行置换,为公司大股东筹集资金争取了时间,目前其质押比例已下降至60%以下,风险得到初步化解。

(三) 使用资本市场工具化解风险

2018年,证监会启动上市公司大股东股票质押专项工作后,证监会相关部门、各地派出机构及沪深交易所积极引导上市公司大股东利用资本市场工具应对化解股票质押风险,也取得了较好效果。如威华股份向大股东发行股份购买主业上游矿产资源资产,大股东质押比例有效降低,其在银行端的资信状况有所改善,配套募集部分资金用于补充流动资金还能改善上市公司的流动性。中青宝股东通过发行债券募集资金置换部分到期股票质押,避免因无法展期而被平仓。铁汉生态受大股东股票质押风险影响,通过发行优先股募集资金缓解公司流动性压力。深交所还于2018年10月26日发行了首单纾困专项公司债券,为政府纾困基金深圳投控共赢股权投资基金募集10亿元的资金,具有重要的示范作用。

(四) 其他多种途径化解风险

股票质押是股东的民事行为,是其合理的市场诉求,市场问题终需市场解决,应发挥市场的决定性作用,政府和监管部门只宜适度干预,发挥"穿针引线"作用,引导上市公司大股东正视现实,不等不靠,主动承担主体责任,多途径化解风险。如大富科技大股东通过债务重组的方式在避免股票质押平仓同时保证公司经营团队的稳定;多家公司大股东积极处置不动产、转让投资项目等回收资金用于解除质押;某公司大股东将其正在开发的地产项目进行补充质押,并与质权人协商待项目完成销售后解除质押;部分公司与质权人协商通过分期支付的方式逐步解除质押;深圳近30家公司在未能获得纾困基金支持或已获得金额不足以化解风险的情况下,还通过二级市场适度减持获取资金化解风险，截至 2020 年 10 月底涉及减持金额 111 亿元；经深圳证监局协调，18 家上市公司大股东与金融机构进行协商展期、暂缓平仓事项，有效化解不必要的平仓事件，避免加剧风险。

### 四、需进一步关注的问题

（一）存量化解难度较大，增量风险不断

纾困工作开展以来，深圳辖区高质押公司家数由高峰期的 55 家减少至 30 家，质押融资规模由 781 亿元减少至 442 亿元。大股东负债规模较低、经营正常的上市公司，其大股东股票质押风险基本得以化解。目前，化解剩余公司股票质押风险进入攻坚期、深水期，其复杂性、艰难性均越来越大。同时，高质押公司风险化解还存在"边化解、边增加"的情形，仍以深圳辖区为例，2020 年 1 月至 10 月，化解了 11 家高质押公司风险，但同时又新增了 9 家，股票质押增量风险、反弹风险仍然持续存在，亟须控制。

（二）银行、保险及社会资金未能有效参与纾困

纾困工作开展后，全国各地成立纾困基金，但主要以地方政府资金为主，银行、保险及社会资金受风险偏好等因素影响，参与积极性不高，在一定程度上导致纾困基金资金来源不足，纾困受阻。深圳是全国最早设立纾困基金开展纾困工作的城市，纾困力度和投入资金规模均在全国领先，但市属国企发起设立的深圳投控共赢股权投资基金等纾困基金，到位资金 90% 以上是市属国企出资，未能大规模吸引银行、保险及社会资金参与。

（三）市场出清渠道尚未发挥作用

对专注实体经济，暂时出现流动性风险的企业，可通过纾困方式提供支持；对在市场竞争中已无法生存的企业，淘汰是正确的选择。但目前上市公司大股东股票质押风险化解主要以救助为主，市场化、法治化出清渠道尚未发挥作用。以深圳辖区为例，高质押公司家数在高峰期达 55 家，但截至目前，5 家公司大股东质押的少量股票被市场机构强制平仓，1 家被质权人向法院申请强制在二级市场卖出，上述公司大股东股票被强制卖出比例[①]最高仅 11.7%，质押风险并未化解；尚无通过破产重整、司法处置等市场化法治化方式出清的案例。

---

① 累计被强制卖出的数量/公司总股本。

## （四）纾困协调难度大

上市公司大股东股票质押风险化解应上下一盘棋、统筹协调安排，纾困不仅仅是纾困基金向上市公司及其大股东注入流动性，更需各方齐心协力推动公司从根源上解决问题，但实践中由于各方"步调不一致"，相关质权人利益诉求不一致，参与方式涉及多个主管部门，协调链条过长，难度非常大，甚至出现"边纾困、边抽贷、边平仓"等现象。

【市场实践】

# 投资者结构、异质预期和新股首日表现
## ——基于新三板精选层公司的经验数据

袁 野 张付标[*]

**摘 要：** 本文在前期理论研究的基础上，以新三板精选层首批32只股票为样本对投资者结构、异质预期和晋层首日股票收益率的关系进行了实证研究。结果表明，精选层投资者的异质预期确实存在，与新股首日收益率、小规模公发股本显著为正；新股破发现象与投资者之间信息不对称有关，适度增加网下机构获配数量、提升精选层公司质量、缩短晋层时长和提高网下报价溢价率可以降低新股收益的不确定性；机构持有挂牌公司公发前流通股本比例与晋层首日股价波动显著为正，但与新股是否抑价并无明显因果关系。根据上述研究结论，本文结合市场运行实际，提出了精选层投资者结构优化相关建议。

**关键词：** 投资者结构 异质预期 精选层 首日收益率

## 一、问题及背景

证券市场投资者结构是影响新股发行抑价[①]的重要因素。投资者结构主要从交易强度、公发获配规模、持股比例等方面影响新股上市表现。从行为金融学角度分析，投资者结构化特征主要由个体或群体的异质预期等因素决定。由

---

[*] 袁野，金融学博士，全国中小企业股份转让系统有限责任公司市场监察部高级经理；张付标，法学博士，助理研究员，全国中小企业股份转让系统有限责任公司市场监察部副总监。

[①] 新股发行抑价是指新股发行价格低于上市初期其市场价格，通常表现为新股上市首日收盘价高于其公开发行价格，新股上市首日收益率为正等现象。

于不同类型投资者在发行定价、交易机制、信息优势以及收益分布等方面存在预期差异,投资者结构的动态调整可能会对新股上市首日收益率产生显著影响。投资者的异质预期与其获取、加工、反馈信息等认知能力紧密相关。知情投资者与非知情投资者之间的信息不对称是造成新股定价过高的原因之一,信息在投资者群体之间的分布越均衡,新股定价效率越高。以无信息投资者(个人投资者)为代表的过度投机行为通常被认为是股票市场低流动性、高波动性产生的原因之一。相比绝大部分散户,虽然机构投资者可能拥有关于新股定价等私人信息优势,但以机构投资者为主的投资者结构是否可以降低新股抑价尚存争议,或随市场环境和微观结构变化对新股首日表现产生不同影响,很难一概而论[1]。

在市场弱有效条件下,股票公发价格与二级市场交易价格的偏差既可能包含抑价部分也可能出现首日破发。2020年7月27日,新三板精选层上线首日26只股票出现盘中跌破发行价的情况,与我国长期以来IPO抑价现象形成鲜明对比。首日精选层股票涨跌幅在-20.83%~55.40%,平均涨跌幅为-4.37%,主要异常波动时段均发生在开盘后半小时内;当日9点33分出现首只股票下跌触发临时停牌后,陆续16只股票触发下跌方向盘中临时停牌,市场卖出力量相对凶猛。新股发行抑价与否以及抑价程度主要依赖于投资者的异质预期。精选层股票首日破发的主要原因是个人、机构等各类投资者对新三板公开发行制度、公开发行定价、晋层首日收益率等存在有意认知偏差。投资者对新股内在价值的不确定性越大,该股票可能被高估的程度就越高,即新股首日跌破发行价的概率越大。在当前市场环境下,精选层股票首日表现与投资者异质预期是如何相互影响的?如果市场参与主体之间的异质性对新股抑价产生明显影响,那么精选层投资者结构的优化调整是否可以降低由信息不对称导致的新股定价偏差,上述问题值得进一步重点关注。

为回答上述问题,本文基于新三板精选层首批32只连续竞价股票为样本展开深入研究。(1)本文首先考察精选层股票首日涨跌幅等因子对投资者异质预期的解释程度,初步验证公发个股定价差异对投资者异质性的影响。(2)进一步分析不同类型投资者在询价、配售、交易等环节关键变量对投资者异质预

---

[1] 何佳,何基报,王霞,翟伟丽. 机构投资者一定能够稳定股市吗——来自中国的经验证据[J]. 管理世界,2007(8).

期的影响,尝试从信息不对称的视角解释新股破发的原因。(3)进一步验证挂牌公司公开发行前流通股持股结构与首日精选层股价波动的相关性,探究存量机构投资者是否能够起到稳定个股走势的作用。(4)结合当前精选层自然人投资者占主导地位的市场特征,本文将进一步提出精选层投资者结构等优化建议。

## 二、文献回顾

### (一)关于投资者结构变迁

综观全球主要资本市场投资者结构的演化历程,近年来专业机构和外资占比明显提升,"机构化"和"国际化"是大势所趋[①]。例如,美股市场结构经过百年演变,从个人投资者主导逐渐发展为机构投资者主导,个人投资者间接持股主要通过共同基金、养老金计划和员工持股计划等途径,近年来家庭间接持股规模增速远超直接持股规模增速,不难看出养老金和共同基金的崛起是家庭直接持股占比下降的重要原因[②]。对比美股,港股的机构化率还有进一步提升的空间,从香港股票市场的投资者结构看,影响最大的是以各类基金为代表的机构投资者,贡献了超过50%的市场成交金额[③]。A股经历了近30年的发展,投资者结构也发生了深刻变革,个人投资者去散户化效果初显,专业机构投资者的实力进一步增强。目前按照实际流通股口径,一般法人成为A股持股市值占比最大的主体,流通股持股市值占比从2004年的4%上升至2019年50%以上;个人流通股持股市值持续回落,从2004年的78%降至2019年的30%上下[④]。近年来,QFII、RQFII等相关外汇管理制度的重大改革带来外资加速进场,已经成为A股市场重要的增量资金来源。

### (二)关于投资者异质预期与IPO抑价

异质预期理论最早由Miller(1977)提出[⑤],异质预期是指不同投资者对

---

[①] 参见马遥,乔国荣,池鸣,毛婧宁.全球主要股票市场投资者结构比较[J].金融市场研究,2020(3)。
[②] 参见吕程.美股投资者结构与变迁[EB/OL].[2020-08-10].华泰证券策略专题研究,万得数据库。
[③] 数据来源:香港联合交易所。
[④] 参见中山证券课题组.股票市场投资者结构国际比较研究[J].证券市场导报,2020(4)。
[⑤] 参见Miller E. M. Risk, Uncertainty, and Divergence of Opinion [J]. Journal of Finance, 1977, 32(4)。

相同股权的价值（或期望收益）有不同估计[1]，或者说不同类型投资者对相同股票相同持有期下的期望收益率或期望收益率方差估计有不同的认知[2]。

异质预期包括三个层次，分别为先验的异质性预期、后验的异质性预期和异质预期的更新过程，上述三个环节均可能因投资者类型和结构等因素差异影响而异质[3]。根据 Miller（1977）的研究结论，投资者意见分歧越严重，当前股价越高，此后长期收益率越低。Gouldey（2006）在上述研究基础上进一步拓展了 IPO 定价模型，以发行人和承销商效用最大化为目标，将 IPO 抑价分为有意抑价和无意抑价[4]。其中，IPO 有意抑价是指发行人和承销商为了防止公开发行失败而实施的有意行为[5]；无意抑价是指投资者对新股价值产生异质认知的结果，很可能导致新股错误定价[6]。国内关于异质预期的研究进一步发现，投资者异质预期确实存在，并且意见分歧一定程度上与 IPO 首日抑价相互影响。

（三）关于投资者结构与 IPO 抑价

Rock（1986）最早开始研究有关机构投资者对 IPO 抑价的影响，基于信息不对称模型，Rock 将投资者分为知情投资者和非知情投资者两类[7]。由于信息不对称，机构投资者拥有关于新股内在价值的私人信息，通常会被给予相对更大的预期收益，但对于处于信息劣势的个人投资者来说，也需要予以补偿其可能承受的逆向选择风险，因此存在新股抑价的激励。一方面，Ritter 和 Welch（2002）认为，投资者新股获配结构对 IPO 抑价形成有重要影响[8]。Aggarwal 等（2002）以美股数据为样本进行实证分析，结果表明机构获配比重与 IPO 首日

---

[1] 参见 Morris S. Speculative Investor Behavior and Learning [J]. Quarterly Journal of Economics, 1996, 111 (4).
[2] 参见张维，张永杰. 异质信念、卖空限制与风险资产价格 [J]. 管理科学学报，2006，9 (4).
[3] 参见张小成. 异质预期对 IPO 抑价影响研究 [D]. 重庆：重庆大学，2009.
[4] 参见 Gouldey B. K. Uncertain Demand, Heterogeneous Expectations, and Unintentional IPO Underpricing [J]. The Financial Review, 2006 (41).
[5] 参见 Michaely R. and Shaw W. H. The Pricing of Initial Public Offerings: Tests of Adverse-Selection and Signaling Theories [J]. Review of Financial Studies, 1994, 7 (2).
[6] 参见 Maksimovic V. and Pichler P. Structuring the Initial Offering: Who to Sell to and How to Do it [J]. Review of Finance, 2006 (10).
[7] 参见 Rock K. Why New Issues are Underpriced [J]. Journal of Financial Economics, 1986 (15).
[8] 参见 Ritter J. R. and Welch I. A Review of IPO Activity, Pricing, and Allocations [J]. Journal of Finance, 2002, 57 (4).

回报率存在显著的正向关系①。另一方面，Sias 和 Starks（1997）通过实证分析发现，机构投资者的持股比例越高，资产收益的自相关性相对更强，反映了机构投资者的交易行为提高了定价信息的有效性②。Kim 等（2018）以韩国股票市场为研究对象，提出相比国内机构投资者，自然人投资者交易强度与市场信息不对称指标呈现更为显著的正向关系，而国外机构投资者的交易行为倾向于缓解信息不对称的问题③。国内一些学者则认为，不同类型投资者持股结构对股价波动的影响存在差异，不同时期投资者交易行为的差异导致了对股票收益率的不同影响。

## 三、研究设计

（一）样本选择

本文样本由新三板精选层首批 32 只股票公开发行、首日交易、财务指标等数据构成④，具体分为三部分：第一部分从精选层股票首日收益率等维度分析对不同类型投资者异质预期的影响。第二部分从网下机构获配规模、网下投资者报价溢价率等维度分析与新股信息不对称程度的相关性。第三部分从公开发行前机构流通股持股比例、盘中换手率等维度解释对首日股价波动性的影响。

（二）变量定义与模型构建

1. 投资者异质预期的衡量

我们借鉴 Low 和 Yong（2013）的做法，采用精选层股票首日交易强度（$T_1$）来估计投资者异质预期的大小⑤，具体公式如下：

$$T_1 = \frac{Q_1}{I_1}$$

其中，$Q_1$ 是精选层股票首日盘中成交股数，$I_1$ 是精选层股票公开发行股数。

---

① 参见 Aggarwal R., Prabhala N. R. and Puri M. Institutional Allocation in Initial Public Offerings: Empirical Evidence [J]. Journal of Finance, 2002, 57（3）。

② 参见 Sias R. W. and Starks L. T. Return Autocorrelation and Institutional Investors [J]. Journal of Financial Economics, 1997（46）。

③ 参见 Kim D., Chung C. Y., Kim K. S. and Sul H. K. Daily Stock Trading by Investor Type and Information Asymmetry: Evidence from the Korean Market [J]. Emerging Markets Finance & Trade, 2018, 1-16。

④ 本文实证研究数据来自 Wind 数据库等公开数据。

⑤ 参见 Low S. W. and Yong O. Initial Public Offerings and Investor Heterogeneity: Evidence from Malaysia [J]. American J. Finance and Accounting, 2013, 3（1）。

具体地,我们采用普通最小二乘法(OLS)来建立模型(1):

$$T_1^i = \alpha_0 + \alpha_1 R_1^i + \alpha_2 I_1^i + \alpha_3 UP_1^i + \alpha_4 DOWN_1^i + \delta_1^i$$

其中,$R_1^i$ 为精选层股票首日涨跌幅(收益率),$I_1^i$ 为精选层公司公开发行股数的对数,$UP_1^i$ 为公开发行网上超额认购倍数(回拨后),$DOWN_1^i$ 为公开发行网下超额认购倍数(回拨后)。

为检验对不同类型投资者异质预期的解释程度,建立 $TZ_x^i$ 表示券商自营、私募基金、公募基金、自然人投资者、公发股东和公发前存量股东等不同类型精选层投资者异质预期的替代变量,具体公式如下:

$$TZ_x^i = \frac{QZ_x^i}{I_1^i}$$

其中,$TZ_x^i$ 是不同类型精选层投资者首日交易强度,$QZ_x^i$ 是不同类型精选层投资者首日盘中成交股数。具体地,将 $TZ_x^i$ 代入模型(1)进行回归分析。

2. 股票信息不对称的衡量

我们借鉴 Amihud(2002)的做法,采用 $ASY_1$ 作为股票信息不对称水平的替代变量①,具体公式如下:

$$ASY_1 = \frac{R_1}{T_1}$$

其中,$R_1$ 是精选层股票首日收益率,$T_1$ 是精选层股票首日交易强度。具体地,我们采用普通最小二乘法(OLS)来建立模型(2):

$$ASY_1^i = \beta_0 + \beta_1 DAL_1^i + \beta_2 TNR_1^i + \beta_3 ROA_1^i + \beta_4 INT_1^i + \beta_5 PRE_1^i + \varepsilon_1^i$$

其中,$DAL_1^i$ 为网下机构投资者获配股数的对数,$TNR_1^i$ 为精选层股票首日盘中换手率,$ROA_1^i$ 为精选层公司 2019 年资产收益率(净利润/平均资产总额),$INT_1^i$ 为拟公开发行公司从披露招股说明书当日算起至晋层首日(不含首日)的自然日天数(以下简称晋层时长),$PRE_1^i$ 为询价阶段网下投资者报价的溢价率,计算公式:

$$PRE_1^i = \frac{(WAP_1^i - MEP_1^i)}{MEP_1^i}$$

---

① 参见 Amihud Y. Illiquidity and Stock Returns: Cross-section and Time-series Effects [J]. Journal of Financial Markets, 2002(5)。

$WAP_1^i$ 为网下投资者报价的加权平均数,$MEP_1^i$ 为网下投资者报价的中位数。

3. 股票价格波动性的衡量

同样,我们借鉴 Low 和 Yong（2013）的做法,采用 $AMP_1$ 来估计精选层股票首日价格波动的大小①,具体公式如下：

$$AMP_1 = \frac{(MAP_1 - MIP_1)}{IP_1}$$

其中,$MAP_1$ 是精选层股票首日盘中最高价,$MIP_1$ 是精选层股票首日盘中最低价,$IP_1$ 是精选层公司公开发行价格。具体地,我们采用普通最小二乘法（OLS）来建立模型（3）：

$$AMP_1^i = \gamma_0 + \gamma_1 R_1^i + \gamma_2 I_1^i + \gamma_3 LIH_1^i + \gamma_4 TNR_1^i + \zeta_1^i$$

其中,$R_1^i$ 是精选层股票首日收益率,$I_1^i$ 为精选层公司公开发行股数的对数,$LIH_1^i$ 为精选层公司公开发行前机构投资者流通股的持股比例,$TNR_1^i$ 为精选层股票首日盘中换手率。

另外,建立 $AMP_x^i$ 表示晋层首日收益率为正（或负）的样本股票首日价格波动的替代变量,并将该变量代入模型（3）进行回归分析,以进一步检验对破发股票首日股价波动大小的解释程度。

## 四、实证分析

（一）投资者异质预期的实证结果

1. 研究样本的描述性统计分析

表 1 是本文第一部分实证分析样本的描述性统计。根据公开数据测算,精选层股票首日交易强度（$T_1^i$）均值为 38.14%,最大值为 153.46%（永顺生物）,最小值为 13.77%（中航泰达）；精选层股票首日收益率（$R_1^i$）均值为 -4.37%,最大值为 55.40%（同享科技）,最小值为 -20.83%（泰祥股份）。29 家进行公开发行网下询价的公司中,网下超额认购倍数（$DOWN_1^i$）介于 4.47~43.14 倍,中位数为 19.98 倍；其中,"苏轴股份"市场热度最高,"润农节水"网下申购需求最低。

---

① 参见 Low S. W. and Yong O. Initial Public Offerings and Investor Heterogeneity: Evidence from Malaysia [J]. American J. Finance and Accounting, 2013, 3 (1)。

表1 投资者异质预期实证分析变量的描述性统计

| 变量 | 观测值 | 均值 | 标准差 | 最小值 | 中位数 | 最大值 |
| --- | --- | --- | --- | --- | --- | --- |
| $T_1^i$ | 32 | 0.3814 | 0.2574 | 0.1377 | 0.3144 | 1.5346 |
| $R_1^i$ | 32 | −0.0437 | 0.1747 | −0.2083 | −0.1098 | 0.5540 |
| $I_1^i$ | 32 | 7.5585 | 0.8636 | 4.7875 | 7.3938 | 9.2103 |
| $UP_1^i$ | 32 | 388.7394 | 550.4219 | 65.5987 | 212.8135 | 2339 |
| $DOWN_1^i$ | 32 | 19.9634 | 11.8444 | 0.0000① | 19.9782 | 43.1400 |

2. 回归分析

表2是投资者异质预期影响因素的多元回归分析。模型（1）拟合效果较好，精选层股票首日交易强度（$T_1^i$）对精选层投资者异质预期的解释力度较强。一是精选层股票首日收益率（$R_1^i$）为正显著地增加了投资者的异质预期，并且在1%的显著性水平下显著；上述结论与Harris和Raviv（1993）的分析一致，投资者对公开发行股份交易后的价值评估分歧越大，通常在二级市场上反映出较大的买入（卖出）规模和股价波动性②。二是精选层公司公开发行规模（$I_1^i$）拟刻画投资者对新股供给情况呈现的不同预期。精选层公司公开发行规模与晋层首日交易强度呈负向关系，并且在1%的显著性水平下显著，说明适当控制新股发行规模一定程度上增加了投资者关于新股价值的意见分歧程度，直观上体现为小规模公发股本的公司交易活跃度有所提升。另外，Ritter（1984）实证分析发现，公开发行规模较小的股票更大概率可能成为投资者进行投机交易的对象，新股盘中换手速度较快，价值分歧程度相对较大③。三是网上超额认购倍数（$UP_1^i$）与投资者异质预期显著为正（回归系数很小），但网下超额认购倍数（$DOWN_1^i$）的影响并不显著④，说明网下超额认购倍数很难准确量化投资者对于精选层公司公开发行股份的实际需求，投资者对于一级市场新股发行的潜在需求尚未完全转化为二级市场有效买入力量。综合分析看，在新三板现行公开询价机制下，较低的网下超额认购倍数并不一定伴随新

---

① 龙泰家居、旭杰科技和殷图网联3家精选层公司采用直接定价的公开发行定价方式。
② 参见Harris M. and Raviv A. Differences of Opinion Make a Horse Race [J]. Review of Financial Studies, 1993 (6)。
③ 参见Ritter J. R. The "Hot Issue" Market of 1980 [J]. Journal of Business, 1984 (57)。
④ 为进一步验证网上（网下）投资者认购需求变量的解释力度，剔除3只公开发行直接定价股票后再次对模型（1）进行回归分析，结果显示网上（网下）超额认购倍数对投资者异质预期的影响系数很小，并且均不显著。

股首日破发。例如,"三友科技"网下超额认购倍数为15.72倍,32只精选层股票中排名第21位;但晋层首日该股收益率为3.71%,名次位于前25%。上述现象产生的原因可能有:其一,受"新股不败"等因素影响,在公开询价阶段投资者情绪过于乐观,较大概率存在过度竞争,为获得网下配授权倾向于推高新股发行价,进而降低了新股晋层首日收益率,甚至加剧新股破发;其二,根据新三板减持相关规定,由于精选层股票部分老股不限售,并且这些老股的持股成本非常低(有的甚至低于1元),部分机构投资者于晋层首日拉高爆炒的手法无从适用。

**表2 投资者异质预期的回归结果①**

| 变量 | 系数 | $T$值 | $P$值 |
| --- | --- | --- | --- |
| $\alpha_0$ | 1.170*** | 4.106 | 0.000 |
| $R_1^i$ | 0.648*** | 3.472 | 0.002 |
| $I_1^i$ | -0.106*** | -2.876 | 0.008 |
| $UP_1^i$ | 0.000* | 1.838 | 0.077 |
| $DOWN_1^i$ | 0.000 | -0.115 | 0.897 |

精选层公开交易数据显示,公发股东是首日开市初期最主要的抛盘力量。为进一步验证对不同类型投资者异质预期的影响程度,表3按账户类型和股东身份区分不同类型投资者异质预期进行多元回归分析。结果表明,一是精选层股票晋层首日收益率与自然人投资者交易强度在5%的水平上显著为正,相比其他类型投资者,$R_1^i$的回归系数最大(5.727),表明在其他条件等同的情况下,精选层股票首日收益率增加(减少)1%,自然人投资者的异质预期上升(下降)5.727%,投资者异质或同质水平一定程度上影响新股价格走势和流动性大小,直观上体现为不同类型投资者之间买卖力量的博弈。为此,将自然人投资者分为连续竞价新进自然人、公发自然人股东和公发前存量自然人股东三类,并以上述各类自然人投资者在精选层首日的交易强度$TZ_y^i$作为其异质预期的替代变量,代入模型(1)进行回归分析②。数据显示,连续竞价新进自然人

---

① $R^2=0.729$。***、**、*分别表示在1%、5%、10%的显著水平下显著。
② 回归结果表明,连续竞价新进自然人、公发自然人股东和公发前存量自然人股东异质预期与晋层首日股票收益率的回归系数分别为0.510、0.353和0.154,并且晋层首日股票收益率对连续竞价新进自然人、公发自然人股东异质预期的影响在1%的显著水平下显著。

和公发自然人股东之间的异质性均与精选层股票首日价格走势显著相关,其中,连续竞价新进自然人的买入力量是精选层股价回归的重要来源(系数为 0.510);首日股票收益率对公发自然人股东的回归系数(0.353)与整体公发股东(含机构)的回归系数相同,说明网上公发股东的盲目抛压会对精选层股票平均价格及市场后续走势形成相对较大影响,需要重要关注。二是券商自营的异质性与精选层股票首日收益率关系显著为正,券商自营资金盘中净卖出比例增加(减少)1%,精选层股票首日收益率下跌(上涨)1.634%,说明相比其他专业机构,如果券商自营账户于首日共同看跌的成分越多,可能会造成股价大幅向下波动。三是针对不同类型投资者,小规模公发股本可以显著增加资金的异质性。在其他条件等同的情况下,自然人投资者的意见分歧对小规模公发股本结构的股票流动性贡献相对较大,公募基金等专业机构的首日交易贡献还有待进一步提升。四是网上(网下)超额认购倍数在不同类型投资者的异质预期之间尚未表现出明显的影响差异,与模型(1)的回归结果保持一致。

表3 不同类型投资者异质预期的回归结果①

| 变量 | 券商自营 | 私募基金 | 公募基金 | 自然人 | 公发股东 | 存量股东 |
| --- | --- | --- | --- | --- | --- | --- |
| $\alpha_x$ | 2.494*** | 5.538** | 1.152** | 11.781*** | 0.434*** | 0.649*** |
|  | (3.205) | (2.357) | (2.144) | (3.156) | (5.434) | (2.836) |
| $R_x^i$ | 1.634*** | 2.182 | 0.349 | 5.727** | 0.353*** | 0.154 |
|  | (3.204) | (1.418) | (0.991) | (2.342) | (6.737) | (1.028) |
| $I_x^i$ | -0.283*** | -0.654** | -0.137* | -1.348*** | -0.039*** | -0.074** |
|  | (-2.816) | (-2.153) | (-1.973) | (-2.792) | (-3.760) | (-2.503) |
| $UP_x^i$ | -0.0000 | 0.001 | 0.000*** | 0.000 | 0.0000** | 0.000** |
|  | (-0.126) | (1.031) | (3.368) | (0.459) | (2.279) | (2.234) |
| $DOWN_x^i$ | 0.008 | 0.011 | -0.006 | 0.010 | 0.001 | 0.003 |
|  | (1.297) | (0.542) | (-1.278) | (0.323) | (1.648) | (-1.464) |

(二)股价信息不对称的实证结果

1. 研究样本的描述性统计分析

表4是本文第二部分实证分析样本的描述性统计。29家进行网下询价的精选层公司中,机构获配平均股数($DAL_1^i$)为672.31万股,最大值为2283.03

---

① 括号内为t值。***、**、*分别表示在1%、5%、10%的显著水平下显著。

万股（颖泰生物），最小值为 13.95 万股（永顺生物）；网下投资者报价溢价率（ $PRE_1^i$ ）均值为 -1.35%，最大值为 7.88%（球冠电缆），最小值为 -12.85%（润农节水）。首日盘中换手率（ $TNR_1^i$ ）均值为 16.69%，最大值为 46.28%（同享科技），最小值为 6.79%（流金岁月）；晋层时长（ $INT_1^i$ ）介于 17~38 天，平均间隔天数为 26 天。

表 4  股票信息不对称实证分析变量的描述性统计

| 变量 | 观测值 | 均值 | 标准差 | 最小值 | 中位数 | 最大值 |
| --- | --- | --- | --- | --- | --- | --- |
| $ASY_1^i$ | 32 | -0.3116 | 0.4912 | -1.2441 | -0.3676 | 0.9544 |
| $DAL_1^i$ | 32 | 6.1165 | 1.0762 | 2.6356 | 6.2495 | 7.7333 |
| $TNR_1^i$ | 32 | 0.1669 | 0.1091 | 0.0679 | 0.1372 | 0.4628 |
| $ROA_1^i$ | 32 | 0.1112 | 0.5173 | 0.0231 | 0.1017 | 0.2571 |
| $INT_1^i$ | 32 | 26.4688 | 5.7248 | 17.0000 | 25.0000 | 38.0000 |
| $PRE_1^i$ | 32 | -0.0135 | 0.05165 | -0.1285 | -0.0111 | 0.0788 |

2. 回归分析

在成熟的资本市场中，一级市场发行定价和二级市场交易价格是相互依存的，通常一二级市场的价格偏离度越低，市场定价效率越高。根据信息不对称理论，由于投资者与发行人、机构投资者与个人投资者之间对新股定价预期存在分歧，可能导致新股发行定价过高，尤其在受到投资者悲观情绪因素影响的情况下，可能造成逆向选择的后果。因此，通过减少知情投资者与非知情投资者之间的信息非对称性水平，可以适当降低新股破发的风险。

表 5 是新股信息不对称影响因素的多元回归分析，并且模型（2）的拟合效果较好。一是适度增加网下机构获配数量（ $DAL_1^i$ ）可以降低信息不对称程度，二者在 1% 的显著水平下显著。上述结论与 Chemmanur 等（2010）的实证分析基本一致，抑价发行是降低散户投资者（非知情投资者）面临的信息不对称风险的有效机制[1]。机构投资者作为影响市场稳定运行的重要力量，承销商通常在网下配售环节会给予机构投资者更多的新股份额，一方面在公开发行询价中期望从上述主体中获取更多的私人信息以提高发行定价效率，另一方面也为激励其于新股上市交易后有效发挥支撑股价稳定的作用。二是盘中换手率是

---

[1] Chemmanur T. J., Hu G. and Huang J. The Role of Institutional Investors in Initial Public Offerings [J]. Review of Financial Studies, 2010 (23)。

量化投资者情绪的直观指标之一，$TNR_1^i$ 的回归系数在1%的显著水平下显著，说明投资者情绪的过度乐观（悲观）均有可能增加新股价值的信息不对称风险，可能的主要原因：其一，公开发行询价阶段投资者的过度乐观情绪会大概率促使机构投资者推高新股报价水平，进一步导致发行定价过高。其二，散户投资者更容易受到"非理性因素"的影响，恐慌情绪一旦出现就很容易导致竞相抛售和相互踩踏①。其三，精选层公司资产收益率（$ROA_1^i$）与信息不对称指标呈显著的负向关系，并且回归系数（-3.299）在所有变量中数值最大，说明精选层公司的资产盈利能力是影响其公发定价的重要因素之一，在其他条件等同的情况下，精选层公司资产收益率越大，公司的资产盈利能力越强，新股投资收益的确定性有所增强，对二级市场投资者的吸引力可能越大。其四，进一步缩短晋层时长（$INT_1^i$）可以降低投资者对于新股价值和收益的不确定性，表明晋层时长越长，投资者可能承受的风险越大，同时挂牌公司精选层申报的成本也越高，新股相关的信息不对称水平进一步提高。其五，网下投资者报价溢价率（$PRE_1^i$）对信息不对称程度显著为负（系数为-2.786），说明公开询价环节网下机构投资者等报价明细中蕴含的精选层股票估值修复的增量信息越多，将进一步降低投资者与其他利益相关主体之间存在的信息不对称。

表5 股票信息不对称的回归结果②

| 变量 | 系数 | $T$ 值 | $P$ 值 |
| --- | --- | --- | --- |
| $\beta_0$ | 0.063 | 0.143 | 0.887 |
| $DAL_1^i$ | -0.210*** | -4.004 | 0.001 |
| $TNR_1^i$ | 2.987*** | 5.685 | 0.000 |
| $ROA_1^i$ | -3.299** | -2.606 | 0.016 |
| $INT_1^i$ | 0.026** | 2.620 | 0.015 |
| $PRE_1^i$ | -2.786** | -2.574 | 0.017 |

（三）精选层首日股价波动的实证结果

1. 研究样本的描述性统计分析

表6是本文第三部分实证分析样本的描述性统计。在精选层首日交易中，

---

① 参见王朝阳，王振霞. 涨跌停、融资融券与股价波动率——基于AH股的比较研究 [J]. 经济研究，2017（4）.

② $R^2 = 0.724$. ***、**、* 分别表示在1%、5%、10%的显著水平下显著。

股票振幅（$AMP_1^i$）均值为 48.32%，最大值为 108.12%（殷图网联），最小值为 22.55%（方大股份）。挂牌公司公开发行前机构流通股持股比例（$LIH_1^i$）介于 1%~98.26%，最大为同享科技，最小为三友科技（约 1%）①。

表6 精选层首日股价波动实证分析变量的描述性统计

| 变量 | 观测值 | 均值 | 标准差 | 最小值 | 中位数 | 最大值 |
| --- | --- | --- | --- | --- | --- | --- |
| $AMP_1^i$ | 32 | 0.4832 | 0.2194 | 0.2255 | 0.4134 | 1.0812 |
| $R_1^i$ | 32 | -0.0437 | 0.1747 | -0.2083 | -0.1098 | 0.5540 |
| $I_1^i$ | 32 | 7.5585 | 0.8636 | 4.7875 | 7.3938 | 9.2103 |
| $LIH_1^i$ | 32 | 0.3047 | 0.2116 | 0.0100 | 0.2540 | 0.9826 |
| $TNR_1^i$ | 32 | 0.1669 | 0.1091 | 0.0679 | 0.1372 | 0.4628 |

2. 回归分析

关于机构投资者是增加还是减少证券价格波动的问题上，相关实证研究结论存在不一致性，主要与特定的市场环境和主体交易行为特征相关。针对新三板精选层公司，拟公开发行并进入精选层的公司是股票仍在正常交易的创新层公司，属于市场内部的升层操作。针对上述情况，挂牌公司公开发行前机构投资者流通股持股比例对晋层首日股价波动的影响，值得进一步探究。表7是精选层公司首日股价波动影响因素的多元回归分析，并且模型（3）的拟合效果较好。一是在其他条件等同的情况下，机构投资者增持拟公发公司流通股比例（$LIH_1^i$）1%，该公司晋层首日股价波动率增加0.314%，从回归结果看，一方面，机构于公发前大量净买入与新股抑价或破发并无明显的因果关系，首日收益率为正（负）与股价波动率的相关性并不显著。另一方面，在晋层首日精选层股票破发的情况下，存量机构股东减持和杀跌行为可能会进一步放大股价向下的波动性（系数为0.234），增强市场下行压力，主要原因为公发前机构持股规模是存量股东抛盘压力的重要来源，并且其持股成本相对较低，首日兑现获利的动机比较强烈。二是首日股价波动性与公发规模（$I_1^i$）呈显著的负相关系，与盘中换手率（$TNR_1^i$）在1%的水平上显著为正（系数为1.118），说明流通盘规模较小、换手速度较快的股票面临的买卖盘力量分歧相对较大，后续抛压可能较小。例如，乐观投资者追涨首日价格至高位，悲观投资者杀跌首日

---

① 数据以 Wind 公开的拟公发公司晋层前机构流通股持股比例最新数据为准。

价格至低位,导致首日股价波动性增大。相关数据表明,在首批 32 只精选层股票公开发行的股份中,流通股本规模较小、换手率较高的个股新股卖出比例居前。

表 7 精选层公司首日股价波动的回归结果①

| 变量 | 首批 32 只精选层股票 | | | 21 只晋层首日破发股票 | | |
| --- | --- | --- | --- | --- | --- | --- |
| | 系数 | $T$ 值 | $P$ 值 | 系数 | $T$ 值 | $P$ 值 |
| $\gamma_x$ | 0.760*** | 3.665 | 0.001 | 0.261 | 0.875 | 0.396 |
| $R_x^i$ | 0.220 | 1.132 | 0.267 | −0.334 | −0.663 | 0.517 |
| $I_x^i$ | −0.077** | −2.639 | 0.014 | −0.021 | −0.541 | 0.597 |
| $LIH_x^i$ | 0.314** | 2.701 | 0.012 | 0.234* | 1.823 | 0.088 |
| $TNR_x^i$ | 1.118*** | 4.155 | 0.000 | 1.141** | 2.291 | 0.037 |

## 五、结论与启示

本文以前期理论研究的成果为基础,以首批 32 只精选层股票为样本,对投资者结构、异质预期和精选层股票首日表现之间的关系进行了实证研究,结果表明:一是精选层投资者异质预期与新股首日收益率、小规模公发股本显著为正,自然人投资者与其他潜在投资者之间的意见分歧对市场交易贡献相对较大。二是适度增加网下机构获配数量、提升精选层公司质量、缩短拟公发公司晋层时长和提高网下报价溢价率有利于解决信息不对称问题。三是公发前机构持有流通股本比例与晋层首日股价波动性呈较为显著的正向关系,在精选层股票价格延续下跌态势甚至破发的情况下,机构持有的老股抛压可能会进一步加剧首日股价波动。

根据上述研究结论,结合目前精选层实际运行情况及监管经验,提出以下建议:一是优化精选层投资者结构。改善投资者价值认知趋同的现状,争取更多异质投资者实际参与交易,包括拓展投资者宣传推广力度,进一步提高投资者参与交易的便捷度;加快实施混合交易等交易机制创新,显著提升做市商等短期交易性资金的投入比例;以基金投顾业务发展为契机,有效带动基金、券商、银行等机构充分发挥新三板客户资产主动管理能力;积极鼓励和引导中长期资金入市;推动便利境外资金入市的配套政策落地实施。二是完善精选层股

---

① $R^2 = 0.729$(整体样本)。***、**、*分别表示在 1%、5%、10%的显著水平下显著。

票减持规定。借鉴科创板上市公司股份限售期与减持要求，积极探索非公开转让减持和配售减持的适用路径，有效缓解老股二级市场减持带来的流动性压力；研究差异化的股份限售要求，为各类异质性资金退出提供一定容错空间。三是完善新股发行机制。进一步提高网下专业机构配售比例和定价权重，提高公发定价信息的透明度；创新对持股和交易较多投资者的激励机制，在其此后参与新股发行时给予政策倾斜。

# 董事会秘书对公众公司的价值

## ——基于多层次市场的经验分析

诸海滨[*]

**摘　要**：本文利用沪深 A 股上市公司的数据，分析了董事会秘书（以下简称董秘）简历特征对公司价值的影响，并以此为依据为新三板分层改革后精选层、创新层、基础层的董秘制度管理提供理论支持。为了便于比较，本文将三板指数（三板成指、三板做市、创新成指、三板龙头、三板制造、三板服务、三板医药、三板消费、三板研发、三板活跃）的所有公司纳入指数组，剩余新三板的公司纳入非指数组，将社会公众多年累积评选出的优质董秘纳入董秘指数组。研究发现：（1）相对于基础层和创新层，精选层多为男性、学历为本科及以上、薪酬较高。相对于非指数组，新三板指数组多为男性，董秘年龄集中分布在 35~40 岁，本科以上比例较非指数组有所上升。精选层和创新层董秘的融资能力优于基础层，指数组董秘的融资能力优于非指数组。（2）有财务经历的董秘所在公司的公司价值比无财务经历董秘所在公司平均高 6.9%；最高学历是本科及以上的董秘所在公司的公司价值比本科以下董秘所在的公司价值高 19.4%；社会大众评选的董秘指数组所在的指数 Beta 值为 0.8，较上证综指风险小，且表现出稳定的收益率。基于此，本文提出建议：第一，要完善新三板市场董秘资格考之后的培训制度。第二，要提高投研机构的市场参与度，同时建议精选层要主动披露投资者活动关系表。第三，要聘任专业能力强的董秘，提高选聘要求并减少其后台行政兼任。第四，要注重董秘的基本素质、综合素

---

[*] 诸海滨，安信证券研究中心总经理助理。

质、资本规划能力。

**关键词：** 新三板　沪深 A 股　董事会秘书　Tobin Q 值

## 一、引言

上市公司的董秘制度早在 1994 年就被引入中国资本市场，历经 25 年的探索和发展，该项制度日臻完善。董秘属于上市公司高级管理人员，由董事会聘任并对董事会负责，是企业横跨实业和资本、公司内部和外部的重要枢纽。其连接上市公司与资本市场的"桥梁"与"窗口"作用也逐渐得到监管层和业界的普遍认可和肯定。

2016 年 9 月，自新三板实施分层制度后，全国中小企业股份转让系统规定，创新层公司须设置专职董秘一职，董秘需取得全国股转系统董秘资格证书。自此，董秘持证上岗成为入选创新层公司的必备条件。2019 年 12 月 10 日，证监会发布了《非上市公众公司监督管理办法》和《非上市公众公司信息披露管理办法》等规定，稳步推进新三板改革。此次改革的主要内容如下：向不特定合格投资者实行保荐承销制度；优化定向发行制度，放开挂牌公司发行数量；优化公开转让和发行的审核机制；创新监管方式，确定差异化的信息披露原则。和新三板的分层治理改革直接挂钩，差异化信息披露体系引起了广泛关注。差异化信息披露体系主要体现在以下三个方面：一是披露形式，精选层要披露年报、季报、业绩预告、快报等；二是披露内容方面，精选层要披露重大风险信息等；三是在信息披露管理方面，创新层、精选层要设立持证董秘。差异化信息披露体系的公司治理改革对新三板董秘的任职与管理提出了更高的要求。

2005 年，国内知名财经杂志《新财富》推出了针对 A 股上市公司的"金牌董秘"评选活动，该评选活动截至 2019 年已成功举办十五届，得到中国资本市场和监管层的高度认可和支持，并逐渐成为中国资本市场评价优秀董秘的一杆标尺。2014 年，新浪财经也开始对 A 股上市公司的优秀董秘进行评选。2017 年，由读懂新三板主办的"2017 新三板年度盛典暨点金奖颁奖典礼"在北京隆重召开，新三板中董秘所起的作用也开始受到业界的关注。因此，本文旨在利用沪深 A 股上市公司的数据，分析董秘简历特征，诸如性别、年龄、教育背景、财务工作经历等对公司价值的影响，并以此为依据为新三板分层改革后精选层、创新层、基础层的董秘制度管理提供理论支持。

## 二、文献综述

近年来,随着我国监管机构对上市公司规范运作监管力度的加大及上市公司自身市值管理的需要,部分理论研究者也开始关注董秘的作用。目前的文献,大多研究董秘的人口特征对于企业 IPO 进程、信息披露质量、企业绩效等行为的影响。高丽(2019)以 2015 年深交所创业板上市公司为样本,通过倾向性得分匹配、多元回归分析和调节效应检验,研究了董秘团队特征对上市公司的可见度和绩效的影响。研究发现,团队规模和成员年龄正向影响公司可见度和绩效。柳潇潇(2018)以 2007—2016 年沪深 A 股上市公司为对象,研究董秘财务经历对公司价值的影响。研究结果表明,有财务经历的董秘能够更好地履行职责,从而降低企业内外部信息不对称,进而提升公司价值。吴育辉(2016)以 2006—2012 年首次申请 IPO 的企业为研究样本,实证检验了拟上市公司的董秘职业背景是否以及如何影响企业的 IPO 成功率和 IPO 进度。研究结果发现,来自中介机构和已上市公司的董秘会提高企业的 IPO 成功率,并加快其 IPO 进度;在风险资本参与以及董秘持股的情况下,专业董秘能够更好地发挥其提高 IPO 成功率和加快 IPO 进度的作用。林长泉(2016)采用沪深 A 股市场为样本,研究董秘性别对信息披露质量的影响,研究发现,董秘性别是影响信息披露质量的重要因素,尽管在上市公司中,女性董秘比例越来越高,但其所在公司的信息披露质量却没有跟着提高。

贾宁(2016)基于 2004—2012 年沪市公司董事会秘书的个人特征,从市值管理的两个维度(投资者预期管理和市值波动性)检验董事会秘书在上市公司中发挥的作用。研究发现,"由谁担任董事会秘书"对上市公司市值管理有着显著的影响。董事会秘书能力越强,越能有效地管理投资者预期,董事会秘书所在公司业绩越容易达到或超过分析师的预期,分析师预期的分歧程度越小;同时,董事会秘书能力越强,公司的市值波动性越低。此外,研究还发现,我国董事会秘书薪酬体系呈现"能力薪酬"模式,董事会秘书薪酬与能力水平显著正相关。当监管层对公司董事会秘书作出处罚时,市场产生负面反应。以上文献均从董秘某一不同特征对公司影响的角度出发进行研究。

然而,大多数研究并未涉及新三板董秘。2013 年底,国务院在中国经济转型的关键时刻,推出新三板,打造中国第三大证券交易场所,直接将新三板推向全国,面向所有中小民营企业,打出资本市场改革关键的一张牌。新三板存在的最终目的就是更好地服务于中小企业，帮助更多的中小企业走向成熟，解决中小企业融资难的困境。经过7年的发展，新三板不断承担起"解决中小企业融资难"的这个历史使命。新三板董秘在完善公司内部治理、投资者关系管理、信息合规披露等方面的重要性更是不言而喻。然而，根据读懂财经发布的研究报告表明，2017年，10547家新三板公司中，仅31.58%的公司配备专职董秘。7216家新三板公司的董秘都是身兼数职，甚至有10名董秘出现身兼5职的情况。在3331名专职董秘中，仅988名董秘有持股，平均持股比例只有0.35%。还有157名专职董秘持股比例不到0.1%，也就是不足千分之一。有股权的新三板董秘为4903人，占比仅有46.39%。新三板董秘的专业化、专职化以及合理的薪酬激励还有很长的路要走。

本文的边际价值在于：（1）将不同层次资本市场、同一层次不同市场表现的董秘特征进行了全面的对比分析，有助于对董秘职业的建立有更为全面的认知；（2）本文的结果说明了董秘专业化任职的重要性，为全国股转系统加强新三板不同层级董事会秘书任职条件审核与履职行为的监管提供了理论依据。

### 三、理论基础

本文立足于沪深A股市场，检验基于董秘特征的高层梯队理论、信息不对称理论、市值管理理论，以此为新三板分层改革后精选层、创新层、基础层的董秘制度管理提供理论支持。

（一）信息不对称理论

信息不对称是指在经济活动中，某些市场参与者拥有比其他参与者更为详实的交易信息。在市场经济活动中，各类人员对有关信息的了解是有差异的；掌握信息比较充分的人员，往往处于比较优势，而信息贫乏的人员，则处于比较劣势。在公司治理中，由于企业所有权与经营权的分离，所有者和管理者之间存在信息不对称，这将会导致经营者可能会追求自身利益最大化，作出一些不利于公司股东的决策。在投资者关系管理中，由于投资者进行投资决策时掌握有限的证券产品以及质量信息，只能根据市场的平均价格进行投资决策，导致公司的估值偏离其真实价值，市场配置效率低。

董秘制度的确立正是在公司治理结构中的重要一环，一方面代表公司股东对日常经营管理进行监督，另一方面及时披露公司的有关信息，释放市场信号，将公司与经营较差的企业区分开。从理论上讲，董秘功能的充分发挥对降低信息不对称、提高资本市场的运作效率具有显著影响。

(二) 高层梯队理论

高层梯队理论是指由于企业内部以及外部的复杂性，公司管理者不可能对其市场的所有变化进行理性的预期和全面的判断，管理者只能凭借既有的认知结构和价值观对相关信息进行解释。换句话说，管理者自有的特质影响着他们的战略选择，进而影响企业的行为。因此，高层管理团队的认知能力、感知能力和价值观等心理结构决定了战略决策过程和对应的绩效结果。通过观察人口特征变量就可以客观地研究高层管理团队与企业绩效之间的关系。

董秘作为公司的高级管理人员之一，其职权范围在不断扩大。董秘是公司与资本市场、公司与投资者、公司与媒体的中介，承担着信息披露、投资者关系管理、参与公司重要决策等重要任务。基于此以上两者，我们提出假设1：董秘的财务经历、知识背景等个人特征会影响其在企业的行为，进而对公司的价值产生影响。

(三) 市值管理理论

作为负责信息披露和投资者关系管理的董秘，在工作中能起到影响预期的作用，能力越强的董秘，越知道如何有效地"管理"和"引导"投资者的预期，从而更好地管理企业市值，预防强烈的市值波动性。市值管理的一个重要体现就是Beta系数。Beta系数是一种风险指数，用来衡量个别股票或股票基金相对于整个股市的价格波动情况。因此，公司存在强烈的降低风险指数的意愿。能力较强的金牌董秘能够及时、准确、技巧性地传递信息，管理投资者预期，更好地管理市值，减少Beta系数的值。由此假设2：能力较强的董秘能够有效减少Beta系数的值，从而减少个股相对于市场的风险。

## 四、模型设计

(一) 样本选择与数据来源

鉴于数据的可得性，本文选取沪深A股上市公司2018年非ST的样本数据为研究对象。数据来源为CSMAR数据库与Choice金融终端。并对样本进行如下处理与筛选：(1) 剔除金融行业的上市公司的样本；(2) 剔除净资产小于0的样本；(3) 剔除相关数据缺失的样本；(4) 为了避免极端值影响回归结果，对一些连续变量取对数处理。

## (二)变量定义

**1. 解释变量**

公司价值(Tobin Q)。以往研究对公司价值的衡量方法一般沿用总资产收益率(ROA)、净资产收益率(ROE),但这两个指标只能反映企业短期的业绩,所以本文选取 Tobin Q 来衡量公司的价值,它能反映企业的长期绩效和市场价值。

**2. 解释变量**

董秘财务经历(Finan)。借鉴以往研究者的经验,将有财务经历的董秘界定为曾担任过以下职务或有过经历的董秘:首席财务官、财务负责人、财务主管、总会计师、财务总监、财务科长、财务处处长、财务部经理、财务部部长、投资经理、投资总监、投资研究员、证券投资部部长、资本运作主管、投行部经理、投行部高级经理、基金经理、证券研究员、行业分析师、证券事务代表等。

另外,还有董秘的性别(Gen)、董秘的年龄(Age)、董秘的学历(Edu)。

**3. 控制变量**

基于现有研究,影响上市公司价值的因素有很多,为了准确反映董秘个人特征与公司价值、信息披露质量之间的关系,我们对如下因素加以控制:公司规模、资产负债率、市场风险、高管人员规模、董事长和总经理是否二职合一,并固定行业的影响。

详细的变量定义见表1。

表1 变量设计

| 变量性质 | 变量名称 | 变量符号 | 变量定义 |
| --- | --- | --- | --- |
| 被解释变量 | 公司价值 | Tobin Q | 市场价值/重置成本 |
| 解释变量 | 年龄 | Age | 董事会秘书的年龄 |
| | 性别 | Gen | 男=1;女=0 |
| | 学历 | Edu | 本科及以上=1,否则=0 |
| | 财务经历 | Finan | 有专业的财务经历=1;否则=0 |

续表

| 变量性质 | 变量名称 | 变量符号 | 变量定义 |
| --- | --- | --- | --- |
| 控制变量 | 公司规模 | Size | 总资产取自然对数 |
| | 资产负债率 | Lev | 负债/总资产 |
| | 市场风险 | Beta | 近100周股票的Beta值 |
| | 高管人员规模 | Exe | 高管人数取自然对数 |
| | 两职合一 | Dual | 董事长兼任总经理=1；否则=0 |
| | 行业 | Indu | TMT=（1,0）；Med=（0,1）；其他=（0,0） |

（三）模型设计

为了验证假设1，本文设计的回归模型为

$$TobinQ = \beta_0 + \beta_1 Age + \beta_2 Gen + \beta_3 Edu + \beta_4 Finan + \beta_5 Size + \beta_6 Lev + \beta_7 Beta + \beta_8 Exe + \beta_9 Dual + \beta_{10} Indu$$

为了验证假设2，本文汇总了社会公众多年累积评选出的优质董秘，即14届以来新财富董秘名人堂成员所在上市公司，以2016年12月30日为首次交易日期，自建指数，将董秘指数组与上证综指风险情况进行对比。

## 五、实证检验与结果分析

（一）相关性分析

首先，我们对模型中涉及的各变量进行相关性检验，以避免变量之间的多重共线性。相关性检验结果来看，Tobin Q 与董秘财务经历的相关系数为0.06，且在5%的显著性水平上显著，初步验证了本文的假设1；其次，被解释变量与控制变量基本上都是显著的（P<0.05），说明控制变量的选取是合理的；最后，解释变量与控制变量和调节变量之间的相关系数都很小，这在一定程度上说明模型回归出来的结果比较稳健，不会造成严重的多重共线性问题。

（二）多元回归结果

对模型1进行多元回归，表2的回归结果显示，finan 的回归系数为0.069，且在10%的水平上显著，说明有财务经历的董秘所在公司的公司价值比无财务经历董秘所在公司平均高6.9%。edu 的回归系数为0.194，且在1%的水平上显著，说明最高学历是本科及以上的董秘所在公司的公司价值比本科以下董秘所在的公司价值高19.4%。董秘的年龄和性别对公司价值的影响并不显著（P>0.1）。假设1得已验证，即拥有更高的知识背景，更丰富的财务经历，有助于董秘更好地履行职责,提高信息披露质量,从而降低企业内外部信息不对称,提高公司价值。董秘的性别、年龄变量对 Tobin Q 值不显著,可能的原因在于财务工作背景和教育对 Tobin Q 值的影响占主导地位,而 A 股董秘的年龄大可能是由于历史原因,沪深 A 股公司上市时间长。

表 2 董秘个人特征对公司价值的影响

| tobinq | Coef. | St. Err. | t-value | p-value | [95%Conf | Interval] | Sig |
|---|---|---|---|---|---|---|---|
| finan | 0.069 | 0.036 | 1.94 | 0.053 | −0.001 | 0.140 | * |
| age | 0.003 | 0.003 | 1.25 | 0.213 | −0.002 | 0.008 | |
| gender | −0.035 | 0.040 | −0.88 | 0.379 | −0.112 | 0.043 | |
| edu | 0.194 | 0.068 | 2.84 | 0.005 | 0.060 | 0.327 | *** |
| size | −0.294 | 0.017 | −16.91 | 0.000 | −0.328 | −0.259 | *** |
| lev | 0.001 | 0.001 | 0.72 | 0.470 | −0.001 | 0.003 | |
| beta | −0.336 | 0.057 | −5.85 | 0.000 | −0.449 | −0.223 | *** |
| dual | −0.013 | 0.040 | −0.33 | 0.739 | −0.093 | 0.066 | |
| exe | −0.247 | 0.089 | −2.77 | 0.006 | −0.421 | −0.072 | *** |
| Constant | 8.536 | 0.516 | 16.54 | 0.000 | 7.524 | 9.548 | *** |
| 不同行业的影响 | | | 控制 | | | | |
| Mean dependent var | | | 1.589 | SD dependent var | | 1.088 | |
| R-squared | | | 0.175 | Number of obs | | 3177.000 | |
| F-test | | | 19.641 | Prob>F | | 0.000 | |
| Akaike crit. (AIC) | | | 9007.693 | Bayesian crit. (BIC) | | 9219.922 | |
| *** p<0.01, ** p<0.05, * p<0.1 | | | | | | | |

(三) 自建指数对比

1. 阶段回报分析

2017 年初至今,董秘指数组净值增长率为 2.9%,明显高于上证综指基准增长率−0.71%,业绩表现良好。从近一年净值增长率来看,指数组和上证综指组持平,均达到 19.50%。从近两年净值增长率来看,董秘指数组受经济整体下行压力的影响,净值增长率为−5.79%,但下行趋势也优于上证综指的−10.55%。从近三年净值增长率来看,董秘指数组净值增长率较上证综指组反弹上升,为 5.26%。总的来看,从阶段回报角度,董秘指数组净值增长率表现优于上证综指。如图 1 所示。

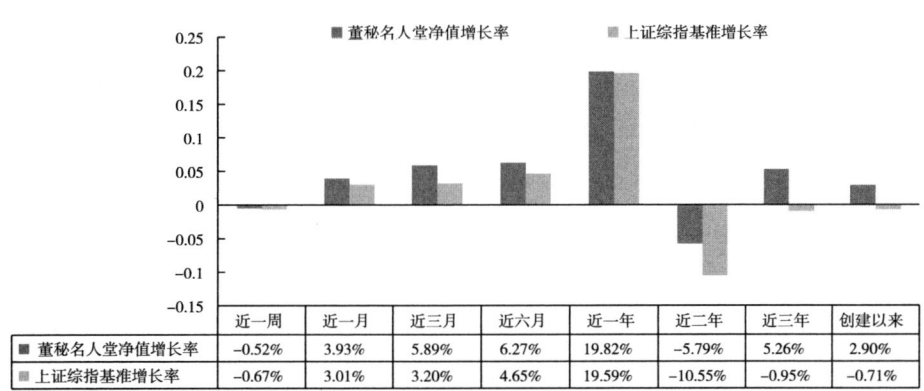

**图 1　董秘名人堂指数组与上证综指净值增长率比较**

（资料来源：choice，安信证券研究中心整理）

## 2. 风险分析

由表 3 可以看出，董秘指数组 Beta 系数小于 1，就意味着这个资产的涨跌幅会比市场小，风险较小。在风险较小的情况下表现出和上证综指相近的平均收益率，且收益标准差较小，收益的波动率较小。

**表 3　董秘指数组与上证综指风险分析**

| 分组 | Alpha | Beta | R-Square | 平均收益率 | 收益标准差 | Sharpe |
| --- | --- | --- | --- | --- | --- | --- |
| 董秘指数组 | 0.0032 | 0.8304 | 0.9178 | 1.68% | 4.56% | 0.3402 |
| 上证综指 | 0.0000 | 1.0000 | 1.0000 | 1.64% | 5.26% | 0.2874 |
| 差值 | 0.0032 | -0.1696 | -0.0822 | 0.04% | -0.70% | 0.0527 |

# 六、不同层次资本市场董秘特征的多维度分析

## （一）样本处理

截至 2020 年 9 月 25 日，新三板共挂牌 8402 家公司，其中 7194 家归属于基础层，1176 家归属于创新层，32 家归属于精选层，全部 A 股共 4029 家公司。从三板成指、三板做市、创新成指、三板龙头、三板制造、三板服务、三板医药、三板消费、三板研发、三板活跃筛选出共 2389 家公司，命为指数组，将剩余的 6013 家公司命为非指数组。

对数据进行整理，剔除新三板基础层中董秘为空值的 625 家公司，剔除新三板创新层董秘为空值的 11 家公司，剔除新三板精选层董秘为空值的 0 家公司，剔除指数组 81 个董秘为空值的公司，剔除非指数组 555 个董秘为空值的公

司,剔除A股3个董秘为空值的公司。

获得本文的样本:创新层(n=1165);基础层(n=6569);精选层(n=32)指数组(n=2308);非指数组(n=5458);A股(n=4026)。

(二)董秘信息披露情况对比

1. 董秘电话披露情况对比

新三板基础层样本共6569家公司,未披露董秘办公室电话的有131家,占1.99%;新三板创新层共1165家,未披露董秘办公室电话的仅9家,占0.77%;新三板精选层共32家,未披露董秘办公室电话的0家;A股样本共4026家,未披露董秘电话的有25家,占0.62%。如表4所示。

表4 不同组别董秘电话披露情况

| 组别 | 未披露 | | 披露 | |
| --- | --- | --- | --- | --- |
| | 个数 | 百分比 | 个数 | 百分比 |
| 基础层(n=6569) | 131 | 1.99% | 6438 | 98.01% |
| 创新层(n=1165) | 9 | 0.77% | 1156 | 99.23% |
| 精选层(n=32) | 0 | 0 | 32 | 100% |
| A股(n=4026) | 25 | 0.62% | 4001 | 99.38% |

资料来源:choice。

2. 董秘年龄披露情况对比

新三板基础层278家公司未披露董秘的年龄,占基础层样本总数的4.23%;52家创新层公司未披露董秘年龄,占创新层样本总数的4.46%。148家A股公司未披露董秘年龄,占3.68%。如表5所示。

表5 不同组别董秘年龄披露情况

| 组别 | 未披露 | | 披露 | |
| --- | --- | --- | --- | --- |
| | 个数 | 百分比 | 个数 | 百分比 |
| 基础层(n=6569) | 278 | 4.23% | 6291 | 95.77% |
| 创新层(n=1165) | 52 | 4.46% | 1113 | 95.54% |
| 精选层(n=32) | 0 | 0 | 32 | 100% |
| A股(n=4026) | 148 | 3.68% | 3878 | 96.32% |

资料来源:choice。

### 3. 董秘薪资披露情况对比

新三板基础层 6535 家公司未披露董秘薪酬,占 99.48%;新三板创新层 1124 家公司未披露董秘薪酬,占 96.48%;新三板精选层 17 家公司未披露董秘薪酬,占 53.13%;A 股 202 家公司未披露董秘的薪酬,占 5.02%。如表 6 所示。

表 6　不同组别董秘薪资披露情况

| 组别 | 未披露 | | | 披露 | | |
| --- | --- | --- | --- | --- | --- | --- |
| | 年份 | 个数 | 百分比 | 年份 | 个数 | 百分比 |
| 基础层（n=6569） | 2019 | 6535 | 99.48% | 2019 | 34 | 0.52% |
| 创新层（n=1165） | 2019 | 1124 | 96.48% | 2019 | 41 | 3.52% |
| 精选层（n=32） | 2019 | 17 | 53.13% | 2019 | 15 | 46.87% |
| A 股（n=4026） | 2019 | 202 | 5.02% | 2019 | 3824 | 94.98% |

资料来源：choice。

### （三）董秘特征构成对比

#### 1. 董秘性别构成

从不同市场分层来看,挂牌条件相对宽松的基础层,男性董秘比例为 46.98%;入选条件相对严格的创新层,男性董秘比例为 50.30%;入选条件更加严格的精选层,男性董秘比例为 62.50%,高于基础层和创新层。

从不同市场表现来看,非指数组具有较低的男性董秘比例,比女性董秘比例少 4.61%;指数组男性董秘比女性董秘高出 5.89%;A 股男性董秘比例比女性董秘高出 42.27%;精选层男性董秘比例比女性董秘高出 25.00%。如表 7 所示。

表 7　不同组别董秘性别构成比较

| 组别 | 男 | | 女 | | 不详 | |
| --- | --- | --- | --- | --- | --- | --- |
| | 个数 | 百分比 | 个数 | 百分比 | 个数 | 百分比 |
| 基础层（n=6569） | 3086 | 46.98% | 3254 | 49.54% | 229 | 3.49% |
| 创新层（n=1165） | 586 | 50.30% | 542 | 46.52% | 37 | 3.18% |
| 精选层（n=32） | 20 | 62.50% | 12 | 37.50% | 0 | 0 |
| 指数组（n=2308） | 1181 | 51.17% | 1045 | 45.28% | 82 | 3.55% |
| 非指数组（n=5458） | 2511 | 46.01% | 2763 | 50.62% | 184 | 3.37% |
| A 股（n=4026） | 2846 | 70.69% | 1144 | 28.42% | 36 | 0.89% |

资料来源：choice。

## 2. 董秘学历构成

从不同市场分层来看，基础层董秘学历主要分布在本科，本科及以上学历仅占15.69%；创新层董秘学历也集中在本科，本科以上学历提升至23.26%；精选层董秘本科以上学历占比34.38%，高于基础层和创新层，和A股更为接近。

从不同市场表现来看，非指数组、指数组以及A股均有一半左右的董秘学历为本科，三组的差异主要体现在本科以下和本科以上类别的比例构成。非指数组本科以上比例构成仅为14.62%，而指数组本科以上比例构成相对上升，为22.31%。如表8所示。

表8 不同组别董秘学历构成比较

| 组别 | 本科以下 | | 本科 | | 本科以上 | | 不详 | |
| --- | --- | --- | --- | --- | --- | --- | --- | --- |
| | 个数 | 百分比 | 个数 | 百分比 | 个数 | 百分比 | 个数 | 百分比 |
| 基础层（n=6569） | 1920 | 29.23% | 3294 | 50.14% | 1031 | 15.69% | 324 | 4.93% |
| 创新层（n=1165） | 228 | 19.57% | 619 | 53.13% | 271 | 23.26% | 47 | 4.03% |
| 精选层（n=32） | 4 | 12.5% | 16 | 50% | 11 | 34.38% | 1 | 3.13% |
| 指数组（n=2308） | 494 | 21.40% | 1194 | 51.73% | 515 | 22.31% | 105 | 4.55% |
| 非指数组（n=5458） | 1658 | 30.38% | 2735 | 50.11% | 798 | 14.62% | 267 | 4.89% |
| A股（n=4026） | 226 | 5.61% | 1813 | 45.03% | 1936 | 48.09% | 51 | 1.27% |

资料来源：choice。

## 3. 董秘年龄构成

在指数组3591个样本中，有174位董秘未披露年龄，将其在此部分剔除，获得3417个有年龄数据的指数组样本；在非指数组的4175个样本中，有156位董秘未披露年龄，将其在此部分剔除，获得4019个有年龄数据的非指数组样本。同理，有年龄数据的创新层样本个数为1113，有年龄数据的基础层样本个数为6291，有年龄数据的精选层样本个数为32，有年龄数据的A股样本个数为3878。

如图2所示，相对于基础层、创新层来说，A股董秘年龄核密度曲线整体右移,说明 A 股董秘的年龄集中分布在 45~50 岁,明显大于基础层和创新层董秘的年龄。类似地,指数组和非指数组董秘年龄集中分布在 35~40 岁,明显小于 A 股董秘的年龄,见图 3。

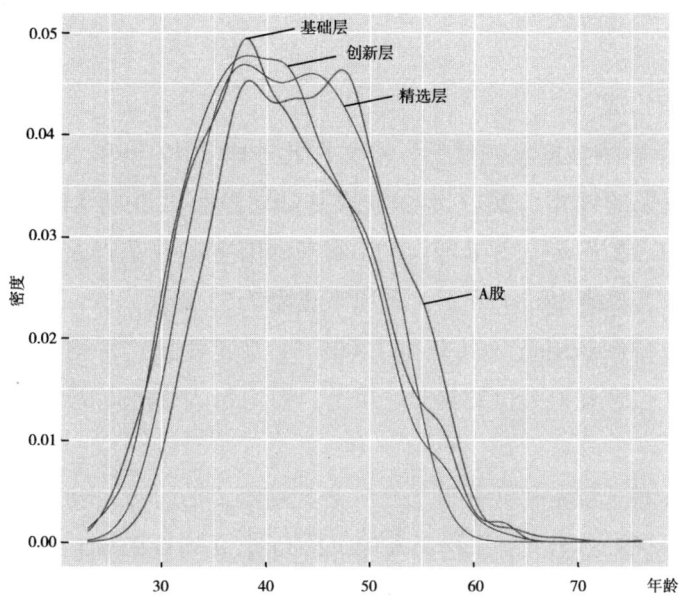

**图 2　基础层、创新层、精选层、A 股董秘的年龄分布核密度**

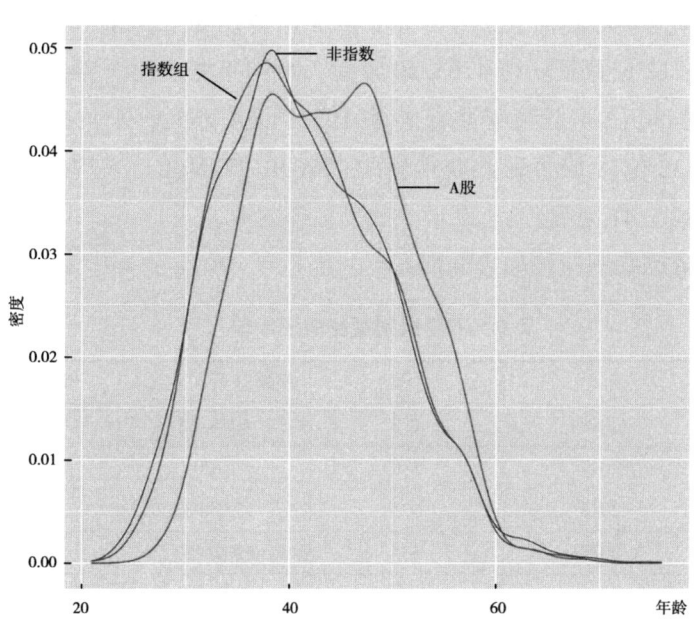

**图 3　指数组、非指数组、A 股董秘的年龄分布核密度**

统计自 2017 年至 2020 年 9 月 25 日，从新三板转板上市揭示董秘年龄的 157 家公司中，董秘的年龄均值为 43 岁，小于 A 股董秘组，与创新层、基础层、指数组、非指数组相近，由此进一步印证了 A 股董秘年纪大可能是由于历史原因，公司上市时间长，而年龄将较于财务工作经历和学历背景对公司价值的解释力不足。

4. 董秘薪酬构成

由于 2019 年薪酬披露比例较低，本文在此选取 2017 年和 2018 年的数据。剔除薪酬数据缺失的样本，2017 年 380 家基础层董秘共获得 8100 万元报酬，平均每人薪酬 21.32 万元；2018 年，173 家基础层董秘共获得薪酬 4988.52 万元报酬，平均每人薪酬 28.84 万元，平均年涨幅 7.52 万元。

2017 年 535 位创新层董秘共获得 12005.31 万元薪酬，平均每人 22.44 万元；2018 年 624 位董秘获得 15354.32 万元，平均每人 24.61 万元，平均年涨幅 2.17 万元。

2017 年 23 位精选层董秘共获得 721.51 万元薪酬，平均每人 28.86 万元；2018 年 28 位董秘获得 963.65 万元，平均每人 34.42 万元，平均年涨幅 5.56 万元。

类似地，2017 年 637 家指数组董秘共获得薪酬 14921.57 万元，平均每人 23.42 万元；2018 年 585 位董秘获得薪酬 15579.64 万元，平均每人 26.63 万元，平均年涨幅 3.21 万元。2017 年 280 位非指数组董秘共获得薪酬 5244.41 万元；2018 年 212 位董秘获得 4763.20 万元，平均年涨幅达 3.74 万元。

2017 年，3430 位 A 股董秘共获薪酬 192214.55 万元，平均每人 56.04 万元；2018 年 3532 位 A 股董秘共获得薪酬 217030.27 万元，平均每人 61.45 万元，年涨幅达到 5.41 万元。

不同组别董秘薪酬比较如表 9 所示。

**表 9 不同组别董秘薪酬比较**

| 组别 | 年份 | 个数 | 薪酬总额（万元） | 平均薪酬（万元） |
| --- | --- | --- | --- | --- |
| 基础层 | 2018 | 173 | 4988.52 | 28.84 |
| | 2017 | 380 | 8100 | 21.32 |
| 创新层 | 2018 | 624 | 15354.32 | 24.61 |
| | 2017 | 535 | 12005.31 | 22.44 |
| 精选层 | 2018 | 28 | 963.65 | 34.42 |
| | 2017 | 23 | 721.51 | 28.86 |

续表

| 组别 | 年份 | 个数 | 薪酬总额（万元） | 平均薪酬（万元） |
|---|---|---|---|---|
| 指数组 | 2018 | 585 | 15579.64 | 26.63 |
| | 2017 | 637 | 14921.57 | 23.42 |
| 非指数组 | 2018 | 212 | 4763.20 | 22.47 |
| | 2017 | 280 | 5244.41 | 18.73 |
| A股 | 2018 | 3532 | 217030.27 | 61.45 |
| | 2017 | 3430 | 192214.55 | 56.04 |

精选层董秘的平均薪资以及年涨幅均优于基础层、创新层。也可以看出，被纳入指数组的公司，董秘的平均薪酬也是要优于非指数组的，这说明指数组董秘的薪酬激励较非指数组高。

5. 融资能力

对比分析新三板公司2019年定增现状，创新层平均每家募集10385.06万元，精选层平均每家募集8294.92万元，远高于基础层的3126.48万元。市场度较为活跃的指数组平均每家募资金额为7509.40万元，高于非指数组的2028.97万元，这在一定程度上反映了能力较强的董秘的融资能力也较高。如表10所示。

表10　不同组别董秘融资能力对比

| 组别 | 定增公司（个） | 募资总额（亿元） | 平均每家募资金额（万元） |
|---|---|---|---|
| 基础层 | 506 | 158.2 | 3126.48 |
| 创新层 | 87 | 90.35 | 10385.06 |
| 精选层 | 7 | 5.81 | 8294.92 |
| 指数组 | 234 | 175.72 | 7509.40 |
| 非指数组 | 359 | 72.84 | 2028.97 |

资料来源：choice。

## 七、结论与建议

### （一）研究结论

相对于基础层和创新层，精选层男性比例更高，学历为本科及以上和薪酬水平也较高。相对于非指数组，新三板指数组多为男性，董秘年龄集中分布在35~40岁，根据文中回归数据及样本数据分析，本文认为董秘的年龄对公司价值的解释力不足,精选层、基础层和创新层年龄分布无明显差异,而 A 股董秘年纪大可能是由于公司上市时间长的历史原因。

精选层本科及以上学历的董秘占比高达 84.38%,指数组本科以上的比例较非指数组也有所上升。由此可以看出,董秘的学历与公司情况呈正相关。精选层和创新层董秘的融资能力明显优于基础层,指数组董秘的融资能力也显著高于非指数组。由此得出结论,能力较强的董秘,其融资能力也较高。有财务经历的董秘所在公司的公司价值比无财务经历董秘所在公司平均高 6.9%;最高学历是本科及以上的董秘所在公司的公司价值比本科以下董秘所在的公司价值高 19.4%。因此,董秘的学历对公司价值也有正面影响。

新三板作为我国多层次市场的组成部分,其重要性已不言而喻。然而,与主板上市公司对董秘资格有明确要求不同,新三板市场上对挂牌公司的董秘一直没有明确的资质限定。

自 2016 年《全国中小企业股份转让系统挂牌公司董事会秘书任职及资格管理办法(试行)》和 2020 年 1 月 3 日正式发布的《全国中小企业股份转让系统挂牌公司治理规则》以来,新三板对董秘的任职要求也越来越趋向于主板,新三板董秘职务的重要性和专业性也逐步得到重视和强调。本文以沪深 A 股上市公司为对象,研究董秘的个人特征对提高信息披露质量、完善公司治理、提高投资者管理水平,进而降低企业内外部信息不对称,提高公司的价值的关联,从而为新三板市场分层管理改革对董秘的任职要求提出建议。研究结果表明,拥有更丰富的财务工作经验和更高知识背景的董秘能够更好地履行职责,降低企业内外部信息不对称,从而提高企业的长期价值。

(二)政策建议

提高新三板挂牌公司的信息披露质量,才能促进资本市场与挂牌公司之间的信息沟通,从而改善资本市场的效率。这也正是董秘职责的关键所在。为了使董秘制度能够更好地发挥作用,本文提出以下几点建议。

第一,完善董秘培训制度。对比分析新三板创新层和基础层,沪深 A 股,创业板和中小板对董秘任职的相关法律法规发现,四个层次的市场均对董秘财务、管理、法律专业知识,良好的职业道德和个人品德,以及资格证书提出了明确的任职要求。不同的是,对于董秘后期培训方面,新三板仅要求每年 8 个课时的后续培训,其对董秘后续培训管理、培训时长、培训理论体系的完备性等要求远低于沪深 A 股和创业板、中小板,具体见表 11。

### 表 11　不同层次资本市场对董秘后续培训的要求

| 市场层级 | 后续培训要求 | 培训内容 |
|---|---|---|
| 新三板 | ①挂牌公司董事会秘书应当于通过资格考试后每年参加不少于 8 个课时的后续培训<br>②未按规定完成后续培训课时的解聘 | 培训内容涉及全国股转系统市场定位、公司治理、挂牌公司信息披露、股票交易、股票发行、收购、重大资产重组、日常业务、证券登记、监管措施与违规处分、市场分层、资本市场诚信建设 |
| 上交所主板 | ①培训时间原则上不少于 36 个课时，并取得董事会秘书资格培训合格证书； | 培训内容涉及 31 个培训文件，包括上市公司信息披露、公司治理、投资者关系管理、股权管理、董事会秘书权利和义务等主题 |
| 上交所科创板 | 董事会秘书原则上每两年至少参加一次董事会秘书后续培训<br>②3 年未参加董事会秘书后续培训解聘 | 注册制下的科创板上市公司监管；科创板持续监管重点制度；科创板上市公司信息披露和规范运作；科创板上市公司信息披露业务操作 |
| 深交所主板 | ①董事会秘书及证券事务代表每两年应至少参加一次由本所举办的董事会秘书培训班 | 董事会秘书职责、上市公司信息披露规范、上市公司运作法律框架、《上市规则》解读等课程 |
| 深交所创业板 | ②连续两年未参加本所董秘培训的解聘 | |
| 深交所中小板 | ③针对上市公司董事会秘书、证券事务代表，资格培训 3 天，后续培训 2 天 | |

资料来源：根据交易所的董事会秘书任职及资格管理办法条例进行整理。

第二，提高机构投研机构的参与度。机构投资者能够对公开信息进行解读，降低信息不对称，从而协助董秘管理层盈余管理动机和财务舞弊，提升公司价值。良好、透明的资本市场监管方式，能够吸引更多的机构投资者进入新三板市场，董秘也可以通过与机构投资者进行沟通，缓解这一影响。目前 A 股上的机构投资者可以分为公募类、私募类、保险保障类、自营类等。2019 年上海交易所统计，2018 年 A 股专业机构持股账户数为 4.54 万户，持有市值 3.2 万亿元。新三板虽 2018 年具有 5.63 万户的机构投资者，但以私募股权机构占比较高，二级市场参与主体不足，还需进一步提高机构投资者的活跃度和丰富度。同时建议精选层要主动披露投资者活动关系表，如投资者接待日调研纪要和接待机构投资者调研纪要。

第三，聘任专业能力强的董秘，提高选聘要求并减少其后台行政兼任。我国的董秘能力水平参差不齐，公司在聘任董秘时要仔细审核候选人的任职资格。董事会可以提名董秘并由股东大会选拔。结合学历背景、专业能力、海外背景等因素，选拔出最符合公司需求的董秘。在同等条件下，优先聘任财会专业或者有相关工作经验的人。此外，经过验证发现年龄差异对信息披露质量无显著影响，所以公司在聘任董秘时更需注重业务能力，财务经历等。目前新三板市场公司存在较多由行政总监、分管行政的副总经理、办公室主任等等行政类高级职务人员兼任董秘的现象。根据全国中小企业股份转让系统收集到的数据，以在新三板挂牌的614家上海公司的董秘为例，基础层公司共521家，兼任财务总监的有66人，占比12.67%，兼任副总经理的有96人，占比18.43%；创新层公司共91家，兼任财务总监的有18人，占比19.78%，兼任副总经理的有21人，占比23.08%。为更好地发挥董秘职责地位，应减少董秘后台行政岗位兼任现象，增加在业务部门、研发部门等前台岗位职能经验。加强董秘参与公司日常经营管理，能够帮助其更好地履行信息披露的职责。

第四，注重董秘的基本素质、综合素质、资本规划能力。第三方组织协会的监督及评选行为可以督促和激励董秘更好地履行职责。根据新财富金牌董秘的评选规则，可以看出，基本素质、综合素质以及资本运作能力是对董秘任职能力评价的一个客观全面的评价标准。基本素质包括学历，从业时间，是否受到有关部门奖励，熟悉本行业和公司情况，掌握财务、税收、法律、金融、企业管理等方面专业知识，具有良好的职业道德，并具有良好的沟通技巧和灵活的处事能力，董秘的综合素质包括监管角度（GR）、公共关系管理角度（PR）、投资者关系管理角度（IR）三个维度。随着越来越多的上市公司将并购重组、融资投资业务等资本运作职能也纳入董秘职权范围。因此，董秘不仅要为公司的价值提升带来助力，而且要在并购重组、投资、战略等方面发挥职能。

**参考文献**

[1] 郑云涛. 浅谈董事会秘书在公司组织机构中的地位 [J]. 中国民商，2019（5）：272，278.

[2] 高丽，李季. 董秘、董秘团队与资本市场公司价值——基于倾向性得分匹配的检验 [J]. 金融理论与实践，2019（2）：61-70.

［3］柳潇潇. 董秘财务经历对公司价值的影响研究［D］. 大连：东北财经大学，2018.

［4］吴育辉，吴世农，张秋煌，魏志华. 董秘的职业背景会影响企业IPO进程吗？［J］. 财务研究，2016（2）：11-24.

［5］林长泉，毛新述，刘凯璇. 董秘性别与信息披露质量——来自沪深A股市场的经验证据［J］. 金融研究，2016（9）：193-206.

［6］贾宁，文武康. 上市公司董事会秘书有价值吗？——基于市值管理的视角［J］. 中国会计评论，2016，14（3）：421-440.

［7］王秀雯. 基于信息不对称视角探析中小投资者权益保护［J］. 中国商论，2019（21）：56-57.

［8］孙燕东，廖锦漩. 高层梯队理论视角下财务重述研究综述［J］. 财会通讯，2019（29）：27-33.

【市场实践】

# 绿鞋机制在新三板精选层的应用及建议

周运南[*]

**摘　要**：绿鞋机制发源于美国，并在成熟资本市场得到广泛应用，采用绿鞋机制可以根据市场情况调节融资规模，平衡新股发行市场的供求关系，实现新股价格由一级市场到二级市场的平稳过渡。在注册制改革不断深化的背景下，科创板、创业板均在新股发行承销的环节引入绿鞋机制，新三板也在精选层发行承销细则中对绿鞋机制进行了专门规定。随着发行定价市场化的深入，精选层第二批公开发行的企业开始使用绿鞋机制来调节新股发行后短期内的价格波动。本文介绍了绿鞋机制的原理和功能，分析了境内外实践中绿鞋机制的应用情况，着重探讨了绿鞋机制在新三板精选层新股发行中的应用现状和前景，剖析了绿鞋机制对新三板发展的意义，并提出了相关建议。

**关键词**：绿鞋机制　新三板　精选层

## 一、引言

绿鞋机制的产生和发展与资本市场的成熟程度息息相关，随着注册制改革的深入，新股发行的市场化程度越来越高，可以预见，核准制下"新股不败"的情况将不复存在，取而代之的是公允、理性的新股定价，以及充分博弈下的破发现象。绿鞋机制作为券商稳定价格的机制，其引入可以降低新股上市首日即的大幅破发的风险，有利于市场化定价进一步向国际化看齐，越来越多的科

---

[*] 周运南，北京南山京石投资有限公司创始人。

创板、创业板上市企业开始在法律规则的许可范围内采用绿鞋机制。2020年10月21日，常辅股份（871396）披露《股票向不特定合格投资者公开发行并在精选层挂牌发行安排及询价公告》，授权东北证券为实施超额配售选择权操作的主承销商，主承销商可按本次发行价格向投资者超额配售不超过初始发行规模15%，即向投资者配售总计不超过初始发行规模115%的股票。超额配售股票将通过向本次发行的部分战略投资者延期交付的方式获得，并全部向网上投资者配售。此次，新三板精选层第一单绿鞋机制正式落地，新三板新股发行制度进一步得到完善。

## 二、绿鞋机制的定义和功能

### （一）绿鞋机制的定义

绿鞋机制，也称绿鞋期权（Green Shoe Option），是超额配售选择权（Over-Allotment Option）的行业俗称，最初因美国一家名为波士顿绿鞋制造公司（Green Shoe Manufacturing Co.）于1963年首次公开发行股票（IPO）时率先使用而命名。

2001年9月3日，证监会发布《超额配售选择权试点意见》（以下简称《意见》），将绿鞋机制这个舶来品引入我国资本市场，促进股票发行制度的市场化，控制股票发行风险。《意见》对超额配售选择权进行了明确规定：超额配售选择权是指发行人授予主承销商的一项选择权，获此授权的主承销商按同一发行价格超额发售不超过包销数额15%的股份，即主承销商按不超过包销数额115%的股份向投资者发售。在本次增发包销部分的股票上市之日起30日内，主承销商有权根据市场情况选择从集中竞价交易市场购买发行人股票，或者要求发行人增发股票，分配给对此超额发售部分提出认购申请的投资者。

通俗理解，绿鞋机制是发行人先与超额配售战略投资者签订延期一个月交付股票的协议，然后主承销商利用发行人发行的一个月期"期股"从超额配售战略投资者手中提前拿到超额配售股票认购的预收款，在新股上市一个月内根据股价是否破发，在二级市场购买发行人股票或者要求发行人增发股票给超额配售战略投资者。

### （二）绿鞋机制的形式

绿鞋机制按照其超额配售的比例，可以具体分为以下三种形式。

一是绿鞋不行使，即不超额发行。公司新股上市30日内出现持续破发，主承销商从二级市场以不高于发行价买入的股票数量达到协议约定的超额配售数量，主承销商就直接将这些股票全部交付给超额配售战略投资者，所以发行人不用超额发行，则最终发行规模为初始发行规模100%。另外，也存在一种极端情况，即发行人和主承销商最终放弃了超额配售权。

2020年11月25日，常辅股份发布《超额配售选择权实施公告》，显示公司于2020年11月18日在新三板精选层挂牌，东北证券作为本次发行具体实施超额配售选择权操作的获授权主承销商，截至2020年11月24日，5个交易日里已利用本次发行超额配售所获得的资金以竞价交易方式从二级市场买入本次发行的股票65万股，与本次超额配售选择权实施数量相同，因此本次超额配售选择权未行使，未涉及新增发行股票情形。

二是绿鞋部分行使，即部分超额发行。这种形式又分两种情况：（1）超额配售股数为本次发行初始发行规模的15%，公司新股上市30日内只出现短期破发，主承销商从二级市场以不高于发行价只买到部分股票，因此30日期限到后，要求发行人超额发行的股票数量小于本次发行初始发行规模的15%；（2）超额配售股数小于本次发行初始发行规模的15%，主承销商从二级市场净买入本次发行的股票数量为零或净买入的股票数量小于超额配售股数，因此要求发行人超额发行的股票数量小于本次发行初始发行规模的15%。最终发行规模为初始发行规模100%~115%。

三是绿鞋全额行使，即全部超额发行。超额配售股数为本次发行初始发行规模的15%，且公司新股上市30日内一直没有出现破发，或者只出现短暂破发，主承销商从二级市场以不高于发行价没买到任何数量的股票。30日期限到后，主承销商要求发行人超额发行本次发行初始发行规模15%的股票给超额配售战略投资者，则最终发行规模为初始发行规模115%。

（三）绿鞋机制的功能

绿鞋机制是发行人在发行方案里设置的一种弹性技术安排，也是发行人授予主承销商的一项选择权利，其功能主要体现在发行人、主承销商、二级市场和投资者四方的共赢。

一是对发行人而言，既保证了新股的成功发行，又可以相比不采用绿鞋机制的情况多发高达15%的股票数量，能够筹集到更多的认购资金。

二是对主承销商而言，既降低了承销风险，同时因为不管最后绿行权比例高低，主承销商经手的发行总金额是超额的，所以又可以稳定地获得超额的承销费用。

三是对二级市场而言，主承销商在股票上市初期破发时持续从二级市场直接买入股票，可以阻止股价的持续下跌，稳定市场短期股价和股价预期。

四是对投资者而言，有助于降低股票上市首月的破发概率，缩小新股上市初期的波动，维护市场的稳定，减少投资者的短期市场风险。

### 三、绿鞋机制的境内外实践

（一）境外绿鞋机制的实践

近年来，在美国、中国香港等境外资本市场，绿鞋机制的应用已经比较成熟和非常广泛了。根据上海证券交易所的数据显示，2018年至2019年上半年，美国纳斯达克和纽交所的375家公司在IPO中采用这一机制的有303家，占比超过80%。香港市场方面，同期276家公司在IPO中，有134家的公司采用了绿鞋机制，其中1亿美元以上较大规模的发行中全部设置了绿鞋机制。

同时根据安信证券研究中心报告所统计的数据，2000年至2020年9月港股共上市2114只新股，其采用绿鞋机制的占比约为33%。这三分之一的公司中有20%最终足额行使了超额配售权，有33%最终部分行使了超额配售权，有47%的公司最终因破发较严重导致超额配售权失效。

（二）核准制下境内绿鞋机制的实践

2001年9月3日，证监会颁布的《超额配售选择权试点意见》明确规定了绿鞋机制的定义和行使流程。另外，于2006年9月19日颁布、2018年6月15日修订的《证券发行与承销管理办法》第十五条规定：首次公开发行股票数量在4亿股以上的，发行人和主承销商可以在发行方案中采用超额配售选择权。超额配售选择权的实施应当遵守中国证监会、证券交易所、证券登记结算机构和中国证券业协会的规定。根据《关于开展创新企业境内发行股票或存托凭证试点的若干意见》认定的试点企业在境内发行股票或存托凭证的，根据需要采用超额配售选择权。

在核准制下，IPO定价市场化程度低，发行市盈率的限制以及旺盛的炒新情绪，导致新股发行失败的风险很低，对绿鞋机制的需求度并不高。2006年的工商银行、2010年的农业银行、2010年的光大银行和2019年的邮储银行等4家公司在A股IPO中设置了绿鞋机制，规模均为初始发行规模的15%，且都在上市后的30天内全部执行，相应部分股票全部配售给了网上投资者，满足了其投资需求。

（三）注册制下境内绿鞋机制的运用

科创板、创业板相继推出后，前5个交易日不设置涨跌幅，之后涨跌幅拓宽至20%等交易制度，使股票发行后的博弈更加充分，破发现象将趋于常态化。因此，绿鞋机制越来越符合客观需求，相应规则也逐渐明晰化。

2019年1月28日，证监会公布的《关于上海证券交易所设立科创板并试点注册制的实施意见》明确要"发挥好超额配售选择权制度作用，促进股价稳定"。2019年3月1日，上海证券交易所发布的《上海证券交易所科创板股票发行与承销实施办法》第二十一条规定：发行人和主承销商可以在发行方案中采用超额配售选择权。采用超额配售选择权发行股票数量不得超过首次公开发行股票数量的15%。主承销商采用超额配售选择权，应当与参与本次配售并同意作出延期交付股份安排的投资者达成协议。2019年6月8日，上交所科创板股票公开发行自律委员会就促进科创板开板初期企业平稳发行发出首份行业倡导建议，为简化发行上市操作，保障安全运行，建议首次公开发行股票数量低于8000万股且预计募集资金总额不足15亿元的企业不采用超额配售选择权。2020年2月27日，华润微正式在科创板交易，成为科创板第一家实施绿鞋机制的上市公司。

2020年6月12日，深圳证券交易所发布的《深圳证券交易所创业板首次公开发行证券发行与承销业务实施细则》第四十九条规定：发行人和主承销商经审慎评估，可以在发行方案中设定超额配售选择权。

## 四、绿鞋机制在新三板的实践

（一）新三板绿鞋机制的特点

2020年1月19日，全国股转公司发布《全国中小企业股份转让系统股票向不特定合格投资者公开发行与承销管理细则（试行）》，其中在第二章"定价与配售"第六节"超额配售选择权"专门进行了规定，相关制度特点可以概括为以下十二点。

一是适用对象方面，股票公开发行并在精选层挂牌的，发行人和主承销商可以采用超额配售选择权。

二是发行公告要求方面，发行人和主承销商应当于提交发行申请时，在公开发行说明书中明确是否采用超额配售选择权以及采用超额配售选择权发行股票的数量上限。发行人和主承销商应当在发行方案中明确并在招股文件中披露超额配售选择权实施方案，包括实施目标、操作策略、可能发生的情形以及预期达到的效果等；在发行公告中披露全额行使超额配售选择权拟发行股票的具体数量。

三是最高发行量方面，采用超额配售选择权发行股票数量不得超过本次公开发行股票数量的15%。

四是主承销商选择方面，通过联合主承销商发行股票的，发行人应当授予其中1家主承销商前述权利。2020年10月22日，万通液压（830839）在《股票向不特定合格投资者公开发行并在精选层挂牌发行公告》中披露，在长江保荐和中泰证券两家联席主承销商中确定长江保荐为实施超额配售选择权操作的获授权联席主承销商。

五是主承销商权责方面，采用超额配售选择权的，发行人应当授予主承销商超额配售股票并使用超额配售股票募集的资金从二级市场竞价交易购买发行人股票的权利。在主承销商与发行人签订的承销协议中，应当明确发行人对主承销商采用超额配售选择权的授权，以及获授权的主承销商的相应责任。

六是延期交付股票协议规定方面，采用超额配售选择权的主承销商，可以在征集战略投资者认购意向时，与投资者达成预售拟行使超额配售选择权所对应股份的协议，明确投资者同意预先付款并向其延期交付股票。主承销商应当将延期交付股票的协议报全国股转公司和中国证券登记结算有限责任公司北京分公司备案。

七是超额配售选择权行使方面，发行人股票在精选层挂牌之日起30日内，获授权的主承销商有权使用超额配售股票募集的资金，以竞价方式从二级市场购买发行人股票，申报买入价格不得高于本次发行的发行价格，获授权的主承销商未购买发行人股票或者购买发行人股票数量未达到全额行使超额配售选择权拟发行股票数量的，可以要求发行人按照超额配售选择权方案以发行价格增发相应数量股票。

八是主承销商买卖规定方面，主承销商以竞价方式购买的发行人股票与要求发行人增发的股票之和，不得超过发行公告中披露的全额行使超额配售选择权拟发行股票数量。主承销商按照规定买入的股票不得卖出。

九是信息披露规定方面，在超额配售选择权行使期届满或者累计购回股票数量达到采用超额配售选择权发行股票数量限额的2个交易日内，发行人与获授权的主承销商应按细则要求披露相关情况。

十是股票交付约定方面，主承销商使用超额配售募集的资金从二级市场购入股票，应当在超额配售选择权行使期届满或者累计购回股票数量达到采用超额配售选择权发行股票数量限额的 5 个交易日内，向发行人支付超额配售股票募集的资金，向同意延期交付股票的投资者交付股票。

十一是备案要求方面，超额配售选择权行使期届满或者累计购回数量达到采用超额配售选择权发行股票数量限额的 10 个交易日内，获授权的主承销商应当将超额配售选择权的实施情况和使用超额配售股票募集资金买入股票的完整记录报全国股转公司备案。主承销商应当保存使用超额配售股票募集资金买入股票的完整记录，保存时间不得少于 10 年。

十二是剩余资金上缴方面，除购回股票使用的资金及划转给发行人增发股票的资金外的剩余资金，纳入全国股转公司设立的风险基金。

（二）新三板绿鞋机制和 A 股市场的差异

由于精选层公开发行与 A 股 IPO 主要存在两点差异：一是发行数量并不是固定的 25% 或 10%，二是发行前的股票允许部分直接流通。因此，精选层绿鞋机制与 A 股相比也存在以下差异。

一是无实施门槛。主板、中小板绿鞋机制需要首次公开发行股票数量在 4 亿股以上，科创板则要首次公开发行 8000 万股以上，而目前精选层绿鞋机制还没对发行数量设置门槛。

二是多募资金不是目的。由于精选层的公开发行只设置了不低于 100 万股和发行后流通股不低于 25% 的两道最低门槛，而不是像 A 股 IPO 一样设置上限门槛，所以精选层的发行量基本都由发行人根据自身需要来设计，也就不存在像 A 股多发 15% 的主要目的了。

三是唯一目的就是保不破发。精选层公开发行前的股东，除实际控制人和持股 10% 以上股东及其关联人以及董高监正常限售外，其他股票都是可直接流通的，非限售比例越高对挂牌精选层后的二级市场压力越大，所以绿鞋机制在精选层就更是专门用来缓解破发压力的。

（三）绿鞋机制对新三板精选层的战略意义

精选层公开发行相比 A 股的 IPO，有着其新三板的特殊性，这也就决定着精选层的绿鞋机制更有着其特殊意义。

一是发行更加市场化。绿鞋机制落地精选层，是对新三板基础制度建设的完善，将促进精选层公开发行制度的市场化、公开化，实现与 A 股发行制度看齐。

二是有效提振板块预期。首批精选层的破发和交易不活跃，已经较大地影响了投资者对精选层的信心，天生为抵御破发而来的绿鞋机制此时就显得尤为重要了，可以提升市场对整个精选层预期。

三是确保发行成功概率。在首批精选层挂牌首日大量破发的背景下，让很多投资者受损，绿鞋机制的应用可以让网下网上投资者增强打新参与信心，提升打新者的积极性，降低股票发行风险，实现股价由一级市场向二级市场的平稳过渡。

四是降低破发概率，稳定二级市场。最多 15% 的绿鞋资金进场护盘，可较大地降低破发概率，缩短破发持续时间。同时，破发时绿鞋资金从二级市场买入股票，可以活跃交易稳定股价，保证二级市场的稳定。

### 五、政策建议

新三板作为一个高度市场化、公开化的市场，在深化改革进程中，新股破发可能会成为一个常态化现象，因此绿鞋机制的必要性和重要性更加凸显。首批 32 家精选层企业均没有选择绿鞋机制，在其集中挂牌上市后，出现了大规模的破发。针对这种市场现状，全国股转公司开始大力推进绿鞋机制在新三板精选层落地，从 2020 年 8 月开始在精选层申请企业的问询函中普遍新增了绿鞋机制一问。随后，从第 33 家开始的第二轮精选层获批企业都明确了使用绿鞋机制。鉴于此，我们提出以下政策建议，以期绿鞋机制在精选层发挥越来越重要的作用。

一是承销商发行方案设计要把握度。由于发行量越大、发行价越高，挂牌上市后破发的概率越大、时间越早，同时因为精选层公开发行数量空间较大，绿鞋机制的战略投资者在发行时又没有定价权，发行人要根据企业实际和市场行情，适度控制发行定价和绿鞋机制规模。

2020 年 10 月 30 日，万通液压在《股票向不特定合格投资者公开发行并在精选层挂牌发行结果公告》中披露，本次公开发行股份数量 1400 万股，发行后总股本为 7700 万股，占发行后总股本的 18.18%（超额配售选择权行使前）。发行人授予长江保荐不超过初始发行规模 15%，即 210 万股的超额配售选择权，若超额配售选择权全额行使，则发行总股数将扩大至 1610 万股，发行后总股本扩大至 7910 万股，本次发行数量占超额配售选择权全额行使后发行后总股数的 20.35%（超额配售选择权全额行使后）。

二是战略投资可以适度让步。精选层可以向战略投资者配售股票，战略投资者不得超过 10 名。发行股票数量在 5000 万股以上的，战略配售总量原则上不得超过 30%。公开发行股票数量不足 5000 万股的，战略配售总量不得超过 20%。绿鞋机制作为战略配售的核心部分，限售期一样都是 6 个月，只是绿鞋机制要比普通战略配售延期交付股票，但由于都在限售期内，并没有给两者的认购机构产生实质买卖影响。在精选层二级市场行情低迷时，公开发行的一级市场认购也会大受影响，要寻找足额的战略配售投资者会存在一定难度，此时发行人应该优先保证绿鞋机制的份额，在绿鞋机制的投资者认购完毕后，再来进行普通战略配售，特殊情况下发行人宁可放弃普通战略配售也要确保绿鞋机制。

如表 1 所示，2020 年 11 月 6 日常辅股份发布的《发行结果公告》显示，最终公司整体战略配售股份合计 70 万股，占初始发行规模（不含超额配售部分股票数量 435 万股）的 16%，并没有到 20% 的上限，其中向网上投资者超额配售 65 万股，占初始发行股份数量的 15%，普通的战略配售 5 万股，占初始发行股份数量的 1%。

表 1　常辅股份战略投资者最终获售情况

| 序号 | 投资者名称 | 实际获配数量 | 是否延期交付 | 限售期安排 |
|---|---|---|---|---|
| 1 | 常州武南汇智创业投资有限公司 | 35 万股 | 是（绿鞋） | 6 个月 |
|  |  | 5 万股 | 否 |  |
| 2 | 深圳市吉富启瑞投资合伙企业（有限合伙） | 30 万股 | 是（绿鞋） | 6 个月 |
|  | 合计 | 70 万股 |  |  |

三是鼓励发行时配套一揽子护盘方案。发行人在将绿鞋机制作为核心护盘手段时，还可以同步推出主动限售承诺、破发回购机制、高管增持计划、设定减持限制、延长锁定期等综合配套措施来稳定市场预期。

# 稿 约

《多层次资本市场研究》是由全国中小企业股份转让系统有限责任公司主办，面向社会公开连续出版的学术类出版物。内容涵盖中小企业发展、资本市场制度创新、金融创新等我国资本市场发展的重要问题。风格为理论与实践并重、宏观与微观结合、现实与前瞻兼顾。

选题范围包括：资本市场制度改革创新研究、新三板市场发展研究、民营经济产业研究、中小企业发展研究、资本市场微观行为研究、域外资本市场分析及启示、上市及挂牌公司案例研究、金融科技等。

栏目设置包括"理论前沿""制度探索""企业研究""金融科技""域外经验""案例分析"等，每辑根据实际情况适当调整。

现面向全国经济、金融、法律、投资等理论界、实务界，诚征稿件。来稿应论点鲜明、逻辑严谨、结构合理、可读性强，具有学术深度和实践应用价值。稿件篇幅以 8000~10000 字为宜，特别优秀的理论稿件不受此限。稿件一经录用，编辑部将及时通知作者；采用后将根据文章质量及字数支付稿酬，并奉送样书。

投稿请发送至以下电子邮箱：tougao@neeq.com.cn，并附作者简介，包括姓名、署名单位、职务或职称、研究领域、通信地址、邮政编码、联系电话、E-mail 等信息。所有投稿应符合国家著作权规定、公认学术规范和所附《编辑体例》要求。

本书编辑部保留对来稿进行文字性和技术性修改的权利。所采用文章均不代表全国股转公司观点，文责由作者自负；除特别说明外，文章为作者个人观点，与其所在单位、职务无关。

投稿人向《多层次资本市场研究》投稿，即视为接受本稿约，并授权本书将稿件纳入《中国学术期刊网络出版总库》及 CNKI 系列数据库、"北大法宝"（北大法律信息网）期刊数据库等学术资源数据库以及全国股转公司官方互联网平台，稿酬已包含上述数据库著作权使用费。如有异议，请来稿时注明。

# 编辑体例

投稿论文应为作者原创、未公开发表、无知识产权争议并应符合学术规范，严禁一稿多投，并符合以下要求。

## 一、文章字数

文章应论点鲜明、逻辑严谨、可读性强，具有学术深度和实践应用价值，字数在8000~10000字为宜，特别优秀的理论文章字数不限。

## 二、标题

文章题名一般不超过20个字，必要时可加副标题。黑体三号字，居中。

## 三、作者

题目下方一行署名作者，宋体小四号字（居中），附加脚注、使用上标星号（*）标明，脚注中应当注明作者姓名、工作单位、职务、职称、学历。

## 四、摘要和关键词

摘要一般不超过300字；关键词3~5个，关键词之间用空格分隔。宋体小四号字，首行缩进。固定行距28磅。

## 五、正文

正文区分标题和内容，标题首行缩进，层级依次为"一、……""（一）……""1.……""（1）……""①……"。一级标题采用黑体小四号字；二级标题采用楷体小四号字；内容首行缩进，宋体小四号字，固定行距28磅。

## 六、注释和参考文献

注释采用页下脚注，分页连续编号。注释非引用原文者，注释前加"参见"；引用资料非原始出处者，注明"转引自"；数个注释引自同一资料者，可合并同注。

参考文献附于文后，连续编号。注码放在文章标点之后，注码符号为"［1］……"字体及字号：宋体小五号字，首行缩进。

（一）著作类

1. 独著作品

董安生．民事法律行为［M］．北京：中国人民大学出版社，2000：19-22.

2. 合著作品

徐明，李明良．证券市场组织与行为的法律规范［M］．北京：商务印书馆，2002：10.

3. 多人合著作品

左卫民，等．可持续发展与环境资源法制建设［M］．北京：中国法制出版社，2003：214-216.

4. 编辑作品

国务院研究室编写组．十三届全国人大一次会议（政府工作报告）辅导读本（2018）［M］．北京：中国言实出版社，2018：65-67.

（二）论文类

1. 期刊

谢庚．新三板服务中小微实践［J］．中国金融，2018（19）.

2. 论文集

（1）公开发行类

尹田．论动产善意取得的理论基础及相关问题［M］//民商法论丛（第29卷）．北京：法律出版社，2004.

（2）非公开发行类

李文超，李明红．新形势下乡土法官调解模式的检视与完善——从人民法庭家事纠纷的微观角度［C］．最高人民法院第二届人民法庭论坛论文集，2017.

3. 学位论文

王刚. 西方各国金融系统演进和功能的制度分析——兼论我国金融系统的改革 [D]. 长春：吉林大学，2004：189.

（三）译作类

亚当·斯密. 国富论 [M]. 唐日松，等译. 北京：华夏出版社，2005：224.

（四）报纸类

郑志刚. CDR：只是刚刚吹响上市制度改革的号角 [N]. 经济观察报，2018-04-16.

（五）辞书类

沃克. 牛津法律大辞典 [M]. 北京社会与科技发展研究所，译. 北京：光明日报出版社，1988：68.

（六）外文类

遵从该文种注释惯例。英文注释体例如下：

1. 著作类

Harold U. Faulkner. American Economic History [M]. Harper & Brothers Publishers, 1960: 23-25.

2. 论文类

Gavin Goh & Andreas R. Iiegler, Retrospective Remedies in the WTO after Automotive Leather [J]. Journal of International Economic Law, 2003, 9.

（七）网络类

梁慧星. 关于中国物权法的起草 [EB/OL]. [2009-08-08]. http://article.chinalawinfo.com/article/user/article_display.asp? ArticleID=29283.

## 七、其他要求

（一）关于文章中的外文词语

1. 文章正文中第一次出现的外文词语，请不仅要标注出中文译义，并写全外文单词。

2. 图表中的图标、表头与单位等请用中文词汇。如引用外文，请标注中文译义。

（二）关于文章引用法律法规条文

1. 发布与实施的时间及发文单位要正确。

2. 法律法规的名称及引文内容要准确无误。引用具体法律法规、规范性文件应当加用书名号，首次引用应当使用全标题，如《中华人民共和国证券法》《中国证监会关于进一步推进全国中小企业股份转让系统发展的若干意见》。

3. 法条或文件内容序号（第×条、第×款、第×项）、时间（世纪、年代、年月日等）、数量金额等使用阿拉伯数字，但直接引用原文的从原文。

（三）关于图表

1. 文中若出现图表，内文中应提到"见表1……"或"见图1……"。

2. 图表中如有数字，请注明单位，图表中的图标、表头与单位等请用中文词汇。

3. 请注明图表的数据来源。

（四）关于统计百分比数据

含有百分比的数据要四舍五入精确到0.01%，各占比部分相加之和的误差小于或等于0.01%。